GASSNER STOCKMANN & KOLLEGEN
RECHTSANWÄLTE
Kiel Hamburg München Berlin Frankfurt/M. Heidelberg
Schwedendamm 16, 24143 Kiel
Tel.: 0431 / 70 96 70 Fax.: 0431 / 70 96 777

D1574431

Schriften zum

Planungs-, Verkehrs- und Technikrecht

Herausgegeben von Michael Ronellenfitsch und Klaus Grupp

Band 1

ISSN 1615-813X

Verlag Dr. Kovač

Michael Ronellenfitsch
Ralf Schweinsberg
(Hrsg.)

Aktuelle Probleme des Eisenbahnrechts V

Vorträge im Rahmen der Tagung am 8.-10. September 1999 in Tübingen

*Forschungsstelle für Planungs-, Verkehr- und Technikrecht
an der Eberhard-Karls-Universität Tübingen
in Verbindung mit dem Eisenbahn-Bundesamt*

Verlag Dr. Kovač

VERLAG DR. KOVAČ

Arnoldstraße 49 · 22763 Hamburg · Tel. 040 - 39 88 80-0 · Fax 040 - 39 88 80-55

Die Deutsche Bibliothek - CIP-Einheitsaufnahme

Aktuelle Probleme des Eisenbahnrechts .... – [1] (September 1996)-. - Hamburg : Kovač, 1999
(Planungs-, Verkehrs-, und Technikrecht ; ...)

5 . – (2000)
(Planungs-, Verkehrs-, und Technikrecht ; Bd. 1)

ISSN 1615-813X
ISBN 3-8300-0216-5

© VERLAG DR. KOVAČ in Hamburg 2000

Printed in Germany
Alle Rechte vorbehalten. Nachdruck, fotomechanische Wiedergabe, Aufnahme in Online-Dienste und Internet sowie Vervielfältigung auf Datenträgern wie CD-ROM etc. nur nach schriftlicher Zustimmung des Verlages.

Gedruckt auf säurefreiem, alterungsbeständigem Recyclingpapier „RecyStar",
(Nordic Environmental Label – Blauer Engel – DIN ISO 9706)

Vorwort

Der vorliegende Band eröffnet die von Prof. Dr. Klaus Grupp (Saarbrücken) und mir herausgegebene Schriftenreihe zum Planungs-, Verkehrs- und Technikrecht. Er enthält die Referate, die auf der vom Eisenbahn-Bundesamt und der Forschungsstelle für Planungs-, Verkehrs- und Technikrecht Tübingen gemeinsam vom 8.-10. September 1999 in der Eberhard-Karls-Universität Tübingen veranstalteten Tagung „Aktuelle Probleme des Eisenbahnrechts V" gehalten wurden. Der räumliche Wechsel von Speyer nach Tübingen sowie der Wechsel in der Veranstaltungsleitung war durch die Emeritierung von Prof. Dr. Willi Blümel bedingt. Die von Prof. Dr. Blümel zusammen mit Prof. Dr. Hans-Jürgen Kühlwetter entwickelte Konzeption der Fachtagung für Praktiker und Wissenschaftler des Eisenbahnrechts wurde unverändert beibehalten. Das zeigt auch die Zusammensetzung des Teilnehmerkreises, der aus Kapazitätsgründen trotz großer Nachfrage im Wesentlichen auf die Teilnehmer der früheren Tagungen begrenzt werden musste.

Dass Eisenbahn-Juristinnen und –Juristen mobil sind, liegt in der Natur der Sache. Der bruchlose Übergang und Generationenwechsel war aber nur deshalb möglich, weil Prof. Dr. Blümel mir weiterhin durch Rat und Tat zur Seite stand. Ihm möchte ich an dieser Stelle noch einmal herzlich danken. Dank gebührt auch den Mitarbeitern des Eisenbahn-Bundesamts, allen voran Herrn Vizepräsident Ass.jur. Schweinsberg, für ihre effektive Kooperation. Dank schulde ich nicht zuletzt meinen Mitarbeiterinnen und Mitarbeitern am Lehrstuhl, Dr. Heike Delbanco, Tina Mattl, Maja Brand, Rebecca Dorn, Birgit-Maria Lachenmaier, Sierk Hamann, Stéphanie Rischar und Marietta G. Jährling, ohne deren tatkräftige Mitwirkung die Tagung hätte gar nicht durchgeführt werden können. Die verdienstvolle redaktionelle Bearbeitung des Tagungsbands besorgte Tina Mattl.

Tübingen, 16. Mai 2000   Prof. Dr. Ronellenfitsch

Inhaltsverzeichnis

Harmonisierungsprobleme zwischen Planungs- und Vergaberecht
Dr. Siegfried Broß, Richter am BVerfG 1

Zusammenwirkungen von Fachplanung mit der Raumordnung nach dem neuen Raumordnungsgesetz
Oberregierungsrat Bernhard M. Rieger, EBA 17

Planfeststellung und Denkmalschutz
Prof. Dr. Willy Spannowsky, Universität Kaiserslautern 65

Die Betriebsplanfeststellung
Prof. Dr. Michael Ronellenfitsch, Universität Tübingen 101

Lärmsanierung und Gesundheitsgefährdung; Auswertung und Überblick nach dem Urteil des BVerwG 11 A 3.98
Regierungsrat Jens-Jörg Wilke, EBA 125

Erschütterungen - ein Überblick zum derzeitigen Erkenntnisstand
Regierungsdirektor Thomas Krampitz, EBA 153

Umweltinformationsgesetz im Lichte der Rechtsprechung des EuGH - neue Anforderungen an die Planfeststellungsbehörden
Oberregierungsrätin Cornelia Hauke, EBA 171

Erfahrungen aus fünf Jahren aufsichtsbehördlicher Tätigkeit des EBA
Regierungsdirektor Horst-Peter Heinrichs, EBA 195

Erfahrungen und Folgerungen aus fünf Jahren aufsichtsbehördlicher Tätigkeit des Eisenbahn-Bundesamtes im Bereich Netzzugang
Regierungsrätin z.A. Astrid Pöhle 207

Ursprünge des europäischen Eisenbahnrechts
Dr. Heike Delbanco, Universität Tübingen 215

Niederländisches und belgisches Eisenbahnwesen
Alexander Schmid, Max-Planck-Institut, Heidelberg 235

Beherrschung des sicheren Eisenbahnbetriebs
Andres A. Wedzinga, Railned, Utrecht (Niederlande) 261

Innerstaatliche Umsetzung der Interoperabilitätsrichtlinie
Oberregierungsrat Stefan Dernbach, EBA 281

Siegfried Broß

Harmonisierungsprobleme zwischen Planungs- und Vergaberecht

I. Einführung

Herkömmlich ist Gegenstand der juristischen Ausbildung und dementsprechend der später bevorzugten rechtlichen Betrachtung das Planungsrecht. Demgegenüber haben wir Juristen uns in der Vergangenheit v o r n e h m zurückgehalten, wenn es sich um die Vergabe öffentlicher Aufträge gehandelt hat. Diese Materie, die ursprünglich auf Bundes-, Länder- und Kommunalebene im Haushaltsrecht angesiedelt ist, war die Domäne der Techniker und des gehobenen nichttechnischen Dienstes. An dieser gleichsamen Trennung zwischen Planungs- und Vergabeebene hat sich bis heute nichts geändert - darauf führe ich auch die nachfolgend zu erörternde Diskrepanz zwischen Planungs- und Vergabeebene zurück.

Die Planungsebene ist im wesentlichen verwaltungsrechtlich geprägt. Hinzu kommen verfassungsrechtliche Bezüge. Regelmäßig werden durch staatliche Planungen Grundrechtspositionen des Einzelnen berührt. Darüber hinaus sind für das Planungsrecht auch Zuständigkeiten von Bedeutung. Das Bund-/Länder-Verhältnis, aber auch das Bund-/Länder-Kommunal-Verhältnis spielt hier eine Rolle.

Ganz anders verhält es sich mit der Vergabeebene. Das ist die Umsetzungsebene. Eine Planung bedarf, damit ihre Zielsetzung erreicht wird, der Ausführung.

Grundlage ist hierfür das Zivilrecht. Es handelt sich um Werkverträge zwischen der öffentlichen Hand und privaten Unternehmern. Sie unterliegen den Vorschriften der §§ 631 ff. BGB und/oder den Regelungen der VOB/B. Einem Vertragsschluss muss allerdings - von seltenen Ausnahmen abgesehen - eine Ausschreibung des Vorhabens vorausgehen. Hierbei handelt es sich um einen Wettbewerb, der wiederum eigenen Regelungen unterliegt, so vor allem für den hierzu erörternden Bereich der VOB/A. Bezüglich dieses Wettbewerbs im Rahmen einer öffentlichen Ausschreibung sind Grundrechtspositionen der Teilnehmer an der Ausschreibung nicht berührt. Es stehen, wenn überhaupt, lediglich die nicht primär einen Grundrechtsbereich schützenden, sondern abhängige Grundrechtspositionen des Art. 3 Abs. 1 GG oder der wirtschaftlichen Handlungsfreiheit als einer der Ausprägungen des Art. 2 Abs. 1 GG inmitten. Art. 3 Abs. 1 GG erlangt besondere Bedeutung vor allem dadurch, dass alle Teilnehmer in der Ausschreibung gleich behandelt werden müssen und dass keinem eine Vorzugsposition zuerkannt werden darf.

Die Teilnahme an einer öffentlichen Ausschreibung lässt aber noch einen anderen Gesichtspunkt hervortreten. Die Teilnehmer an einer öffentlichen Ausschreibung begegnen zunächst jeder für sich allein der ausschreibenden staatlichen Stelle. Sie konkurrieren aber andererseits untereinander. Das bedeutet, dass der einzelne Teilnehmer an der öffentlichen Ausschreibung von vornherein nur eine Chance hat, den Auftrag zu erhalten. Diese Chance ist den Chancen der anderen Mitbewerber gleichrangig und gleichgewichtig. Von daher sind alle Wettbewerbspositionen gleich zu gewichten und auch gleich zu behandeln. Das gilt auch für den Rechtsschutz, der keinem Wettbewerber gegenüber seinen Mitbewerbern eine Vorzugsstellung vermitteln darf.

Hingegen sind die rechtlichen Verhältnisse auf der Primärebene anders zu sehen. Die Grundrechtsposition eines jeden Einzelnen, der von einer staatlichen Planung berührt wird, ist unabhängig von der Grundrechtsposition aller anderen, die ebenfalls von derselben staatlichen Planung berührt werden. Jede Grundrechtsposition muss aus sich heraus und unabhängig von den anderen Grundrechtspositionen beurteilt werden. Die Grundrechtspositionen sind voneinander unabhängig, auch wenn sie von ein und derselben staatlichen Planung "verbunden" werden. Das wird sinnfällig, wenn man sich vorstellt, dass etwa für eine geplante staatliche Straße einzelne Anlieger Grundeigentum abtreten müssen, andere sogar ihr gesamtes Grundeigentum verlieren und Dritte wiederum "nur" durch den Verkehrslärm oder durch die mit dem Straßenverkehr verbundenen Erschütterungen und Geruchsbelästigungen beeinträchtigt werden.

Vor dem Hintergrund dieser unterschiedlichen Individualrechtspositionen auf der Planungs- und Vergabeebene ist es reizvoll, die Entwicklungslinien bezüglich der in Rede stehenden Individualrechtspositionen auf der Primär- und auf der Sekundärebene im hier vorgegebenen Rahmen jedenfalls skizzenhaft nachzuzeichnen und im Anschluss daran das verfassungsrechtliche Problem noch zu streifen, ob die Individualrechtspositionen auf der Vergabeebene nicht durch die neuere Gesetzgebung sehr ungleichgewichtig geworden sind und deshalb im Hinblick auf Art. 3 Abs. 1 GG nachhaltigen verfassungsrechtlichen Bedenken begegnen; denn die Rechtspositionen auf der Vergabeebene haben deutlich geringeres Gewicht gegenüber den üblicherweise auf der Planungsebene betroffenen Grundrechtspositionen.

II. Entwicklungslinien

1. Planungsebene

Für die Beurteilung der Planungsebene ist vor allem maßgeblich, welches planerische Instrument für ein öffentliches Vorhaben eingesetzt wird. Es bieten sich hierzu vor allem zwei Instrumente an: Ein Planungsgesetz oder aber ein planender Akt einer Verwaltungsbehörde. Es muss sich nicht notwendig um einen Planfeststellungsbeschluss handeln; es handelt sich aber jedenfalls um einen Verwaltungsakt. Die Diskussion war in der Vergangenheit insoweit nicht "homogen". Es gab Fälle, in denen unter Berufung auf Grundrechtspositionen dem Gesetzgeber die Legitimation abgesprochen wurde, eine Planung im Wege eines Gesetzes vorzunehmen. Es gab aber auch die Sachverhaltsgestaltung, dass für bestimmte Planungen unter Berufung auf Grundrechtspositionen die Gesetzesform gefordert wurde. Die unterschiedlichen Positionen hatten ihre Ursache vor allem darin, dass das geltend gemachte Anliegen letztlich nicht auf den Schutz der Grundrechte ausgerichtet war, sondern darauf, dass die staatliche Planung zumindest verzögert, wünschenswert aber verhindert werde.

Es ist Zufall, soll aber nicht unerwähnt bleiben, dass zwei zentrale Beispielsfälle zu dieser Problematik die Freie und Hansestadt Hamburg betrafen. Dem ersten lag das Gesetz zur Ordnung deichrechtlicher Verhältnisse vom 29. April 1964 (GVBl I S. 79) - Deichordnungsgesetz zugrunde. Es ging darum, dass der Gesetzgeber durch Gesetz unmittelbar Rechtsumwandlungen an den für Hochwasserschutzmaßnahmen in Anspruch genommenen Grundstücke herbeiführte. Es entstand insoweit öffentliches Eigentum. Hintergrund war, dass wegen der verheerenden Sturmflut des Jahres 1962 mit zahlreichen Toten eine außergewöhnliche Situation entstanden war. Hamburg sah sich vor die unabweisliche Aufgabe gestellt, ein umfassendes Deichsystem sofort aufzubauen, das vorhandene zu sichern und wirksam auszubauen. Das Bundesverfassungsgericht hat mit Rücksicht auf diese außergewöhnliche Situation die Entstehung "öffentlichen Eigentums" an Hochwasserschutzanlagen gemäß den einschlägigen Vorschriften des Deichordnungsgesetzes als mit dem Grundgesetz vereinbar angesehen. Für den Rechtsschutz bedeutete dies, dass im Gegensatz zur Enteignung durch Verwaltungsakt kein Gerichtsweg zur Verfügung steht. Die Verfassungsbeschwerde zum Bundesverfassungsgericht, die gegen Gesetze binnen Jahresfrist eröffnet ist, bietet aber keinen gleichwertigen Rechtsschutz. Der Prüfungsmaßstab ist wesentlich weiter geknüpft, als dies bei verwaltungsrechtlichem Rechtsschutz der Fall ist.

Hamburg war in jenen Jahren als Gesetzgeber nicht nur kreativ, sondern überdies auch sehr "keck". Noch bevor die Freie und Hansestadt Hamburg in dem Rechtsstreit über die Verfassungsmäßigkeit des Hamburgischen Deichordnungsgesetzes erfolgreich geblieben war, sah sie sich veranlasst, sich für die Planung ihrer U-Bahn ebenfalls "Erleichterungen" zu schaffen. Hierzu führte Hamburg im zweiten Teil des Hamburgischen Enteignungsgesetzes vom 14. Juni 1963 (GVBl I S. 77) in § 8 Abs. 1 die sogenannte "öffentliche Last" ein. Diese berechtigte, in bestehende Grundstücksnutzungen einzugreifen, soweit dies bei der Errichtung, Nutzung und Unterhaltung der U-Bahn erforderlich ist. Vor allem konnten bestehende Anlagen verändert oder beseitigt sowie Rechte Dritter, die zum Besitz oder zur Nutzung berechtigen, geändert oder aufgehoben werden. Nach den Gesetzgebungsmaterialien sollte die öffentliche Last die Funktion von Privatrechten in Dienstbarkeiten übernehmen. Sie sollte mit dem Inkrafttreten des Bebauungsplans oder mit der Bekanntmachung im amtlichen Anzeiger, dass der Planfeststellungsbeschluss unanfechtbar geworden ist, entstehen.

Das Bundesverfassungsgericht sah in dieser Konstruktion eine mit Art. 14 Abs. 3 GG unvereinbare Mischform von Legal- und Administrativenteignung. Sie vermischt Aufgaben der Gesetzgebung und Verwaltung und verkürzt den gerichtlichen Rechtsschutz. Sie lässt für die Anwendung des Verhältnismäßigkeitsprinzips keinen ausreichenden Raum, wie BVerfGE 45, 297 eingehend ausführt. Aus den Entscheidungsgründen ergibt sich auch, dass das Bundesverfassungsgericht in jenem Fall keinen überragenden Grund sehen konnte, dass der Bau einer U-Bahn in Hamburg außergewöhnliche gesetzliche Instrumentarien erforderte.

Die gleichsam umgekehrte Konstellation lag der Entscheidung des Bundesverfassungsgerichts vom 8. August 1978 in BVerfGE 49, 89 zugrunde. Es ging darum, ob § 7 Abs. 1 und Abs. 2 des Atomgesetzes in der Fassung der Bekanntmachung vom 31. Oktober 1976 (BGBl I S. 3053), soweit er die Genehmigung von Kernkraftwerken des Typs des sogenannten Schnellen Brüters zulässt, mit dem Grundgesetz vereinbar sei. Hierauf war im Ausgangsrechtsstreit der Bescheid vom 18. Dezember 1972 gestützt, mit dem die erste Teilgenehmigung zur Errichtung eines Kernkraftwerks der Baulinie Schneller Brüter in Kalkar gestützt war. In dem Aussetzungs- und Vorlagebeschluss des Oberverwaltungsgerichts für das Land Nordrhein-Westfalen war unter anderem ausgeführt, politische Leitentscheidungen - um eine solche handele es sich hier - müssten nach dem Grundsatz der Gewaltenteilung vom Parlament selbst getroffen werden und in einem förmlichen Gesetz ihre Konkretisierung finden.

Dieser Auffassung hat das Bundesverfassungsgericht eine Absage erteilt.

Da die Wahl der Gesetzesform für Planungsgesetze vom Bundesverfassungsgericht an hohe Anforderungen bezüglich der gesetzgeberischen Legitimation geknüpft ist, wird - wohl aber auch aus Praktikabilitätsgründen - von einem Planungsgesetz nur noch überaus zurückhaltend Gebrauch gemacht. Der Bundesgesetzgeber hat dies für Planungsvorhaben im Zusammenhang mit der Vereinigung beider deutschen Staaten getan. Er hat am 29. Oktober 1993 das Gesetz über den Bau der "Südumfahrung Stendal" der Eisenbahnstrecke Berlin-Oebisfelde im Zuge des Neubaus der Hochgeschwindigkeitsverbindung Hannover-Berlin erlassen (BGBl I S. 1906).

Das Bundesverfassungsgericht hat auf den Normenkontrollantrag des Landes Hessen hin dieses Gesetz für verfassungsmäßig erklärt (BVerfGE 95, 1). *Blümel* (DVBl 1997, 205) hat diese Entwicklung eindrucksvoll nachgezeichnet und zu Recht kritisch vermerkt, dass über den Einsatz der Gesetzes- bzw. Rechtssatzform für exekutivisches Handeln und mit den daneben einhergehenden Maßnahmen einer Verfahrensbeschleunigung überhaupt eine Einschränkung und Verkürzung des verwaltungsgerichtlichen Rechtsschutzes beabsichtigt wird. Zu nennen sind in diesem Zusammenhang etwa das Gesetz zur Beschleunigung der Planungen für Verkehrswege in den neuen Ländern sowie im Land Berlin vom 16. Dezember 1991 (BGBl I S. 2174) sowie das Gesetz zur Vereinfachung der Planungsverfahren für Verkehrswege (Planungsvereinfachungsgesetz) vom 17. Dezember 1993 (BGBl I S. 2123). Beispielhaft sei auf § 5 Abs. 1 Verkehrswegeplanungs-Beschleunigungsgesetz hingewiesen. Hiernach entscheidet das Bundesverwaltungsgericht im ersten und letzten Rechtszug über sämtliche Rechtsstreitigkeiten, die Planfeststellungs- und Plangenehmigungsverfahren nach § 1 dieses Gesetzes betreffen. Der Anwendungsbereich umfasste die neuen Länder und Berlin. Seine Geltungsdauer ist nach § 1 Abs. 1 bis zum 31. Dezember 1999 beschränkt. Letztlich zielen diese (und andere vergleichbare Maßnahmen) darauf ab, den Instanzenzug bei den Verwaltungsgerichten zu verringern, wie sich aus § 48 Abs. 1 Satz 1 Nr. 6 bis 9 VwGO ergibt (erstinstanzliche Zuständigkeit des Oberverwaltungsgerichts/Verwaltungsgerichts Hofs).

2. Umsetzungsebene

Vor diesem Hintergrund ist es um so erstaunlicher, dass wir auf der Vergabeebene letztlich eine entgegengesetzte Entwicklung zu verzeichnen haben.

Das Vergaberecht hat, wie Sie vermutlich wissen, vor dem europarechtlichen Hintergrund eine grundlegende Umgestaltung erfahren. Hiermit habe ich mich in der Vergangenheit in verschiedenen Beiträgen und Fachkommissionen beschäftigt. Aus Zeitgründen kann ich hierauf nicht eingehen. Was ich Ihnen allerdings für unseren Zusammenhang in Einzelheiten vorstellen möchte, ist der Rechtsschutz im Vergabewesen nach dem vierten Teil des Gesetzes gegen Wettbewerbsbeschränkungen, es handelt sich hierbei um die §§ 97 ff. GWB.

Das Anliegen der gesetzlichen Neuregelung ist der Primärrechtsschutz. Die an einem öffentlichen Ausschreibungsverfahren beteiligten Unternehmen können für sich einen Primärrechtsschutz in Anspruch nehmen. Zuständig für diesen sind die Vergabekammern gemäß § 102 i.V.m. § 104 GWB sowie der Vergabesenat, der bei dem für den Sitz der Vergabekammer zuständigen Oberlandesgericht gebildet wird (§ 116 Abs. 3 GWB).
Erstmals gesetzlich geregelt ist aus dem Bereich des Sekundärrechtsschutzes ein Teilaspekt. Gemäß § 126 Satz 1 GWB kann ein Unternehmen Schadensersatz für die Kosten der Vorbereitung des Angebots oder der Teilnahme an einem Vergabeverfahren verlangen, wenn der Auftraggeber gegen eine den Schutz von Unternehmen bezweckende Vorschrift verstoßen und das Unternehmen ohne diesen Verstoß bei der Wertung der Angebote eine echte Chance gehabt hätte,

den Zuschlag zu erhalten, die aber durch den Rechtsverstoß beeinträchtigt wurde. Es handelt sich hierbei um die Konturierung des Schadensersatzanspruchs aus culpa in contrahendo, der in der Rechtsprechung allgemein anerkannt ist. Die gesetzliche Regelung bringt sonach nichts Neues. Neu ist aber, dass der bisher von der Rechtsprechung herausgearbeitete Schadensersatzanspruch in gesetzliche Konturen gegossen worden ist. In materieller Hinsicht ist gegenüber der bisherigen Rechtsprechung eine Verbesserung dergestalt zu verzeichnen, dass der Kausalitätsnachweis für den Anspruchsteller erleichtert wurde. Es genügt, wenn eine echte Chance nachgewiesen wird. Nicht erforderlich ist hingegen, dass der Nachweis geführt werden muss, der Anspruchsteller hätte bei korrekter Vergabe den Zuschlag erhalten. Da weiterreichende Ansprüche auf Schadensersatz unberührt bleiben, wie § 126 Satz 2 GWB betont, drängt sich die Frage auf, welche damit gemeint sein könnten. Nach der neueren Rechtsprechung des Bundesgerichtshofes ist ein Schadensersatzanspruch gerichtet auf das positive Interesse denkbar, wenn ein Unternehmen rechtswidrig den Zuschlag nicht erhalten hat. § 126 Satz 1 und 2 GWB bedürfen deshalb einer Harmonisierung. Diese könnte darin gesehen werden, dass § 126 Satz 1 GWB überhaupt nicht den Ersatz des Vertrauensschadens in materieller Hinsicht regeln wollte, sondern nur die Frage des Kausalitätsnachweises. Es fehlt vor allem eine Klarstellung, ob auch der Vertrauensschaden betroffen ist. In Anbetracht der zahlreichen Rechtsprechung zum Sekundärrechtsschutz ist die Neuregelung in diesem Teilbereich aber mehr als dürftig.

Die Ungereimtheit von Primär- und Sekundärrechtsschutz wird unter grundsätzlichen Erwägungen dadurch noch verstärkt, dass der Gesetzgeber für die öffentliche Auftragsvergabe den Rechtsschutz der in einem Verfahren beteiligten Unternehmen geradezu überzogen ausgestaltet. Das ist in einer Zeit, in der verstärkt über die Kappung von Instanzenzügen und die Eindämmung des Individualrechtsschutzes wegen Überlastung der Gerichte aller Gerichtsbarkeiten nachgedacht wird, schon unter rechtspolitischen Gesichtspunkten äußerst bedenklich, unter verfassungsrechtlichen Gesichtspunkten aber unvertretbar. Der Haupteinwand beruht darauf, dass die öffentliche Auftragsvergabe im Außenverhältnis lediglich einen Wettbewerb eröffnet. Die an einem öffentlichen Auftrag interessierten Unternehmen treten im Rahmen der Ausschreibung in einen Wettbewerb zueinander. Konkret bedeutet dies, dass nur ein am Ausschreibungsverfahren beteiligtes Unternehmen (ggf. Bietergemeinschaft) den Auftrag erhalten kann. Ein Vorhaben wird nur einmal ausgeführt, ein Rathaus nur einmal und ein Autobahnteilstück ebenfalls nur einmal gebaut. Anders als im Verwaltungsrecht wird die Zweierbeziehung ausschreibende Stelle - Bieter von einer Gleichordnungsebene überlagert. Auf dieser bewegen sich alle am Ausschreibungsverfahren beteiligten Unternehmen gleichrangig. Dieser Befund hat für die Eröffnung und die Ausgestaltung eines Primärrechtsschutzes wesentliche Konsequenzen, die aber bei der Schaffung des Vergaberechtsänderungsgesetzes völlig außer acht gelassen wurden.

Im Verwaltungsrecht treten sich in der Grundstruktur herkömmlich der Staat und ein Bürger gegenüber. Begehrt dieser z.B. eine gewerberechtliche Gestattung, geht es in der Substanz nur darum, ob der Anspruch gegenüber dem Staat gegeben ist. Andere Personen, also Dritte, werden nicht in einer originären Rechtsbeziehung an diesem Rechtsverhältnis beteiligt, sondern nur abgeleitet von dem Rechtsverhältnis Staat - Bürger. Die gleichen Gesichtspunkte gelten etwa im Bauordnungsrecht, wenn eine bauaufsichtliche Genehmigung beantragt wird oder aber im Gaststättenrecht, wenn es um die Erteilung einer gaststättenrechtlichen Erlaubnis geht.

Anders liegen die Verhältnisse bei der öffentlichen Auftragsvergabe; denn es handelt sich hier um einen Wettbewerb, um einen echten Konkurrentenrechtsstreit. Eine irgendwie geartete subjektive individuelle Rechtsposition gibt es nicht, schon gar keine grundrechtlich konturierte wie in den zuvor genannten Rechtsbereichen. Alle Bieter stehen gleichrangig nebeneinander und die Teilnahme am Wettbewerb eröffnet ihnen lediglich eine C h a n c e , den Auftrag dann zu erhalten, wenn ihr Angebot das wirtschaftlich annehmbarste ist, wie § 97 Abs. 5 GWB es formuliert. Ob ein Bieter das wirtschaftlichste Angebot abgegeben hat, bestimmt der öffentliche Auftraggeber nicht allein. Er macht zwar die Vorgaben im Rahmen der Ausschreibung für die von ihm nachgefragte Leistung. Letztlich maßgebend für die Beurteilung ist aber, wie sich das Angebot eines Bieters im Verhältnis zu den Angeboten der anderen Bieter erweist. Jeder der anderen Bieter hat einen gleichrangigen Anspruch darauf, den öffentlichen Auftrag zu erhalten, wenn sein Angebot im Vergleich zu den anderen das wirtschaftlichste ist.

Die Teilnahme an einer öffentlichen Ausschreibung ist als eine Ausprägung der wirtschaftlichen Betätigung im Rahmen des Art. 2 Abs. 1 GG nur eine sehr schwache Grundrechtsposition. Wenn demgegenüber der Rechtsschutz auf der Primärebene in von Grundrechten inhaltlich umfassend geprägten Rechtsbereichen immer weiter eingedämmt wird, wird die Diskrepanz evident. Des Weiteren hat es der Gesetzgeber versäumt, zweifelsfrei klarzustellen, ob die Inanspruchnahme von Sekundärrechtsschutz in Form von Schadensersatz davon abhängig ist, dass zunächst der zur Verfügung gestellte Primärrechtsschutz ausgeschöpft worden ist. Hierzu hätte schon deshalb Veranlassung bestanden, weil das Bundesverfassungsgericht in BVerfGE 58, 300 für eine insoweit vergleichbare Konstellation es nicht in das Belieben des Betroffenen gestellt hat, sich mit einer Enteignungsmaßnahme abzufinden und stattdessen Entschädigungsansprüche geltend zu machen. Auch der Rechtsgedanke, der der Regelung des § 839 Abs. 3 BGB zugrunde liegt, hätte zu vertieftem Nachdenken über die Problematik anregen müssen.

Gleichwohl ist damit der Rechtsschutz noch nicht abschließend beschrieben. Der Gesetzgeber eröffnet in § 125 GWB einen weiteren Rechtsschutzstrang. Erweist sich ein Antrag auf Einleitung des Nachprüfungsverfahrens bei der Vergabekammer oder im Rechtsmittelzug beim Oberlandesgericht von Anfang an als ungerechtfertigt, sind der Antragsteller oder der Beschwerdeführer verpflichtet, dem Gegner und den Beteiligten den Schaden zu ersetzen, der ihnen durch den Missbrauch des Antrags- oder Beschwerderechts entstanden ist. § 125 Abs. 2 GWB bringt einige Regelbeispiele für einen Rechtsmissbrauch. Die Regelung ist unter verschiedenen Gesichtspunkten unausgegoren. Sie begegnet schon deshalb Bedenken, weil die Bestimmung nicht auf objektive Kriterien abstellt, sondern auf subjektive. Es wird aber kaum ein Antragsteller so unbedarft sein, einzuräumen, dass er das Nachprüfungsverfahren z.b. in Schädigungsabsicht oder mit dem Ziel der Behinderung des Vergabeverfahrens eingeleitet hat (so aber § 125 Abs. 2 Nr. 2 GWB). Mit der allseits angestrebten Entlastung der Gerichte steht diese Regelung ebenfalls nicht in Einklang. Die nachteiligen Folgen für das Vergabeverfahren können nur deshalb eintreten, weil der Gesetzgeber es sich nicht hat nehmen lassen, in § 115 Abs. 2 GWB für die Anrufung der Vergabekammer und in § 118 Abs. 1 Satz 1 GWB für die Anrufung des Oberlandesgerichts jeweils die Suspendierung des Vergabeverfahrens vorzusehen. Dem Gesetzgeber ist offensichtlich entgangen, dass er in anderen Bereichen (z.B. § 80 VwGO) den automatischen Suspensiveffekt eher zurückdrängt. Vor diesem Hintergrund ist die hier in Rede stehende Regelung unverständlich. Würde die aufschiebende Wirkung nur auf Antrag, sei es von der Vergabekammer oder vom Oberlandesgericht, angeordnet, bedürfte es schon keiner Regelung von Schadensersatzansprüchen im Falle des Rechtsmissbrauchs. Von den Fällen einer Täuschung von Vergabekammer oder Oberlandesgericht abgesehen, die mit den herkömmlichen Regelungen bewältigt werden könnten, würde dieser dritte Strang einer Belastung der Gerichte in diesem Wettbewerbsverhältnis von vornherein vermieden.

Die Regelung der aufschiebenden Wirkung im Vergaberechtsänderungsgesetz ist der neueren Entwicklung gegenläufig, wie sie beispielhaft in der Verwaltungsgerichtsordnung durch das Sechste VwGO-Änderungsgesetz ihren Niederschlag gefunden hat. Es ist heute allgemeines Anliegen, den hergebrachten Grundsatz der aufschiebenden Wirkung von Widerspruch und Anfechtungsklage gemäß § 80 Abs. 1 Satz 1 VwGO aufzuweichen und den automatischen Eintritt der aufschiebenden Wirkung zurückzudrängen. So bestimmt z.B. § 80 Abs. 2 Nr. 3 VwGO, dass die aufschiebende Wirkung (auch) entfällt, wenn in Bundesgesetzen oder für das Landesrecht durch Landesgesetze solches vorgesehen ist, vor allem für Widersprüche und Klagen Dritter gegen Verwaltungsakte, die Investitionen oder die Schaffung von Arbeitsplätzen betreffen. Dieses Bemühen des Gesetzgebers wird auch an der Regelung des § 80b Abs. 1 VwGO über das Ende der aufschiebenden Wirkung eines Widerspruchs oder einer Anfechtungsklage deutlich.

Die Regelungen in § 115 Abs. 2 Satz 1 und § 121 Abs. 1 GWB über die Gestattung des vorzeitigen Zuschlags trotz Einleitung eines Nachprüfungsverfahrens bilden kein geeignetes Korrektiv. Sie sind aufgrund der Abwägungsklausel und eines eigenständigen Rechtszuges im Falle des § 115 Abs. 2 GWB einerseits schwerfällig und andererseits von den Konturen her unübersichtlich. Zudem muss man auch sehen, dass die Bindefrist, die gemäß § 19 VOB/A für den Bauleistungsbereich 30 Kalendertage betragen soll, in Gefahr gerät. Hiernach soll der Zuschlag binnen 30 Tagen ab dem Eröffnungstermin erfolgen. Schon von daher ist mehr als fraglich, ob dieses Zwischenverfahren, gegebenenfalls durch zwei Instanzen, dem allem gerecht wird.

Die Regelung der aufschiebenden Wirkung ist ferner auch deshalb bedenklich, weil - hierauf wurde schon hingewiesen - die Grundstruktur des Wettbewerbsverhältnisses nicht der eines herkömmlichen Verwaltungsrechtsverhältnisses gleichkommt. Der redliche Bieter, der zu Recht einen Anspruch auf Erteilung des Zuschlags hat, ist auch in diesem Verfahren völlig ohne Berücksichtigung geblieben. Bei der Abwägungsklausel des § 115 Abs. 2 Satz 1 und § 121 Abs. 1 Satz 2 GWB fehlt insoweit ein ausdrücklicher Hinweis auf die Mitwettbewerber. Die "Berücksichtigung aller möglicherweise geschädigten Interessen" vermag dieses Defizit nicht auszugleichen. Der Gesetzgeber ist gehalten, selbst eindeutig Stellung zu beziehen. Wenn er sich schon zu einer so sachwidrigen Regelung entschließt, muss man erwarten, dass er positiv den redlichen Mitbieter in die Abwägungsklausel aufnimmt und zudem anordnet, dass wenigstens summarisch die Stellung des Bieters, der das Nachprüfungsverfahren eingeleitet hat, im Verhältnis zu den anderen Bietern und deren Angebot geprüft wird. Man muss sich insoweit vor Augen halten, dass das Nachprüfungsverfahren auch von solchen Teilnehmern an der öffentlichen Ausschreibung angestrengt werden kann, die von vornherein keine berechtigte Aussicht haben, den Zuschlag zu erhalten. Die aufschiebende Wirkung und die Ausgestaltung der Abwägungsklauseln bieten eine wirksame Handhabe, das Ausschreibungsverfahren für Wettbewerbszwecke zu instrumentalisieren und redliche Mitbieter mit einfachen Maßnahmen und ohne wirksame Sanktion zu schädigen.

Vor dem aufgezeigten Hintergrund einer Diskrepanz zwischen Planungs- und Vergabeebene ist es reizvoll, sich die Rechtsprechung des Bundesverfassungsgerichts in Erinnerung zu rufen. Es hat - wiederum zu einer Hamburger Besonderheit - am 14. Mai 1985 eine für unseren Zusammenhang bemerkenswerte Entscheidung getroffen (BVerfGE 70, 35). Es ging darum, dass die Freie und Hansestadt Hamburg gemäß § 188 Abs. 2 Satz 1 BBauG die Wahl hatte, ob sie

Bauleitpläne in Form eines Gesetzes oder im Wege einer Rechtsverordnung des Senats feststellt (hierzu BVerfGE 70, S.54 f.). Das Bundesverfassungsgericht hat hierzu befunden, dass die von einem durch Gesetz festgestellten Bebauungsplan Betroffenen in einer von Art. 3 Abs. 1 GG nicht zu rechtfertigenden Weise gegenüber solchen Betroffenen schlechter gestellt würden, gegenüber denen ein Bebauungsplan durch Rechtsverordnung festgestellt wird. Hieraus hat das Bundesverfassungsgericht den Schluss gezogen, die Bebauungsplangesetze müssten in das verwaltungsgerichtliche Normenkontrollverfahren nach Maßgabe des § 47 Abs. 1 Nr. 1 VwGO einbezogen werden (BVerfGE 70, S.55 ff.).

Eine vergleichbare Fragestellung hat das Bundesverfassungsgericht in seiner zuvor erwähnten Entscheidung vom 17. Juli 1996 bezüglich der Südumfahrung Stendal behandelt (BVerfGE 95, 1). Eine Verletzung des Gleichbehandlungsgebots im Hinblick auf die räumliche Begrenzung des Gesetzes auf den Streckenabschnitt "Südumfahrung Stendal" komme von vornherein nicht in Betracht. In diesem Streckenabschnitt lägen im Vergleich zu den übrigen Streckenabschnitten der Hochgeschwindigkeitsstrecke Hannover-Berlin nähere besondere Umstände vor, die eine Bauzulassung durch Gesetz anstelle eines Planfeststellungsbeschlusses rechtfertigten.

Vor diesem Hintergrund drängt sich die Frage einer Verletzung des Art. 3 Abs. 1 GG unter dem Gesichtspunkt, dass die auf der Planungsebene Betroffenen gegenüber den Teilnehmern an einer öffentlichen Ausschreibung auf der Vergabeebene bezüglich ihres Primärrechtsschutzes in wesentlichen Punkten schlechter gestellt werden, auf. In den Fällen von Planungsgesetzen entfällt ein Gerichtsschutz ohnehin, es ist lediglich die Verfassungsbeschwerde eröffnet. Es gibt aber selbst in den Fällen, in denen der Gesetzgeber nicht selbst eine Planung ins Werk setzt, signifikante Unterschiede, die die Betroffenen schlechter stellen.

Es findet kein Verwaltungsrechtsschutz-Verfahren statt. Es ist in der Regel auch nur eine Gerichtsinstanz eröffnet. Mit Rücksicht darauf, dass bei Vergaben auch nur eine Instanz vorgesehen ist, lässt sich das Bedenken nicht ausräumen; denn im Vergabebereich möchte man mit der Beschränkung auf eine Instanz auch dem Wettbewerber helfen, seine Rechte schnell durchzusetzen. Demgegenüber wird im Planungsbereich mit der Beschränkung auf eine Instanz eine Schmälerung der Rechtsposition Betroffener verfolgt.

Der automatische Suspensiveffekt auf der Vergabeebene stellt ebenfalls eine Bevorzugung dar. Schlechterdings unvertretbar ist aber, dass die Entscheidungen im Rahmen des Rechtsschutzes auf der Vergabeebene binnen kurzer Fristen getroffen werden müssen, während dergleichen auf der Planungsebene nicht vorgesehen ist. Wenn man davon absieht, dass die Betroffenen das Vorhaben nicht verzögern, sondern Klarheit über die Rechtslage haben wollen, ist eine solche Schlechterstellung der Betroffenen auf der Primärebene nicht zu rechtfertigen. Nebenbei sei bemerkt, dass insgesamt in allen Gerichtsbarkeiten die Rechtsuchenden oft Jahre auf eine Entscheidung, zum Teil überhaupt der ersten Instanz, warten müssen. Auch hier sind häufig Menschen existenziell betroffen, was bei einem einzelnen öffentlichen Auftrag, um den es bei der konkreten Ausschreibung geht, nur schwer vorstellbar ist.

Bernhard M. Rieger[1]

Zusammenwirken von Fachplanung mit der Raumordnung nach dem neuen Raumordnungsgesetz

I. Einführung

Schon immer gab es bei Eisenbahnverkehrsanlagen Berührungspunkte mit raumordnerischen Entscheidungen, die im Einzelfall geeignet waren, erheblich widerstreitende Interessen zu begründen. Zwar ist in § 14 ROG[2] vorgesehen, dass sich alle Beteiligten an einer raumbedeutsamen Planung „aufeinander und untereinander" abzustimmen haben, dies schließt aber im Einzelfall eine konträre Interessenlage nicht aus.

Diese Ausarbeitung beschäftigt sich dabei weniger mit abstrakt-generellen und grundlegenden Fragen des neuen Raumordnungsgesetzes[3], sondern vielmehr mit den Fragen, die sich im Verhältnis Raumordnung und Fachplanung für eine Planfeststellungsbehörde ergeben könnten, zumal sich die Literatur zum vorherigen Raumordnungsgesetz im Wesentlichen mit dem Verhältnis Raumordnung,

---

[1] Die in diesem Beitrag dargestellten Auffassungen geben ausschließlich die Auffassung des Verfassers wieder.
[2] Die Bezeichnung ROG ohne Zusatz ist für die §§ des Raumordnungsgesetzes vom 18. August 1997 verwendet worden. Bei der Zitierung von §§ der alten Fassung wurde der Zusatz a.F. verwendet.
[3] Dazu: *Hoppe,* „Die Neuregelung des Verhältnisses von Fachplanungen und Gesamtplanungen" in Blümel: Straßenplanung und Gesamtplanung, Speyerer Forschungsberichte 185 Bd., S. 1 ff,; *Runkel,* Das neue Raumordnungsgesetz, WiVerw1997, S. 267; ders. in UPR 1997, S. 1 ff; *ders.*: in Die Bindungswirkung der Erfordernisse der Raumordnung unter besonderer Berücksichtigung des Städtebaurechts, ZfBR 1999, S. 3 ff..

Baurecht und gemeindlicher Planungshoheit auseinandersetzt.[4] Insoweit möchte der Beitrag einen kleinen Überblick geben, in welchen Bereichen es Berührungspunkte zwischen Fachplanung und Raumordnung gibt und Lösungsansätze zur Diskussion stellen, deren Ziel es ist, ein Zusammenwirken von Fachplanung und Raumordnung zu gewährleisten.

Der Beitrag geht zunächst kurz auf die Neuerungen des ROG ein, beleuchtet das Entstehen der Bindungswirkung der Ziele der Raumordnung für eine Planfeststellungsbehörde, ordnet diese in die Systematik des § 4 ROG ein und führt dann durch die Einzelprobleme, der sich eine Planfeststellungsbehörde gegenüber sehen könnte[5].

II. Neuerungen des Raumordnungsgesetzes

Die Neufassung des Raumordnungsgesetzes führt zur Erreichung von mehreren Zielen. Neben der Erhöhung der Integrationswirkung im Sinn einer nachhaltigen Raumentwicklung dient sie der Stärkung der Region als räumliche Handlungsebene, der besseren Durchsetzbarkeit von Raumordnungsplänen und der Rechts- und Verwaltungsvereinfachung.[6]

Im Hinblick auf die o.g. Ausführungen wird sich dieser Beitrag in erster Linie mit den beiden letztgenannten Aspekten, nämlich der besseren Durchsetzbarkeit von Raumordnungsplänen (Bindungswirkung § 4 ROG) und der Rechts- und Verwaltungsvereinfachung durch das neue Raumordnungsgesetz befassen.

---

[4] *Blümel*, Rechtsschutz gegen Raumordnungspläne, VerwArch 1993, S. 123, 138; *Sauer*, Ziele der Raumordnung und Landesplanung, VBlBW 1995, S. 465; *Runkel*, in: Die Bindungswirkung der Erfordernisse der Raumordnung unter besonderer Berücksichtigung des Städtebaurechts, ZfBR 1999, S. 3 ff..

[5] Der Leser wird gebeten zu berücksichtigen, dass hier ausschließlich von der Fachplanung bei Bundesvorhaben ausgegangen wird, die von einer Planfeststellungsbehörde des Bundes, die nicht zugleich planende Behörde ist, durchgeführt wird.

[6] Gesetzesentwurf der Bundesregierung BT-Drs. 13/6392, S. 40 ff..

Vergleiche mit dem alten Raumordnungsgesetz werden nur insoweit hergestellt, als sie für die Klärung von Zweifelsfragen hilfreich sind.

Nach Art. 75 Abs. 1 Satz 1 Nr. 4 GG hat der Bund die Rahmenkompetenz, die Raumordnung in den Ländern in den Grenzen von Art. 72 Abs. 2 GG und Art. 75 Abs. 2 GG zu regeln. Diese Regelung erfolgte im neuen ROG in vier Abschnitten.

Der erste Abschnitt enthält die allgemeinen Vorschriften, die mit dem Inkrafttreten des Gesetzes unmittelbar bundesweit Geltung erlangt haben. Unter dem Aspekt der Verstärkung der Durchsetzbarkeit ist in § 3 ROG ein Katalog mit Begriffsbestimmungen aufgenommen worden, der nunmehr - im Gegensatz zu der alten Fassung - auch definiert, was unter einem Ziel der Raumordnung im Rechtssinne zu verstehen ist.

Insoweit bietet dieser Katalog schon in der Rechtsanwendung mehr Sicherheit. In § 4 werden die Bindungswirkungen und die Adressaten definiert und differenziert. Hierüber wird noch Einiges zu sagen sein. In § 5 ROG ist mit der Widerspruchsregelung die zentrale Vorschrift für eine Planfeststellungsbehörde des Bundes niedergelegt worden. Sie ist gegenüber der alten Regelung deutlicher und umfassender geregelt.

In Abschnitt 2 (§ 6 ff. ROG) sind die Richtlinien für die Ausfüllung durch den Landesgesetzgeber formuliert. Hervorzuheben sind dabei die Regelungen zum Erlass von Beteiligungsvorschriften (§ 7 ROG), das Zielabweichungsverfahren (§ 11 ROG) und die Untersagungsverfügung (§ 12 ROG). Dieser rahmenrechtliche Abschnitt richtet sich an den Landesgesetzgeber. Für das Zielabweichungsverfahren des § 11 ROG ist in der Überleitungsvorschrift des § 23 Abs. 2 ROG ein vorläufiges Verwaltungsverfahren bestimmt worden. Der dritte Abschnitt enthält wiederum unmittelbares Bundesrecht (§ 18 - 21 ROG), welches in diesem Beitrag nicht behandelt werden soll. Der letzte Abschnitt beinhaltet die Überleitungsvorschriften, die gleichfalls unmittelbares Bundesrecht sind.

III. Entstehen der Bindungswirkung für die Planfeststellungsbehörde[7] als nichtplanende Behörde

Grundlage der Arbeit des Eisenbahn-Bundesamts (EBA) sind die Fachplanungsvorbehalte des § 18 Allgemeines Eisenbahngesetz (AEG) sowie des § 2 Abs. 1 Magnetschwebebahnplanungsgesetz (MBPlG). Danach sind - wortgleich - bei der Planfeststellung alle vom Vorhaben berührten öffentlichen und privaten Belange einschließlich der Umweltverträglichkeit im Rahmen der Abwägung zu berücksichtigen.

Eine Bindungswirkung an die Erfordernisse der Raumordnung aufgrund einer expliziten Raumordnungsklausel im jeweiligen Fachgesetz, entsprechend § 35 Abs. 3 Ziff. 1 und 2 BauGB, existiert nicht.

Anders als in § 16 FStrG oder § 13 WaStrG findet sich im Eisenbahnrecht keine vergleichbare Regelung, die als Raumordnungsklausel Geltung beansprucht.[8]

Daraus kann aber nicht geschlossen werden, dass die Erfordernisse der Raumordnung (als Oberbegriff) keinen Eingang in die Fachplanung finden, vielmehr erfolgt dies im Rahmen der Gemeinwohlklausel "öffentlicher Belang" und sie sind deshalb in die Abwägung der Fachplanungsentscheidung einzustellen[9].

---

[7] Der Verfasser legt seinen Betrachtungen die Verhältnisse einer nicht planenden Behörde zugrunde.
Bei selbst planenden Behörden stellt sich die Frage nach der Einordnung nicht oder aus anderen Gesichtspunkten.

[8] Grundsätzlich zum Thema Raumordnungsklausel: *Wagner*, Harmonisierung der Raumordnungsklauseln, DVBl. 1990, S.1024, 1027.

[9] Vgl. Entschließung der Ministerkonferenz für Raumordnung " Handreichung zu den Abschnitten 1 und 4 des Raumordnungsgesetzes vom 18. Juni 1997" (GMBl 1998, 432), Rz.2.3.4.1. (im weiteren zitiert: MKRO 98, Rz....); vgl. dazu auch: *Wagner*, Die Harmonisierung der Raumordnungsklauseln in den Gesetzen der Fachplanung, DVBl. 1990, S. 1024;

Die Fachplanungsvorbehalte der einschlägigen Fachgesetze[10] sprechen allerdings nur davon, dass alle Belange zu berücksichtigen sind. Zwischen "berücksichtigen" und "beachten" besteht der Unterschied, dass ein Belang, den es zu berücksichtigen gilt, im Rahmen der fachplanerischen Abwägung aus anderen Gründen überwindbar ist[11]. Wird von "beachten" gesprochen, so ist die Planung mit dem Belang, den es zu beachten gilt, in Einklang zu bringen, mithin ist der Belang also nicht überwindbar[12].

In den Handreichungen der Ministerkonferenz zum neuen ROG wird ausgeführt, dass bei einem Zurückbleiben der Raumordnungsklauseln der Fachgesetze hinter den Anforderungen des § 4 ROG die Bindungswirkungen aus § 4 ROG unmittelbar gelten [13].

Andererseits bedarf es einer differenzierten Raumordnungsklausel im Fachplanungsrecht auch nicht, da § 4 ROG - als unmittelbar geltendes Bundesrecht - die Planfeststellungsbehörde verpflichtet, im Rahmen der allgemeinen Rechtmäßigkeitsprüfung festzustellen, ob der Vorhabenträger mit seiner Planung das materielle Recht eingehalten hat. Nach § 4 Abs. 2 ROG werden dabei die Grundsätze der Raumordnung und die Erfordernisse der Raumordnung der Abwägung im Fachplanungsrecht zur Berücksichtigung zugeordnet und sind daher einer abwägenden Entscheidung der Planfeststellungsbehörde zugänglich. Für die Ziele der Raumordnung ordnet § 4 Abs. 1 ROG die Beachtung an.
Ziele der Raumordnung sind mithin Planungsleitsätze[14] oder - einfacher - mate-

---

1030.
[10] Vgl. z.B. die gleichlautenden Texte von § 18 AEG, § 2 MBPlG, § 17 FStrG, § 28 PbFG, § 14 WaStrG.
[11] Dazu: *Bielenberg/Erbguth/Söfker, Raumordnung- und Landesplanungsrecht des Bundes und der Länder, Loseblattsammlung (zit.: RaLaPlaR),* : K Vorb. §§ 3 - 5 Rz. 5 m.w.N..
[12] Vgl. BVerwGE 90, 329, 333.
[13] MKRO 98, Rz.: 2.3.4.2.
[14] Auf den Begriff Planungsleitsätze wird immer öfter verzichtet und der Begriff "zwingende Vorraussetzungen" bzw. "materielle Rechtssätze" verwendet; dazu: *Jarass,* Die materiellen

rielle Rechtssätze[15], die im Abwägungsvorgang nicht überwindbar sind, folglich vom Vorhabenträger strikte Beachtung und die Anpassung der Planung an die ggf. entgegenstehenden Ziele der Raumordnung verlangen [16]. Somit hat die Planfeststellungsbehörde die Einhaltung strikten Rechts zu überprüfen.

IV. Einordnung der Planfeststellungsbehörde in den Fallkatalog des § 4 ROG

§ 4 ROG regelt mit seiner "Eckpfeilerregelung"[17] verschiedene Varianten[18], in denen die Beachtenspflicht für Ziele der Raumordnung für die verschiedenen beteiligten Personen an den Maßnahmen entstehen. Ausdrücklich ist in keinem Fall die Kombination von Planfeststellungsbehörde und planendem Vorhabenträger erfasst, jedoch wird dieser Fall einer der Regelungen des § 4 Abs. 1 ROG gleichgestellt[19]. Daher sollen die Fälle hier kurz angesprochen werden.

1. § 4 Abs. 1 Satz 1 ROG

Nach § 4 Abs. 1 Satz 1 ROG sind Ziele der Raumordnung von öffentlichen Stellen bei ihren raumbedeutsamen Planungen und Maßnahmen zu beachten. Dieser Fall zielt auf eine öffentliche Stelle, die sowohl plant als auch zulässt. Für eine Planfeststellungsbehörde wie das EBA ist dies nicht einschlägig, da diese

---

Voraussetzungen der Planfeststellung in neuerer Sicht, DVBl. 1998, S. 1202, 1205 m.w.N.; anders noch: *Stüer*, Handbuch des Bau - und Fachplanungsrechts 1997, Rz.1857; *Ronellenfitsch*, in : Marschall, Bundesfernstraßengesetz, 5. Aufl. 1998, § 17 Rdnr. 143.

[15] So *Jarass*, Die materiellen Voraussetzungen der Planfeststellung, in DVBl. 1998, S. 1202, 1205.

[16] So noch BVerwG 71, 163, 165; 72, 282, 289; 90, 329, 332; *Steinberg,* Fachplanungsrecht 2. Auflage, S. 187.

[17] Zum Ausdruck: *Bielenberg/Erbguth/Söfker, RaLaPlaR*; K Vorb. § 3 - 5 Rz. 9..

[18] Dazu: *Bielenberg/Erbguth/Söfker, RaLaPlaR*; K Vorb. § 3 - 5 Rz. 9 ff..

[19] *Bielenberg/Erbguth/Söfker, RaLaPlaR*, K Vorb. § 3 - 5 Rz. 9 ff..

Behörde zwar als Bundesoberbehörde[20] und nach § 3 Ziffer 5 ROG eine öffentliche Stelle im Sinne des Gesetzes ist, jedoch keine eigene Planung betreibt[21].

2. § 4 Abs. 1 Satz 1 i.V.m. Satz 2 Ziffer 1 ROG

§ 4 Abs. 1 Satz 2 Ziffer 1 ROG regelt die Fälle, in denen die öffentliche Stelle nicht gleichzeitig planende und planfeststellende Behörde ist, die planfeststellende Behörde zu prüfen hat, ob sich die planende Behörde im Rahmen ihrer planfestzustellenden Planung an die Pflicht zur Beachtung der Ziele gehalten hat.

3. § 4 Abs. 1 Satz 1 und 2 Ziffer 2 ROG

Dieser Fall regelt, dass bei Planfeststellung und Plangenehmigung eines Vorhabens einer Person des Privatrechts die Zulassungsbehörde die Ziele der Raumordnung auch zu beachten hat. Hier wird gegenüber dem alten ROG klargestellt, dass für alle Fälle der Planfeststellung eine Zielbeachtenspflicht für die Zulassungsbehörde besteht und dies sowohl den Privaten als auch die privatnützige Planfeststellung (z.B. § 31 WHG) treffen soll[22].

4. § 4 Abs. 4 ROG

Dazu erscheint die Regelung des § 4 Abs. 4 ROG widersprüchlich. Danach sollen bei einer Planfeststellung über die Zulässigkeit von raumbedeutsamen Maßnahmen einer Person des Privatrechts die Erfordernisse der Raumordnung le-

---

[20] Vgl. § 2 Abs. 1 EVVG.
[21] Vgl. § 3 EVVG.
[22] *Bielenberg/Ebguth/Söfker*, RaLaPlaR, K Vorb. §§ 3 - 5, Rz. 11; *Runkel,* Das neue Raumordnungsgesetz, WiVerw 1997, S. 267, 277.

diglich zu berücksichtigen sein. In Satz 2 des § 4 Abs. 4 ROG wird betont, dass § 4 Abs. 1 Satz 1 und 2 Ziffer 2 ROG unberührt bleibt. Die Privatperson wird durch § 4 Abs. 4 Satz 1 ROG ausdrücklich bei der Planfeststellung von der Beachtenspflicht freigestellt. Andererseits soll aber die Zulassungsbehörde über die Bindung der öffentlichen Stelle als Zulassungsbehörde gem. § 4 Abs. 1 Satz 1 und 2 Ziff. 2 ROG einer strikten Beachtenspflicht der Ziele unterliegen. Will die Zulassungsbehörde dieser Verpflichtung nachkommen, müsste sie den Privaten zwingen können - in Missachtung von § 4 Abs. 4 ROG -, bei seiner Planung die Zielbeachtenspflicht zugrunde zu legen. Mithin würde eine mittelbare Bindung der Privatperson entstehen, und es erscheint zumindest fraglich, ob eine solche Konstellation nicht zu einem eigentlich unzulässigen bodenrechtlichen Durchgriff[23] des Raumordnungsrechts führen würde. Folglich ist für diese Fälle § 4 Abs. 4 Satz 2 ROG i.V.m. § 4 Abs. 1 ROG verfassungskonform dahingehend auszulegen, dass eine mittelbare Bindung von Privatpersonen durch die unmittelbare Bindung der Zulassungsbehörde im Planfeststellungsverfahren nicht eintritt. Andernfalls wäre die Regelung des § 4 Abs. 3 ROG für den Bereich der Planfeststellung entbehrlich, da diese Adressaten schon eine Beachtenspflicht aus § 4 Abs. 4 Satz 2 i.V.m. § 4 Abs. 1 Satz 2 Nr. 2 ROG für die Ziele der Raumordnung trifft. Die Fälle des § 4 Abs. 3 ROG wären dann im Bereich der Planfeststellung schon mit der Regelung des § 4 Abs. 4 ROG voll abgedeckt.

Allerdings braucht dieser Fall für eine Planfeststellungsbehörde für Bundesvorhaben nicht weiter vertieft zu werden, da hier die Fälle des § 4 Abs. 3 ROG einschlägig sind.

---

[23] Vgl. dazu BVerfGE 3, 405 ff. ("Baurechtsgutachten" des BVerfG); vgl. *Schulte*, NVwZ 1999, S. 942 ff., der aufgrund des immer stärker werdenden Einflusses der Ziele der Raumordnung auf die Bodennutzung zu Recht eine Rechtsschutzmöglichkeit fordert.

5. § 4 Abs. 3 ROG

Nach § 4 Abs. 3 ROG wird die Zielbeachtungspflicht auch für Personen des Privatrechts angeordnet, soweit sie öffentliche Aufgaben durchführen. Diese Fallkonstellation stellt für eine Planfeststellungsbehörde wie das EBA derzeit den Regelfall dar. Insoweit wird die Privatperson wie eine öffentliche Stelle nach § 4 Abs. 1 Satz 2 Ziffer 1 ROG behandelt. Damit hat der Gesetzgeber klargestellt, dass die Verlagerung von öffentlichen Aufgaben bzw. die Verlagerung der Aufgabenwahrnehmung nicht dafür sorgen soll, dass sich ehemals öffentliche Stellen, die nunmehr in privatrechtlicher Form auftreten, nicht auf diese Art und Weise der Zielbeachtungspflicht entziehen können.

Nach Art. 87 e Abs. 3 GG stehen die Eisenbahnen des Bundes im Eigentum des Bundes, soweit die Tätigkeit des Wirtschaftsunternehmens den Bau, die Unterhaltung und das Betreiben von Schienenwegen umfaßt. Dabei ist festgelegt, dass die Mehrheit der Anteile beim Bund verbleibt, sodass für die derzeitigen potenziellen Antragsteller beim EBA grundsätzlich die Zielbindungspflicht eintreten kann. Darüber hinaus trifft für eine Vielzahl von Vorhaben der Deutschen Bahn AG auch § 4 Abs. 3 Ziff. 2 ROG zu, der Fall der überwiegenden öffentlichen Finanzierung.

Die eisenbahnrechtliche Planfeststellung des EBA ist eine Entscheidung über die Zulässigkeit einer raumbedeutsamen Planung eines Privaten[24], der die Tatbestandsvoraussetzungen des § 4 Abs. 3 ROG erfüllt und mithin unmittelbar verpflichtet ist, bei seiner Planung die Ziele der Raumordnung zu beachten.

---

[24] Vgl. *Runkel*, UPR 1997 S. 1, 3.

V. Bindungswirkung bei Bundesmaßnahmen nach § 5 ROG

Für Bundesvorhaben sieht § 5 Abs. 1 ROG die Entstehungsvoraussetzung und Befreiungsmöglichkeit von der Beachtenspflicht der Ziele der Raumordnung für Bundesvorhaben vor. Danach tritt die Bindungswirkung an die Ziele der Raumordnung bei Bundesvorhaben nur in den Fällen auf, bei denen die öffentliche Stelle oder die Person an der Zielaufstellung beteiligt worden sind und keinen Widerspruch gegen das Ziel eingelegt haben.

Diese Sonderregelung findet ihre Begründung in der Tatsache, dass die Raumordnung den Ländern zugeordnet ist. Die Länder nehmen die Raumordnung in eigener Kompetenz für ihren Hoheitsbereich wahr. Mithin besteht die Möglichkeit, dass Entscheidungen der Raumordnung einem länderübergreifenden Infrastrukturprojekt entgegenstehen. Der Bund, der aber gleichzeitig aufgrund grundgesetzlicher Kompetenzzuordnung dafür verantwortlich ist, eine länderübergreifende, leistungsfähige Verkehrsinfrastruktur zu schaffen, könnte dann durch die Raumordnung daran gehindert sein. Dies würde dazu führen, dass zwei unterschiedliche grundgesetzliche Kompetenztitel (Art. 75 und Art. 87 e GG) dazu führen, dass die Durchführung der einen Aufgabe unmöglich gemacht würde. Um dieses Spannungsverhältnis zu lösen, hat der Bundesgesetzgeber die Regelung des § 5 ROG aufgenommen, um so die strikte Bindungswirkung an die Ziele der Raumordnung für Bundesvorhaben zu suspendieren und mithin ein grundgesetzliches Spannungsverhältnis zu vermeiden[25]. Allerdings beeinflusst dies nicht die Zielqualität in allgemeiner Hinsicht für alle im Raum Beteiligten, mit der Folge, dass für andere Betroffene die Bindungswirkung unverändert besteht[26].

---

[25] *Bielenberg/Erbguth/Söfker, RaLaPlaR*; K § 3 Rz. 210, 211.
[26] *Bielenberg/Erbguth/Söfker*, aaO, K 3 Rz. 137.

Die Möglichkeit der Freistellung ist an bestimmte Voraussetzungen gebunden. Auf diese soll im folgenden eingegangen werden.

1. Zuständige Stelle

Nach § 5 Abs. 1 lit. a ROG entsteht die Bindung an die Ziele der Raumordnung bei Bundesmaßnahmen nur dann, wenn die zuständige Stelle oder Person nach § 7 Abs. 5 ROG beteiligt worden ist[27]. Allerdings ist in den Begriffsbestimmungen des § 3 ROG nicht dargelegt, wer zuständige Stelle im Sinne des Gesetzes ist. Diese Frage ist für den Fall interessant, bei dem Vorhabenträger und Zulassungsbehörde auseinanderfallen. Insoweit kann es auf die Frage ankommen, welche Beteiligung zum Entstehen der Beachtenspflicht notwendig ist. Aus dem Gesetzeswortlaut ergibt sich zwar eine Differenzierung zwischen „zuständiger Stelle" und „Person", dies hat aber wohl weniger den Fall des Auseinanderfallens von Vorhabenträger und Planfeststellungsbehörde vor Augen gehabt, sondern aufgrund des „oder" zwischen beiden Alternativen eher den Fall zwischen öffentlichen und privaten Vorhabenträgern. Insoweit richtet sich die gesetzliche Formulierung an den jeweiligen Träger des Fachplanungsvorhabens. Dies ist auch sachgerecht, da die Planfeststellungsbehörde erst zu einem viel späteren Zeitpunkt von der konkreten Planung erfährt und somit auch erst spät und wohl oft auch zu spät aufkommende Konflikte mit der Raumordnung erkennen könnte. Weiterhin kommt der Planfeststellungsbehörde keine originäre Planungsfunktion zu. Sie ist somit nicht in der Lage, die Einzelheiten einer Planung zu jedem Zeitpunkt abschließend beurteilen zu können, da sie selbst nicht planende Behörde ist, sondern lediglich im Rahmen der Planfeststellung den

---

[27] Dies ergibt sich schon aus dem Wortlaut des § 5 Abs. 1, da die Bindungswirkung nur entsteht, wenn die zuständige Stelle oder Person nach § 7 Abs. 5 ROG beteiligt wurde.

Auftrag hat, die Planung der Vorhabenträgerin abwägend nachzuvollziehen[28]. Festzuhalten ist mithin, dass zum Entstehen der Bindungswirkung für die Ziele der Raumordnung die Beteiligung des Vorhabenträgers im Zielaufstellungsverfahren zwingend notwendig ist.

Fraglich ist allerdings, ob zur Entstehung der Bindungswirkung nicht auch die Planfeststellungsbehörde als Zulassungsbehörde zu beteiligen ist. Die Notwendigkeit der Einbeziehung der Zulassungsbehörde ergibt sich m.E. schon aus § 4 Abs. 1 ROG, da sich die Zielbeachtenspflicht in erster Linie an die Zulassungsbehörde richtet. Erst durch ihre Entscheidung erhält die Fachplanung Außenwirkung und wird für den Raum bedeutsam. Insoweit muß auch für die Zulassungsbehörde - soll sie gebunden werden - das Recht auf Beteiligung im Zielaufstellungsverfahren eingehalten werden. Auch die rahmenrechtliche Vorschrift des § 7 Abs. 5 ROG spricht dafür, dass die Zulassungsbehörde zu beteiligen ist, da dort vorgesehen wurde, dass ein förmliches Beteiligungsverfahren für alle öffentlichen Stellen und Personen, denen gegenüber eine Beachtenspflicht begründet werden soll, vorzusehen ist.

Daher ist zu folgern, dass in den Fällen, in denen die Zulassungsbehörde und der Vorhabenträger auseinanderfallen[29], die Vorschrift des § 5 ROG dahingehend auszulegen ist, dass eine fehlende Beteiligung der Zulassungsbehörde oder des Vorhabenträgers dazu führen muss, dass die Bindungswirkung für beide Beteiligte bzw. für das in Frage stehende Bundesvorhaben nicht entstehen kann. Andernfalls würde eine mittelbare Bindung entstehen, die allerdings aus rechtsstaatlichen Gesichtspunkten zumindest dann bedenklich ist, wenn der Vorha-

---

[28] BVerwG 72, 365, 367; *Kühling,* Fachplanungsrecht 1988, Rz. 13; *Jarass,* Die materiellen Voraussetzungen der Planfeststellung, DVBl. 1202, 1203; *Hoppe/Just,* Zur Ausübung der planerischen Gestaltungsfreiheit bei der Planfeststellung und Plangenehmigung, DVBl 1997, S. 789 ff..
[29] *Jarass* unterscheidet dies mit "echter" und danach konsequenterweise "unechter" Fachpla-

benträger nicht, die Zulassungsbehörde aber sehr wohl gebunden wäre. Eine Bindung führt dann zu unüberwindbaren Widersprüchen bei einem einheitlichen Vorhaben. Der Vorhabenträger könnte einen Anspruch auf Zulassung seines Vorhabens haben, der von der „gebundenen" Zulassungsbehörde aber versagt werden müsste. Dieses Ergebnis zeigt deutlich, dass es eine mittelbare Bindung nicht geben kann. Daher ist schon bei der Entstehung der Bindungswirkung der Ziele der Raumordnung darauf zu achten, dass alle Beteiligten, für die eine Bindungspflicht begründet werden soll, auch beteiligt werden. Nur so wird die grundgesetzlich begründete Spannungssituation bei Bundesvorhaben befriedigend gelöst.

In der Praxis hat dies in der Handreichung der Ministerkonferenz[30] seinen Niederschlag gefunden, in der festgelegt ist, dass sowohl das EBA als auch die Deutsche Bahn AG grundsätzlich zu beteiligen sind.
Allerdings führt das weitergehende Aufsplitten in Unternehmensteile bzw. das sog. "Outsourcing" (neudeutsch) dazu, dass Planungsgesellschaften mit Vorhaben betraut sind und im eigenen Namen auftreten, so dass es grundsätzlich nicht ausgeschlossen erscheint, dass in Einzelfällen eine Beteiligungspflicht nicht richtig erkannt wird. Insoweit ist die Sachnähe der Planfeststellungsbehörde hilfreich, die gesetzlich vorgesehene Beteiligung zu fördern.

Es ist daher festzuhalten, dass § 5 Abs. 1 lit. a ROG dahin zu verstehen ist, dass zur Entstehung der Beachtenspflicht der Ziele immer sowohl die Planfeststellungsbehörde als auch der Vorhabenträger an dem Zielaufstellungsverfahren zu beteiligten sind. Ist eine Stelle nicht beteiligt worden, kann aufgrund des besonderen Verhältnisses von Zulassungsbehörde und Träger des Vorhabens bei ei-

---

nung, *Jarass,* a.a.O. 1203.
[30] Handreichung der MKRO 98, GMBl 1998, 432, Ziff. 3.1.

nem Bundesvorhaben eine Bindung an die Ziele der Raumordnung nicht entstehen.

2. Konsensfindungsverfahren

Wird im Zielaufstellungsverfahren festgestellt, dass das Bundesvorhaben mit einem in Aufstellung befindlichen Ziel in Konflikt steht, ist nun durch § 5 Abs. 2 ROG ein förmliches Konsensfindungsverfahren vorgesehen worden. Dies regelt, dass die unmittelbar Betroffenen sich unter Einbeziehung der obersten Landesplanungsbehörde, des für Raumordnung zuständigen Bundesministeriums und der zuständigen Fachbehörde um eine einvernehmliche Lösung bemühen. Für den Bereich der Eisenbahnen des Bundes ist dies das Bundesministerium für Verkehr, Bauen und Wohnen sowohl als oberste Raumordnungs- als auch als Fachbehörde[31].

Obgleich gesetzlich nicht ausdrücklich vorgesehen, soll bei diesem Konsensfindungsverfahren im Vorlauf in einem schriftlichen Verfahren versucht werden, die Probleme auszuräumen [32]. Führt dies nicht zum gewünschten Erfolg, lädt der Träger der Planung die genannten Beteiligten zu einem Konsensgespräch ein. Dieses Verfahren ist binnen 3 Monaten nach Einleitung mit einem Protokoll abzuschließen. Wird eine einvernehmliche Lösung gefunden, ist das Verfahren abgeschlossen und den Beteiligten ein weiterer Widerspruch gegen das in Aufstellung befindliche Ziel verwehrt[33].

Erbringt das Konsensfindungsverfahren keine einvernehmliche Lösung, ist es trotzdem beendet. Die Bindungswirkung des Ziels tritt aber gegenüber der be-

---

[31] nach der Ressortreform im Oktober 1998 nun auch gleichzeitig oberste Raumordnungsbehörde.
[32] vgl. Handreichungen der MKRO 98, Ziff. 3.2..
[33] vgl. Handreichungen der MKRO 98, aaO.

troffenen Stelle bzw. der Person nur dann ein, wenn diese gem. § 5 Abs. 1 ROG nicht innerhalb der gesetzlichen Frist von 2 Monaten nach Mitteilung des verbindlichen Ziels widerspricht.

Die Einführung des Konsensfindungsverfahrens bietet die Möglichkeit für die Beteiligten, im Vorfeld eine Abstimmung durchzuführen, die Konflikte ohne größere Auswirkungen auf die Realisierung von Vorhaben ausräumt und somit eine sachgerechte Entwicklung eines Raumes gewährleistet.

3. Widerspruch nach § 5 Abs. 1 und 3 ROG

Ist das Konsensfindungsverfahren nicht erfolgreich gewesen und wollen sich die Planfeststellungsbehörde bzw. der Vorhabenträger nicht an das Ziel binden lassen, müssen sie zwei Monate nach Mitteilung des rechtsverbindlichen Ziels bei der zuständigen Stelle der Landesplanung Widerspruch gegen das Ziel erheben. Mit dem Widerspruch erklärt die zuständige Stelle bzw. Person, dass sie sich nicht an das Ziel gebunden fühlt und sich für ihre Maßnahmen die Entscheidungsfreiheit vorbehält.

Schon aus Gründen der Rechtsklarheit ist es geboten, dass sowohl Vorhabenträger als auch Zulassungsbehörde in einem solchen Fall Widerspruch gegen die Verbindlichkeit des Ziels der Raumordnung einlegen. Jedoch ist es auch ausreichend, wenn lediglich der Vorhabenträger oder die Zulassungsbehörde Widerspruch einlegt, da beide Personen dies projektbezogen für ein bestimmtes Bundesvorhaben tun und die Freizeichnung von den Zielen der Raumordnung für das spezielle Bundesvorhaben gilt.

Die Projektbezogenheit des Widerspruchs auf ein bestimmtes Bundesvorhaben und die Tatsache, dass eine Bindungswirkung für dieses Projekt durch die Einlegung des Widerspruchs suspendiert wird, machen deutlich, dass gesetzessystematisch kein Raum für eine mittelbare Bindung mehr verbleibt (vgl. oben

V.1.; als spiegelbildliche Konsequenz zum Entstehungstatbestand der Beachtenspflicht). Ansonsten entstünde der nicht mehr zu lösende Konflikt, dass für ein und dasselbe Bundesvorhaben z.b. der Vorhabenträger bei der Planung das Ziel nicht zu beachten brauchte, die Zulassungsbehörde aber auf aufgrund fehlenden Widerspruchs bei der Zulassungsentscheidung an das Ziel gebunden wäre. Eine gleichzeitige Geltung von Beachtenspflicht und Ausnahmetatbestand ist allerdings sinnwidrig und kann so vom Gesetzgeber nicht gewollt sein. Ansonsten würde sich die Wirkung der gesetzlichen Regelung selbst suspendieren können und für ein Bundesvorhaben zwei unterschiedliche Rechtsfolgen anwendbar sein. Folglich gilt, dass der Widerspruch - gleichgültig, ob von Zulassungsbehörde, Vorhabenträger oder der zuständigen obersten Fachbehörde - grundsätzlich die Bindungswirkung für das in Frage stehende Bundesvorhaben suspendiert und diese Suspendierung für alle an dem Bundesvorhaben beteiligten Parteien gleichermaßen wirkt.

Im weiteren Verlauf bestätigt die oberste Landesplanungsbehörde den Eingang des Widerspruchs und prüft, ob die materiellen Voraussetzungen des § 5 Abs. 3 ROG erfüllt sind[34]. Ein Widerspruchsbescheid ist allerdings nicht vorgesehen, da es sich bei dem Widerspruch nach § 5 Abs. 1 und 3 ROG nicht um einen Widerspruch im verwaltungsgerichtlichen Sinne handelt. Vielmehr werden die Ziele der Raumordnung in ihrer Ausgestaltung u.a. als Rechtsnorm (Rechtsverordnung oder Satzung) festgesetzt[35]. Insoweit ist es nur folgerichtig, wenn der nächste Schritt in der Hierarchie des Rechtsschutzes das Gerichtsverfahren ist, in dem die Parteien die streitige Frage, ob nun Bindungswirkung entstanden ist

---

[34] Handreichungen der MKRO 98, Ziff. 3.3..
[35] *Bielenberg/Erbguth/Söfker, RaLaPlaR,,* K Vor. §§ 3 - 5 Rz. 16 und zu § 3 Rz. 160 ff; wobei es jeweils landesrechtliche Unterschiede gibt; vgl. *Sauer,* Verwaltungsblatt Baden-Württemberg (WBlBW) 1995 S. 465, 466; vgl. z.B. Rechtsverordnung über den gemeinsamen Landesentwicklungsplan für den engeren Verflechtungsraum Brandenburg-Berlin, GVBl Berlin 1998, S. 38 ff..

oder nicht, im Rahmen einer Feststellungsklage klären lassen können[36]. Folglich kann die Unbegründetheit des Widerspruchs bindend für die Beteiligten in diesem Verfahrensstadium nur von einem Gericht festgestellt werden[37]. Ein weitergehendes Verwaltungsverfahren, wie es der Bundesrat vorgeschlagen hat, fand keine Aufnahme in das Gesetz[38]. Es wurde ein § 5 Abs. 3 ROG vorgeschlagen, wonach die Entscheidung über die Begründetheit des Widerspruchs durch die oberste Landesplanungsbehörde erfolgen sollte. Mithin wäre der Bund für seine Aufgaben in der Defensive gewesen, da er immer sicherstellen müsste, dass gegen Ziele, die mit Bundesvorhaben nicht vereinbar sind, Widerspruch eingelegt und ggf. Klage erhoben würde. Weiterhin wäre dann bis zum Abschluss des Gerichtsverfahrens keine Planungssicherheit gegeben. Die übliche Prozessdauer führte dann zu einer erheblichen Beeinträchtigung die Verkehrsprojekte. Ein solches Procedere dürfte auch nicht ausreichen, um das grundgesetzliche Spannungsverhältnis der verschiedenen Kompetenztitel befriedigend aufzulösen. Daher hat die Bundesregierung in ihrer Gegenäußerung[39] darauf hingewiesen, dass ein gesamtstaatliches Interesse daran besteht, dass sich der Bund durch einen Widerspruch von der Bindungswirkung lösen kann. Darüber hinaus würde die Verrechtlichung mit einem förmlichen Widerspruchsverfahren und anschließender Klage die Fachplanungsverfahren verlängern und zur Verzögerung von wichtigen Infrastrukturvorhaben führen. Im übrigen entspricht diese Regelung schon der Konzeption des § 7 BauGB[40] und bildet mithin einen einheitlichen Standard. Daher hat dieser Vorschlag keine Aufnahme in das neue ROG gefunden.

Es kann somit festgehalten werden, dass sich bei Bundesvorhaben die Planfest-

---

[36] Handreichungen der MKRO 98, Ziff. 3.3..
[37] *Runkel,* UPR 1997, S. 1 ff.
[38] Stellungnahme des Bundesrates zu Nr. 66; BT-Drs. Nr. 13/6392.
[39] Stellungnahme der Bundesregierung zu Nr. 66; BT-Drs. Nr. 13/6392.
[40] Stellungnahme der Bundesregierung zu Nr. 66 ebd..

stellungsbehörde bzw. der Vorhabenträger oder die zuständige Fachbehörde des Bundes durch die Einlegung eines Widerspruchs gegen das Ziel der Raumordnung von der Beachtenspflicht befreien kann.

VI. Prüfungsumfang der Planfeststellungsbehörde bei Zusammentreffen der Planfeststellung mit Zielen der Raumordnung bei Bundesvorhaben

Es fragt sich nun, welche Auswirkungen ein gescheitertes Konsensfindungsverfahren sowie der anschließend eingelegte Widerspruch für die mit der Planfeststellung befassten Behörde hat. Wie festgestellt, besteht für die Beteiligten die Möglichkeit, das Bestehen oder Nichtbestehen der Bindungswirkung im Wege der Feststellungsklage durch das Gericht feststellen zu lassen[41]. Zu beachten ist dabei das besondere Feststellungsinteresse, welches die Parteien darlegen müssen. Ergeht eine Entscheidung des Gerichts vor Abschluß des Planfeststellungsverfahrens, wird die Planfeststellungsbehörde diese Entscheidung der Planfeststellung zugrunde legen.

Die für die Planfeststellungsbehörde interessanten Fälle sind die, bei denen ein Widerspruch eingelegt wurde und entweder schon das Planfeststellungsverfahren für das Bundesvorhaben läuft oder eingeleitet wurde. Hier stellt sich nun die Frage, wie die Planfeststellungsbehörde mit der Situation umgeht.

Der Vorhabenträger braucht aufgrund seines Widerspruchs das Ziel nicht zu beachten. Der Träger der Landesplanung wird dies in der Regel bestreiten und darauf hinweisen, dass der Widerspruch nicht berechtigt ist (wenn er berechtigt wäre, hätte die Landesplanungsbehörde schon im Konsensfindungsverfahren „abhelfen" müssen).

---

[41] *Bielenberg/Erbguth/Söfker, RaLaPlaR*, K § 6 Rz. 19 zu § 6 ROG a.F..

Den Parteien aufzuerlegen, erst die Entscheidung des Gerichts zu suchen, steht der Planfeststellungsbehörde ebenso wenig zu, wie selbst Feststellungsklage wegen der Frage der Bindungswirkung zu erheben. Daher hat sie vor Erlass des Planfeststellungsbeschlusses zu prüfen, inwieweit der Widerspruch die Beachtenspflicht des Ziels für das planfestzustellende Vorhaben suspendiert hat.

Hinsichtlich des Prüfungsumfangs scheint es zwei Möglichkeiten zu geben. Man kann sich auf den formellen Standpunkt stellen und nur nach formellen Kriterien prüfen, oder man prüft auch nach den materiellen Kriterien des § 5 Abs. 3 ROG. Dieser Frage soll im weiteren nachgegangen werden.

1. Formale Prüfung des § 5 Abs. 1 ROG

Stellt man sich auf einen formalisierten Standpunkt, so überprüft die Planfeststellungsbehörde lediglich, ob die formalen Voraussetzungen des § 5 Abs. 1 und 2 ROG eingehalten worden sind. Denn nach § 5 Abs. 1 lit. c ROG tritt die Bindungswirkung nach § 4 Abs. 1 und 3 ROG nur dann ein, wenn u.a. die Stelle oder Person innerhalb von zwei Monaten nach Mitteilung des verbindlichen Ziels nicht widersprochen hat. Liegt also ein fristgemäßer Widerspruch vor, wäre die Planfeststellungsbehörde bei formeller Sichtweise nicht an das Ziel gebunden.

Für diese Möglichkeit spricht vor allem der Gesetzeswortlaut in § 5 Abs. 1 lit. c ROG, da es dort nur auf die Tatsache der Einlegung des Widerspruchs ankommt und nicht etwa auf die Rechtmäßigkeit. Zur Begründung für diese Auffassung kann man auf den Gesetzestext abstellen, der gerade nicht aussagt, dass die Bindungspflicht nur dann nicht entsteht, wenn der Widerspruch fristgerecht und begründet ist.

Weiterhin ergibt sich aus der Begründung der Bundesregierung als auch aus der Gegenäußerung der Bundesregierung, dass es ihr gerade darauf ankam, dass der

Bund sich mittels eines Widerspruchs ohne weitere Begründetheitsprüfung von der Beachtenspflicht freizeichnen kann[42]. Insoweit könnte man mit guten Gründen lediglich auf das schlichte formgerechte Einlegen des Widerspruchs abstellen und damit als Planfeststellungsbehörde davon ausgehen, dass eine Zielbeachtenspflicht für das Vorhaben nicht besteht.

2. Materielle Prüfung des § 5 Abs. 3 ROG

Andererseits ist auch an eine materielle Prüfung der Zulässigkeit des Widerspruchs zu denken, und damit hätte die Planfeststellungsbehörde durchaus die materielle Berechtigung des Widerspruchs anhand von § 5 Abs.1 und 3 ROG zu prüfen. In einem solchen Fall müsste die Planfeststellungsbehörde nicht nur die formalen Gesichtspunkte des § 5 Abs. 1 ROG, sondern auch die materiellen Voraussetzungen des § 5 Abs. 3 ROG prüfen.

Für diese Auffassung spricht vor allem die Pflicht aus § 18 AEG zur umfassenden Abwägung aller öffentlichen und privaten Belange. Dazu gehört auch die Ermittlung des tatsächlichen und „rechtlichen" Sachverhalts, der einer gerechten Abwägung bzw. Beachtung entgegensteht. Aber wie soll dieser Verpflichtung nachgekommen werden, wenn die Planfeststellungsbehörde sich materiell nicht mit der Begründetheit des Widerspruchs beschäftigt?

Beschränkt sich die Planfeststellungsbehörde auf die formelle Prüfung und blendet den materiellen Teil aus, so besteht die Möglichkeit, dass u.U. die Voraussetzungen des § 5 Abs. 3 ROG nicht gegeben sind und die Beachtenspflicht materiell bestand. Insoweit könnte sich im Rahmen der gerichtlichen Überprüfung herausstellen, dass der Planfeststellungsbeschluss an einem erheblichen und u.U. nicht mehr korrigierbaren Mangel leidet.

---

[42] Stellungnahme der Bundesregierung zu Nr. 66; BT-Drs. Nr. 13/6392; *Runkel,* UPR 1997, 1, 5.

Bei linienförmigen Vorhaben, wie bei Eisenbahnen, die zudem noch abschnittsweise planfestgestellt werden, kann dies zu einschneidenden Ergebnissen führen, die nicht nur die Umplanung im unmittelbar betroffenen Abschnitt erforderlich machen können, sondern auch - aufgrund von Zwangspunkten - auch schon planfestgestellte und bestandskräftige Abschnitte in Mitleidenschaft ziehen und evtl. ganze Vorhaben zum Scheitern bringen könnten.

Der Planfeststellungsbeschluss, der enteignende Vorwirkung hat, muss in allen Punkten rechtmäßig ergehen. Es scheint daher schon ausgeschlossen, dass man einen Bereich, der die materielle Rechtmäßigkeit der Entscheidung betrifft, nur unter lediglich formalen Gesichtspunkten beleuchten können soll, zumal die Planfeststellungsverfahren der Eisenbahn in der Regel Auswirkungen auf das Eigentum von Privaten und damit zumindest mittelbare Grundrechtsrelevanz haben. Nach allgemeiner Ansicht[43] haben diese Betroffene einen Anspruch auf umfassende Rechtmäßigkeitsprüfung des Planfeststellungsbeschlusses, sodass auch durch einen Privaten eine gerichtliche Überprüfung der Rechtmäßigkeit der Entscheidung über die Zielbeachtenspflicht herbeigeführt werden kann. Hält man sich dabei vor Augen, dass eine Bindung an ein Ziel geeignet ist, die Trasse einer Eisenbahn zu verschieben und somit auch eigentumsrechtliche Betroffenheiten anderer neuer Privater zu verursachen, so fordert diese mittelbare Eingriffsmöglichkeit in die Grundrechte vieler Privater, dass die Planfeststellungsbehörde sich in ihrer Prüfung davon überzeugt, dass das Bestehen einer Bindungspflicht an ein Ziel der Raumordung auch materiell begründet oder unbegründet ist.

---

[43] BVerwG, Beschluss v. 13.03.1995 - 11 VR 2.95-; Urt. vom 21.3.1996 - 4 C 1.95- ; Urt. vom 17.02.1997 - 4 A 41.96; OVG NW, Urt. vom 18.09.1997, UA. S. 13.

1. Tatbestandsmerkmale des § 5 Abs. 3 ROG

Nach dem obigen Ergebnis soll nunmehr auf den Prüfungsumfang der materiellen Voraussetzungen des § 5 Abs. 3 ROG eingegangen werden.

a) Nach § 5 Abs. 3 Ziff. 1 ROG ist ein Widerspruch gegen ein Ziel der Raumordnung begründet, wenn das Ziel auf einer fehlerhaften Abwägung beruht. Diese erste Alternative des § 5 Abs. 3 ROG dürfte wohl die schwierigste Prüfung für eine Planfeststellungsbehörde darstellen, da zum Einen ganz allgemein Abwägungsentscheidungen nur eingeschränkt überprüfbar sind und andererseits hier das Ergebnis einer überörtlichen und überfachlichen Planung überprüft werden soll. Es erscheint ungewöhnlich, dass eine Planfeststellungsbehörde - also eine Fachbehörde - den Abwägungsvorgang für einen übergeordneten Plan "überprüfen" soll. Dies muss aber geschehen, um in Konsequenz zu dem oben Gesagten nicht vom falschen „rechtlichen" Sachverhalt auszugehen und eine fehlerhafte Entscheidung zu treffen. Weiterhin handelt es sich um keine Überprüfung im technischen Sinne, die unmittelbare Auswirkungen auf die raumordnerische Entscheidung des zuständigen Planungsträgers hätte, sondern lediglich um eine inzidente Überprüfung für die Ermittlung des zutreffenden rechtlichen Sachverhalts für den Planfeststellungsbeschluss, in dem diese Frage virulent wurde. Insoweit erfolgt auch keine Überprüfung der landesplanerischen Entscheidung durch eine Fachbehörde.

Die Prüfung der Abwägungsentscheidung muss sich auf das Notwendige beschränken. Nach der gängigen Umschreibung verlangt das Abwägungsgebot, dass eine Abwägung überhaupt stattfindet, dass alle Belange, die nach Lage der Dinge einzustellen waren, auch eingestellt wurden, und dass die Belange untereinander in ihrer objektiven Gewichtigkeit nicht außer Verhältnis stehen[44]. Insoweit beschränkt sich die Überprüfung auf die Fehler Abwägungsausfall, Abwägungsdefizit, Abwägungsfehleinschätzung und Abwägunsdisproportionalität.[45] Eine eigenständige Entscheidung an Stelle der Entscheidung der zuständigen Planungsbehörde darf die Planfeststellungsbehörde ebenso wenig wie das Gericht treffen. Allerdings dürften diese Fälle nur insoweit eintreten, als es sich um krasse „Ausreisser" handelt oder aber um „Ziele", die eigentlich keine sind, da sie nach ihrer Festlegung und der gesetzlichen Definition (§ 3 Ziff. 2 und 3 ROG) lediglich Grundsätze sein können, da ihnen z.B. eine abschließende räumliche und sachliche Abwägung fehlt[46].

b) § 5 Abs. 3 Ziff. 2 ROG

Nach Überprüfung der Abwägungsentscheidung geht es in der zweiten Alternative um die Zweckbestimmung des Vorhabens, die dem Ziel zuwiderlaufen muss und die Frage der richtigen Standortauswahl.

aa) „Zweckbestimmung des Bundesvorhabens"

Zuerst einmal ist zu fragen, wann ein Ziel der Zweckbestimmung eines Vorhabens entgegensteht. Die "Zweckbestimmung eines Vorhabens" ist im Begriffsbestimmungskatalog des § 3 ROG nicht genannt. Bei Eisenbahnvorhaben ist die Zweckbestimmung des jeweiligen Vorhabens die Verbindung von bestimmten Orten mit einer Verkehrsinfrastruktur zum Personen- und Gütertransport. Das

---

[44] BVerwGE 48, 56, 63; ausführlicher Überblick zum Thema Abwägung bei: *Heinze,* Eisenbahnplanfeststellung, Schriftenreihe für Verkehr und Technik, Bd. 84, S: 114 ff. m..w.N.
[45] Vgl. dazu auch: BVerwG, - 4 B 92.95 - ; BVerwG, - 7 VR10.94-; NVwZ 1995, 379; BVerwG, 11 VR 3.96, NVwZ-RR 1996, 557; BayVGH, RO 5 K 94.0188; *Steinberg,* Fachplanungsrecht, S. 191ff..
[46] Vgl. *Erguth,* in Landes- und Kommunalverwaltung (LKV) 1994, S. 89 ff. zu § 4 Landesplanungsgesetz Brandenburg; *Hoppe,* in Hoppe/Schoeneberg, Raumordnungs- und Landesplanungsrecht des Bundes und des Landes Niedersachsen, 1987, S. 59 ff, 60 (Rn.139); *Koch,* Baurecht, Raumordnungs- und Landesplanungsrecht, 2. Auflage 1995, S. 27, 44/45 Rz. 14 ff..

Ziel steht folglich mit einer solchen Zweckbestimmung nicht im Einklang, wenn die Verwirklichung sowohl des Ziels als auch der Errichtung von Verkehrsinfrastruktur sich gegenseitig ausschließen bzw. beeinträchtigen. Dies ist immer dann der Fall, wenn das Vorhaben aufgrund einer fehlerfreien Abwägung aller Belange eine Trasse ermittelt hat, die dann aufgrund des entgegenstehenden Ziels eigentlich nicht realisiert werden könnte.

Einfach sind dabei die Fälle, wo die Zweckbestimmung des Vorhabens zugleich die Durchführung auf einer eindeutig bestimmten Fläche erfordert. Dann ergibt sich zwanglos, dass die Verweisung auf eine andere geeignete Fläche von vornherein ausgeschlossen ist[47]. Bei Planfeststellungsvorhaben für Eisenbahninfrastruktur ist ein solch eindeutiger Fall selten. Vielmehr wird sich erst aus der vertieften Planung (bis hin zum Planfeststellungsmaßstab), den erkannten Betroffenheiten und den ermittelten Zwangspunkten ergeben, dass das Vorhaben nur auf einer bestimmten Trasse optimal platziert werden kann. Insoweit ergibt sich die Zweckbestimmung eines Eisenbahnvorhabens immer aus der Gesamtschau der Trasse nach Berücksichtigung der von ihr betroffenen Belange.

bb) „andere geeignete Fläche"

Steht ein Vorhaben mit seiner Zweckbestimmung einem Ziel der Raumordnung entgegen, so stellt sich die Frage, ob das Tatbestandsmerkmal „andere geeignete Fläche" noch einen eigenen - gegenüber der Alternativenprüfung der Planfeststellung - prüfungsfähigen Gehalt hat. Oder korrespondiert § 5 Abs. 3 ROG mit der Alternativenprüfung i.S. des Planfeststellungsrechtes?

Es ist nämlich zu beachten, dass die Entscheidung des Vorhabenträgers bei Einreichung der Planfeststellungsunterlagen eines Eisenbahnvorhabens immer schon eine Abwägungsentscheidung[48] zu einer bestimmten Trassenalternative

---

[47] *Bielenberg/Erbguth/Söfker, RaLaPlaR*, zu § 6 ROG a.F. ; K 6 Rz. 8.
[48] *Hoppe/Just*, Zur Ausübung der planerischen Gestaltungsfreiheit bei der Planfeststellung

darstellt, denn nur so können der Vorhabenträger und anschließend die Planfeststellungsbehörde dem Gebot der Alternativenprüfung in der Planfeststellung gerecht werden. Danach hat die Planfeststellungsbehörde zu prüfen, ob es zu dem geplanten Vorhaben Alternativen gibt, die ein besser ausgewogenes Verhältnis der Auswirkungen auf die berührten Belange möglich machen und ob sich insbesondere mit der Alternative das planerische Ziel mit geringerer Eingriffsintensität erreichen läßt[49]. Jedoch braucht unter diesem Gesichtspunkt nicht jede Alternative geprüft zu werden. Die Planfeststellungsbehörde kann sich in der Alternativenprüfung darauf beschränken, nur solche Lösungen zu prüfen, die sich nach Lage der Dinge anbieten oder gar aufdrängen[50]. Eine Alternative braucht nicht bereits deshalb erwogen zu werden, wenn sie lediglich möglich ist[51]. Mithin ist also festzustellen, dass eine in der Planfeststellung befindliche Trasse eines Vorhabens schon einer Alternativenprüfung unterzogen wurde.

Insoweit erscheint im Rahmen der Eisenbahnplanfeststellung die Frage nach einem anderen geeigneten Standort hinfällig, da die zur Planfeststellung eingereichte Trasse schon das Ergebnis einer umfassenden Vorauswahl von zur Verfügung stehenden Alternativen darstellt. Entscheidet sich der Vorhabenträger und anschließend die Planfeststellungsbehörde für die angedachte Trasse, so ist damit gleichzeitig die Aussage getroffen, dass die anderen Alternativen verworfen worden sind und mithin andere gleichwertige Alternativen zu dem planfestgestellten Vorhaben nicht mehr bestehen. Folglich läßt sich schließen, dass aus einer nicht zu beanstandenden Trassenauswahl für die Planfeststellungsunterla-

---

und Plangenehmigung, DVBl 1997, S. 789 ff.: dort wird die Auffassung vertreten, dass die originäre Abwägung durch den Vorhabenträger erfolgt, mithin eine Abwägung der Trassenalternativen schon bei Einreichung der Planfeststellungsunterlagen schon vorgenommen ist.
[49] BVerwGE 71, 166; BayVGH, Urt. v. 21.2.1995 - 20 A 93.40080 - , UA. S. 52, BVerwG, - 4 B 205/92; 4 B 11/92; 4 C 15.83; BayVGH, 20 AS 94.40030 S. 11 ff; *Heinze*, Eisenbahnplanfeststellung, S. 122; *Steinberg*, Fachplanung, S. 214.
[50] BVerwG, Urt. v. 25.01.1996 - 4 C 5.95 - S. 19 UA; Beschluss v. 5.10.1990 - 4 B 249.89.
[51] *Heinze*, Eisenbahnplanfeststellung, S. 122 m.w.N..

gen folgt, dass ein anderer Standort i.S.v. § 5 Abs. 3 Ziff. 2 ROG nicht in Frage kommt. Weiterhin ergibt sich aus dem Gesetzestext kein Anhaltspunkt, dass die Alternativenprüfung nach § 5 Abs. 3 ROG eine gesteigerte Anforderung an die Alternativenfrage im Planfeststellungsrecht stellt und somit der Raumordnung einen Abwägungsvorrang einräumt. Der Gesetzestext des § 5 Abs. 3 Ziff. ROG spricht nicht von einer anderen (im Sinne von beliebigen anderen Fläche), sondern von einer anderen „geeigneten" Fläche. Insoweit stellt schon der Gesetzestext klar, dass nicht jede beliebige andere Fläche zu prüfen ist, sondern vielmehr nur solche Flächen, die für die speziellen Anforderungen einer Eisenbahninfrastruktur tauglich sind. Diese Einschränkung des Gesetzestextes korrespondiert mit den Einschränkungen der allgemeinen Alternativenprüfung im Planfeststellungsverfahren, dass nicht jede beliebige Lösung zu verfolgen ist, nur weil sie grundsätzlich möglich ist. Folglich ist festzustellen, dass - zumindest bei linienförmigen Vorhaben - die andere geeignete Fläche nach denselben Kriterien zu entscheiden ist wie bei der Entscheidung der "richtigen" Alternative bei der Trassenwahl in der Planfeststellung. Geeignet ist sie dann, wenn sie der Zweckbestimmung entspricht, das heißt, dass das Vorhaben hier mit der gleichen Wirkung für und gegen alle Belange durchgeführt werden kann[52]. Dies darf allerdings nicht lediglich eindimensional an dem schlichten Verkehrszweck des Vorhabens geprüft werden, sondern muss auch die anderen Wirkungen des Vorhabens auf die betroffenen Belange beinhalten und dann zumindest gleichwertig sein. Insoweit sind auch die Anforderungen der Raumordnung ein Belang, der in die Alternativenprüfung für das Vorhaben einzustellen ist. Dabei ist auch zu berücksichtigen, dass das Gesetz keine Einschränkung dahingehend macht, dass der geeignete andere Standort nur unter raumordnerisch geeigneten Gesichtspunkten zu suchen ist. Folglich sind die Vergleichsparameter diejenigen, die bei der Überprüfung von Alternativlösungen im Planfeststellungsverfahren herangezogen werden[53]. Dies sind u.a. die technischen Anforderungen, die notwendig sind, innerhalb der bestehenden und anerkannten Regeln der Technik eine Trasse zu bauen und die die Parameter des Vorhabenziels (z. B. Bau einer Hochgeschwindigkeitstrecke) sicher zu erfüllen. Weiterhin sind die betroffenen Belange zu sehen, also Eigentumseingriffe, Immissionsschutz, Natur - und Umweltschutz usw.. Aber auch solche Belange wie eine erheblich längere Verfahrens- und Baudauer sowie zusätzliche tatsächliche und rechtliche Probleme durch umfangreicheren Bodenerwerb zählen zu den Dingen, die Berücksichtigung finden können[54].

Weiterhin ist das Kostenargument bei dieser Prüfung nicht unberücksichtigt zu lassen[55].

Besonderer Streitpunkt in diesem Bereich ist immer die Frage der Mehrkosten, die ein alternativer Standort verursachen würde. Die Rechtsprechung belässt es bis jetzt bei dem Ansatz, dass die Mehrkosten erheblich sein müssten. Einen generell abstrakten Rahmen i.S. eines Grenzwertes von z.B. 10 % wird man nicht finden. Er dürfte auch nicht hilfreich sein, denn es mag durchaus Einzelfälle geben, die diese Grenze leicht überschreiten würden, ohne dass tatsächlich eine erhebliche Mehrbelastung eintritt. Andererseits können Großprojekte mit Milliardenvolumen u.U. an den Rand der Realisierbarkeit getrieben werden. 10 % von 5 Mrd. sind immerhin 500 Mio. Mark, eine nicht unerhebliche Summe.

---

[52] *Bielenberg/Ebguth/Söfker, RaLaPlaR,* zu § 6 ROG a.F. ; K § 6 Rz. 8.
[53] Zur Klarstellung weist der Verfasser darauf hin, dass sich diese Ausführungen selbstverständlich nicht auf den kleinräumigen Bereich erstrecken, der erst entschieden werden kann, wenn die Planung entsprechend parzellenscharf erstellt worden ist. Über die „Alternativen" im Trassenkorridor, also z.B. Umfahrung eines kleinräumigen Biotops, wird ohne weiteres - auch schon aus anderen Gründen - im Planfeststellungsverfahren zu entscheiden sein.
[54] So BayVGH, Urt. v. 21.2.1995, 20 A 93.40080, UA. S. 52; 53.
[55] BayVGH, Urt. v. 21.2.1995, 20 A 93.40080, UA. S. 52; 53; *Bielenberg/Erbguth/Söfker, RaLaPlaR,* zu § 6 ROG a.F. K 6 Rz. 8.

Auch ist fraglich, in welches Verhältnis die Mehrkosten zu stellen sind. Können sie auf das ganze Projekt von A nach B bezogen werden oder ist der betroffene Abschnitt als Vergleichsmaßstab anzusetzen? M.E. ist auf das konkrete Verhältnis zwischen den betroffenen Planfeststellungsabschnitten abzustellen, da nur so ein sachgerechtes Bild entsteht, welche Mehrkosten entstehen und welcher konkrete Nutzen (Vermeidung von Beeinträchtigungen z.b. eines Naturschutzgebietes) besteht. Nur dann kann man beurteilen, in welchem Verhältnis die Mehrkosten zur Trassenverschiebung stehen und inwieweit auch Mehrkosten für die Kompensation anfallen würden. Weiterhin führt die Verhältnisbildung von Mehrkosten zu den Gesamtkosten dazu, dass der Einzelfall sehr leicht unerheblich sein wird, allerdings auf einer Strecke von mehreren hundert Kilometer eine Viehzahl von solchen Fällen dazu führen kann, dass der Einzelfall verhältnismäßig ist, die Summe aber das Maß schnell übersteigt. Daran knüpft sich die Frage, welche Mehrkosten dann evtl. zurückzustehen haben.

Weiterhin ist zu fragen, ob den Mehrkosten auch ein Nutzen bzw. Gewinn gegenübersteht. Dieser muß nicht unbedingt finanzieller Art sein, sondern kann auch in der Verschonung von betroffenen Belangen liegen.

Auch vorgetragen wurde, dass bei Vorhaben, die von der öffentlichen Hand finanziert werden, das Kostenargument nicht eingreifen kann. Dem ist aber im Hinblick auf § 7 BHO eine klare Absage zu erteilen. Auch Bundesmittel sind sparsam zu verwenden. Im Übrigen ist es nicht einzusehen, dass lediglich aufgrund der Anonymität des Steuerzahlers „Geld keine Rolle " spielen sollte. Die Bundesvorhaben dienen der Daseinsvorsorge und damit dem öffentlichen Interesse. Mithin sind diese Vorhaben unter diesem Gesichtspunkt, wenn nicht zu privilegieren, dann zumindest gleich zu behandeln. Dies zumal die Privatisierung von öffentlichen Aufgaben, bei gleichzeitiger Beibehaltung der öffentlichen Finanzierung, dazu dienen soll, die öffentliche Verwaltung zu verschlanken, Investitionshemmnisse abzubauen und Kosten zu sparen[56]. Danach ist also festzuhalten, dass die Alternativenprüfung i.S.v. § 5 Abs. 3 ROG keine weitergehenden Anforderungen an die Prüfung im Planfeststellungsbeschluss hat als die allgemeine Alternativenprüfung im Planfeststellungsrecht ohnehin schon erfordert. Ergibt die Überprüfung eine fehlerfreie Alternativenauswahl im Sinne des Planfeststellungsrechts, so ist die Frage nach der anderen geeigneten Fläche gem. § 5 Abs. 3 ROG bei linienförmigen Vorhaben abschließend beantwortet.

Ergibt sich danach, dass das aufgestellte Ziel für das Bundesvorhaben keine Bindungspflicht entfaltet, stellt sich auf Grund des Fehlens einer ausdrücklichen Regelung die Frage , wie mit dem Ziel umzugehen ist. Auch ohne ausdrückliche Raumordnungsklausel im Fachplanungsrecht der Eisenbahnen sorgt, wie schon ausgeführt, die Gemeinwohlkausel dafür, dass die Erfordernisse der Raumordnung als öffentliche Belange weiterhin in die Abwägung einzustellen und zu berücksichtigen sind. Ein solches Vorgehen dürfte der Aufgabe der umfassenden Abwägung aller öffentlicher Belange im Planfeststellungsverfahren gerecht werden. Folglich ist ein nicht zu beachtendes Ziel immer noch wie ein Grundsatz bzw. sonstiges Erfordernis der Raumordnung in der Abwägung zu berücksichtigen[57].

VII. Zielabweichungsverfahren nach § 11 ROG

Auf den ersten Blick wird man sich vielleicht nach der Relevanz eines Zielabweichungsverfahrens für ein laufendes Planfeststellungsverfahren fragen. Je-

---

[56] Wobei die Erfahrung zeigt, dass das „freie Spiel der Kräfte" schon einmal kontraproduktiv sein kann.
[57] So wohl: *Bielenberg/Erbguth/Söfker*, RaLaPlaR zu § 6 ROG a.F. Rz.: 17 mit weiterem

doch kann die Frage durchaus mehr als nur akademischen Charakter haben. Zunächst kann man feststellen, dass eine Planfeststellungsunterlage, die einem verbindlichen Ziel zuwiderläuft, gegen die Beachtenspflicht nach § 4 Abs. 1 ROG verstößt und damit schon materiell rechtswidrig ist. Folglich wären u.U. Bedenken an der Einleitungsfähigkeit der Planfeststellungsunterlage angebracht.

In der Verwaltungswirklichkeit ist es aber durchaus vorstellbar, dass ein Ziel verbindlich wurde und weder Vorhabenträger noch Planfeststellungsbehörde dies bei Einleitung des Anhörungsverfahrens festgestellt bzw. berücksichtigt haben. Im Übrigen dient gerade das Anhörungsverfahren dazu, den Sachverhalt für die Planfeststellungsbehörde aufzubereiten und auf den aktuellen Stand zu bringen [58].

Ergibt nun das Anhörungsverfahren die Kollision eines Ziels mit dem Bundes-

---

Verweis.

[58] Unter Hinblick auf die bestehende Rechtslage ist darauf hinzuweisen, dass es eine Verwaltungspraxis gibt, die Planfeststellungsunterlage dem EBA zur Vollständigkeitsprüfung vor der Einleitung des Anhörungsverfahrens zu übergeben. Eine solche Vollständigkeitsprüfung wird aber in der Regel einen von der Vorhabenträger nicht erkannten Konfliktfall mit einem Ziel der Raumordnung nicht sicher ausschließen können, da die Unterlage nur summarisch auf die Gesichtspunkte der Erkennbarkeit von Betroffenheiten und auf die Erfüllung der Anstoßfunktion geprüft wird. Eine vollständige Rechtmäßigkeitsprüfung ist zu diesem Verfahrensstadium nicht möglich. Die Vollständigkeitsprüfung ist auch keine vorgezogene Prüfung auf Planfeststellungsfähigkeit oder ein Präjudiz für den späteren Planfeststellungsbeschluss. Inwieweit den Anhörungsbehörden ein materielles Prüfungsrecht der Planfeststellungsunterlagen zusteht, ist umstritten und wird länderunterschiedlich behandelt. Zutreffenderweise kann sich das Prüfungsrecht der Anhörungsbehörde lediglich auf ihren Rechtskreis erstrecken, mithin also auf die Erörterungsfähigkeit der Unterlage. Auf keinen Fall steht ihnen aber das Recht zu, im Rahmen einer vorgezogenen Prüfung die Rechtmäßigkeitskontrolle durchzuführen. Daher ist es ausgeschlossen, dass sie ein Anhörungsverfahren einstellen könnte, weil sie materiellrechtlich Bedenken gegen die Planung hat. Zumal es sich bei dem Anhörungsverfahren um einen unselbstständigen Verfahrensbestandteil handelt, gegen den gem. § 44 a VwGO auch kein eigener Rechtsschutz möglich ist (BVerwG, Urteil vom 10.2.1999, 11 A 21.98; vgl. *Stelkens/Bonk/Sachs*, VwVfG, *5 Aufl.*, § 73 Rz. 5). Daher und unter Beachtung der Tatsache, dass ein Zielabweichungsverfahren grundsätzlich vorgesehen und damit auch möglich ist, dürfte eine Zurückweisung von Planfeststellungsunterlagen, die mit einem Ziel kollidieren, zumindest im Stadium vor der Durchführung des Anhörungsverfahrens unstatthaft sein.

vorhaben, stellt sich die Frage, ob im konkreten Fall - vor Ablehnung der Planfeststellung - nicht erst einmal die Möglichkeit eines Zielabweichungsverfahrens zu prüfen ist. Darüber hinaus ist zu klären, wer dies durchführt und was derweil mit dem Planfeststellungsverfahren zu geschehen hat.

Nach § 11 ROG kann von einem Ziel abgewichen werden, wenn die Abweichung vertretbar ist und die Grundzüge der Planung nicht berührt werden. Dabei sind insbesondere die öffentlichen Stellen und Personen nach § 5 Abs. 1 ROG antragsbefugt, die das Ziel zu beachten haben. In diesem Zusammenhang interessiert die Frage, wie vorzugehen ist, wenn in einem laufenden Planfeststellungsverfahren festgestellt wird, dass ein Ziel mit Bindungswirkung der Zweckbestimmung des Vorhabens zuwiderläuft und die Bindungswirkung auch nicht durch Widerspruch suspendiert wurde.

Nach § 23 Abs. 2 ROG kann bis zur Schaffung der landesrechtlichen Regelungen über das besondere Verfahren die oberste Landesbehörde für die Raumordnung im Einvernehmen mit der fachlich berührten Stelle und im Benehmen mit den betroffenen Gemeinden eine Abweichung von Zielen der Raumordnung in den Voraussetzungen des § 11 ROG zulassen.

Eine solche Formulierung wirft im Zusammenhang mit der Planfeststellung die Frage auf, ob ein solches Zielabweichungsverfahren im Rahmen der Konzentrationswirkung des Planfeststellungsverfahrens mit dem Planfeststellungsbeschluss durchgeführt werden kann.

Im Rahmen der Konzentrationswirkung eines Planfeststellungsverfahren nach § 75 Abs. 1 Satz 1, 2. Hs. VwVfG sind neben der Planfeststellung andere behördliche Entscheidungen, insbesondere öffentlich-rechtliche Genehmigungen, Verleihungen, Erlaubnisse, Bewilligungen, Zustimmungen oder Planfeststellungen nicht erforderlich.

Durch die Planfeststellung werden alle öffentlich-rechtlichen Beziehungen zwischen dem Träger des Vorhabens und den durch den Plan Betroffenen rechtsgestaltend geregelt[59].

In Parallelität zu den Genehmigungen und Erlaubnissen nach dem Bundesnaturschutzgesetz, den Landesnaturschutzgesetzen oder den Waldgesetzen der Länder u.ä. spricht die Planfeststellungsbehörde alle Befreiungen und Erlaubnisse gem. § 75 VwVfG aus, die für die Durchführung des Vorhabens notwendig sind.

Eine Vielzahl von bundes- und landesrechtlich geregelten Genehmigungs- und Ausnahmetatbeständen werden im Planfeststellungsverfahren zusammengefasst (konzentriert) und mit dem Planfeststellungsbeschluss erteilt bzw. die Genehmigungen gelten als erteilt[60].

Gegen eine Ausdehnung der Konzentrationswirkung auf ein Zielabweichungsverfahren könnte allerdings sprechen, dass es sich bei der Raumordnung um eine übergeordnete Planung handelt, da sie die vielfältigen Fachplanungen zusammenfasst und aufeinander abstimmt[61]. Folglich könnte dies nicht schlichte Rechtsanwendung eines Ausnahmetatbestands sein, sondern ein Eingriff in eine überörtliche und überfachliche Planung, die dem Zugriff der zulassenden Fachbehörde entzogen sein muss.

Die Raumordnung hat den Auftrag, viele raumbedeutsame unterschiedliche Interessen und Konflikte der verschiedenen Fachbehörden und Vorhabenträger auszugleichen und eine geordnete Entwicklung des Raums zu gewährleisten. Insoweit erscheint es auf den ersten Blick unangemessen, wenn nun eine Fachplanungsbehörde in der Lage sein soll, die Ziele, die der zur Zulassung gestellten Planung entgegenstehen, abzuändern.

Jedoch ist darauf hinzuweisen, dass es sich bei einem Zielabweichungsverfahren nicht um die Abänderung einer raumordnerischen Entscheidung handelt. Aus

---

[59] statt vieler zum Überblick: *Stelkens/Bonk/Sachs*, VwVfG, 5. Aufl., § 75 Rz. 10ff. m.w.N..
[60] OVG NW, Urt. v. 18.08.1994 - 20 A 2935/92 -, UA. S. 11, 12; *Stelkens/Bonk/Sachs*, VwVfG, 5. Aufl., § 75 Rz. 10 ff. m.w.N..
[61] BVerfGE 3, 407, 425.

den Begründungen zu den Gesetzesentwürfen ist zu entnehmen, dass der Gesetzgeber nicht vor Augen gehabt hat, dass es sich bei einem Zielabweichungsverfahren um ein Planänderungsverfahren, sondern lediglich um eine Einzelfallabweichung als Konfliktlösungsmechanismus handelt[62]. Das Ziel wird nicht geändert oder aufgehoben, sondern für einen Einzelfall darf von dem Ziel abgewichen, also eine Ausnahme zugelassen werden.

Insoweit greift die Planfeststellungsbehörde in einem Zielabweichungsverfahren nicht ändernd in die Entscheidung der Landesplanungsbehörde ein, denn der Plan wird gerade nicht geändert und das Ziel bleibt im Grundsatz unangetastet. Die materiellrechtlichen Regelungen aller Rechtsgebiete werden durch die Konzentrationswirkung grundsätzlich nicht verdrängt, aufgehoben oder in ihrem Geltungsanspruch verändert[63]. Die Planfeststellungsbehörde bleibt im Rahmen der Konzentrationswirkung an die materielle Norm gebunden und hat den materiellen Gehalt der Regelung zu beachten [64].

Daher besteht für eine Fachplanungsbehörde nach § 11 ROG nicht etwa die Möglichkeit, die umfassende und geordnete Raumordnung nun wieder zu ändern und somit in die Kompetenz der zuständigen Planungsträger einzugreifen und diesen umfassenden Interessenausgleich evtl. rückgängig zu machen.

Eine "Rechtsverschlechterung" bzw. ein Aufweichen der festgesetzten Grundsätze, Ziele und Erfordernisse der Raumordnung durch eine Fachbehörde ist daher gerade nicht zu besorgen.

Zur Veranschaulichung - auch im Hinblick auf Qualität und Quantität der Auswirkungen - wird als Beispiel einmal auf die Regelung des § 8 Abs. 1

---

[62] Begründung der Bundesregierung zu § 11, BT-Drs. Nr. 13/6392;vgl. auch Stellungnahme des Bundesrates (BT-Drs. Nr. 13/6392) zu Nr. 72; Gegenäußerung der Bundesregierung zu Nr. 72, lehnt die vorgeschlagenen Änderungen zwar ab, bestärkt aber den Ausnahmecharakter der Vorschrift und die fehlende Planänderungseigenschaft durch den Hinweis auf § 31 Abs. 2 BauGB, der auch nicht die Bebauungsplan ändert, sonder lediglich Befreiungen erteilt.
[63] BVerwGE 70, 242, 244; 71, 163, 164; *Gaentsch*, NJW 1986, S. 2778, 2779.
[64] *Stelkens/Bonk/Sachs*, VwVfG, 5. Aufl., § 75 Rz. 19.

Brandenburgisches Waldgesetz (LWaldGBbg) Bezug genommen. Greift ein Vorhaben - auch nur geringfügig - in einen Wald ein, so ist im Planfeststellungsbeschluss eine Umwandlung des Waldes gem. § 8 LWaldGBbg zu erteilen. Gehört nun der Wald zu einem Ziel der Raumordnung, so ist nach § 8 Abs. 2 Satz 2 LWaldGBbg die Umwandlung zu versagen. Einmal unterstellt, das Vorhaben berührt in einem Punkt diesen Wald und es müssten lediglich zwei Bäume beseitigt werden, z.B. für die Anlage eines Schalthauses oder einer Trafostation, die für das Vorhaben notwendig ist, so wäre die Planfeststellung - aufgrund der Beachtenspflicht der materiellen Normen - innerhalb der Konzentrationswirkung gehindert, eine Entscheidung zu treffen, da die Vorschrift des § 8 Abs. 2 Satz 2 LWaldG kein Ermessen eröffnet oder eine Ausnahme zulässt. An diesem Beispiel wird deutlich, dass die Planfeststellungsbehörde innerhalb der Konzentrationswirkung in der Lage sein muss, eigenständig, natürlich unter Beteiligung der einschlägigen Träger öffentlicher Belange, ein Zielabweichungsverfahren nach § 11 ROG durchführen zu können. Ansonsten entstünde der einmalige Zustand, dass ein Planfeststellungsverfahren auszusetzen wäre, um bei einer Landesbehörde eine Ausnahmezulassung zur Zielabweichung einzuholen, und anschließend das Verfahren wieder aufzunehmen. Gerade eine solche Situation wollte der Gesetzgeber allerdings mit der Schaffung der Konzentrationswirkung verhindern, da nur mit einer durchgängigen Konzentrationswirkung gewährleistet bleibt, dass die Entscheidungen im Planfeststellungsverfahren aus einer Hand kommen und die Umsetzung von fachplanerischen Vorhaben handhabbar bleiben. Folglich stellt auch das Zielabweichungsverfahren eine Ausnahmeregelung dar, die in den Fällen der Planfeststellung von der betreffenden Fachbehörde mitentschieden wird.

Zu klären ist, ob die Planfeststellungsbehörde das Einvernehmen einer anderen Behörde benötigt. Nach § 23 Abs. 2 ROG hat die zuständige Landesbehörde im

Einvernehmen mit den fachlich berührten Stellen und im Benehmen mit den betroffenen Gemeinden über die Zulassung einer Abweichung im Einzelfall zu entscheiden. Das Herstellen eines Einvernehmens setzt aber Konsens zwischen den Verfahrensbeteiligten voraus.

Hierin würde ein Widerspruch mit dem Fachplanungsrecht zu Tage treten, da der Fachplanungsvorbehalt nur von einem "Berücksichtigen[65]" aller öffentlichen und privaten Belange spricht[66]. Berücksichtigen bedeutet aber, dass die unterschiedlichen Belange nur im Rahmen einer gerechten Abwägung eingestellt werden müssen und hinter anderen Belangen auch zurückgestellt werden können. Wäre ein Einvernehmen erforderlich, so könnte durch diesen speziellen Belang ein absoluter Abwägungsvorrang erreicht werden. Damit wäre die Planfeststellungsbehörde allerdings nicht mehr in der Lage, die Konzentrationswirkung der Planfeststellung auszuüben, da sie nicht im Rahmen der Ausübung ihrer Entscheidungsgewalt eine Entscheidung unter Abwägung aller Belange fällen könnte, sondern darauf angewiesen wäre, dass ein Dritter seine Zustimmung gibt.

Aus diesem Grunde befreit die verfahrensrechtliche Konzentrationswirkung die Planfeststellungsbehörde von der Beachtung reiner Verfahrensvorschriften anderer sekundärer Rechtsbereiche außerhalb des primären Planfeststellungsrechts[67]. Die Regelung des § 23 Abs. 2 ROG dient als Übergangsregelung zur Verfahrensbeteiligung bei Verfahren nach § 11 ROG, solange die Länder die rahmenrechtlichen Vorgaben noch nicht ausgefüllt haben. Insoweit ist § 23 Abs. 2 ROG keine Vorschrift mit materiellrechtlichem Gehalt eines Verbots- oder Gebots, sondern eine schlichte Verfahrensregelung. Insoweit muss auch für diesen spe-

---

[65] *Jarass*, a.a.O. 1202, 1206, ordnet das Berücksichtigen den der Abwägung zugänglichen Bereichen zu.
[66] Vgl. die gleichlautenden Texte von § 18 AEG, § 2 MBPlG, § 17 FStrG, § 28 PbFG, § 14 WaStrG.
[67] *Meyer/Borgs*, VwVfG § 75 Rz. 2; *Stelkens/Bonk/Sachs*, VwVfG, § 75 Rz. 14; *Laubinger*,

ziellen Punkt das ROG an dem Maßstab des Fachplanungsrechts gemessen werden und um dem gerecht zu werden, kann es eine Einvernehmensnotwendigkeit[68] auch in der Frage des § 11 i.V.m. § 23 Abs. 2 ROG nicht geben. Dieses Ergebnis korrespondiert mit anderen landesgesetzlichen Regelungen, die für den Regelverlauf zur Erteilung einer Genehmigung teilweise Einvernehmensherstellung im Verwaltungsaufbau der Länder vorsehen, aber ausdrücklich für den Fall der Planfeststellung auf eine Benehmensherstellung umschwenken[69].

Würde man diese Situation nicht in der o.g. Weise behandeln können, so wäre ein laufendes Planfeststellungsverfahren einzustellen und erst wieder aufzunehmen, wenn das Zielabweichungsverfahren im jeweiligen Bundesland positiv abgeschlossen werden würde. Dies wäre dann der erste Fall, in dem vor der allumfassenden Zulassungsentscheidung erstmals ein weiterer Akt vorgeschaltet würde. Daran ist schon zu erkennen, dass gesetzessystematisch ein Zielabweichungsverfahren innerhalb der Konzentrationswirkung der Planfeststellung durchgeführt werden kann.

In den Fällen, in denen ein Zielabweichungsverfahren nicht erfolgreich durchführbar ist, da das Bundesvorhaben erkennbar den Tatbestand des § 11 ROG nicht erfüllt, kann zur Realisierung des Bundesvorhabens auf der gewählten Trasse - bei Vorliegen der Gründe aus § 5 Abs. 3 ROG - nur noch ein nachträglicher Widerspruch gem. § 5 Abs. 4 ROG von der Zielbindungspflicht - unter Kostentragungspflicht - befreien.

VerwArch 1986, 77, 88.
[68] Vgl. *Stelkens/Bonk/Sachs,* VwVfG 4. Auflage § 73 Rz. 18, spricht von dem Einverständnis der ursprünglich zuständigen Behörden, welches notwendig gewesen wäre, im PFV reicht es dann aber, dass die Stellen Gelegenheit hatten, ihre Auffassung zum geplanten Vorhaben darzulegen; Vgl. dazu: *Ronellenfitsch,* in Marschall/Schroeter/Kastner, BFStrG, 5. Aufl., § 17 Rz.: 186; *Stelkens/Bonk/Sachs,* VwVfG, 5 Aufl., § 73 Rz. 29; *Kühling,* Fachplanungsrecht Rz. 355.
[69] So z.B.: § 15 Abs. 1 Naturschutzgesetz Berlin; § 15 Abs. 5 Satz 2 Wassergesetz Brandenburg; § 15 Abs. 4 Denkmalschutzgesetz Brandenburg.

VIII. Untersagungsverfügung nach § 12 ROG

Zu dem o.g. fügt sich thematisch der Punkt über die Untersagungsverfügung gut ein, denn damit steht den Landesplanungsbehörden ein Instrument zur Verfügung, das die geordnete Raumentwicklung sichern soll.

Nach § 12 ROG ist rahmenrechtlich vorgesehen, dass die Länder entsprechende Regelungen in ihre Landesgesetze aufzunehmen haben, wonach die raumbedeutsamen Vorhaben oder Maßnahmen, die von der Bindungswirkung der Ziele der Raumordnung betroffen sind, befristet bzw. unbefristet untersagt werden können. Diese Regelung entspricht in weiten Teilen der alten Regelung des § 7 ROG a.F..

Die Regelung sagt allerdings nichts dazu aus, wie vorzugehen ist, wenn bei einem Bundesvorhaben gegen das betroffene Ziel Widerspruch eingelegt worden ist. Kann also eine Untersagungsverfügung noch zulässig ergehen, wenn schon ein Widerspruch einer zuständigen Stelle oder Person gegen ein Ziel vorliegt und sich die Parteien womöglich um die Begründetheit des Widerspruchs streiten bzw. unterschiedlicher Auffassung über die Begründetheit sind?

Folgt man den Ausführungen in der Begründung zum neuen Raumordnungsgesetz, so ist der Wille des Gesetzgebers deutlich dahingehend zu verstehen, dass der Widerspruch an sich ausreichend ist, um die Bindungswirkung eines Ziels nicht entstehen zu lassen[70]. Dafür spricht auch der Gesetzestext des § 5 Abs. 1 ROG, wonach die Bindungswirkung nur eintritt, wenn der Widerspruch nicht eingelegt worden ist.

Insoweit müßte § 12 ROG i.V. mit der jeweiligen Landesregelung restriktiv dahingehend ausgelegt werden, dass bei einem eingelegten Widerspruch eine Untersagungsverfügung gegen das Vorhaben des widersprechenden Vorhabenträ-

---

[70] Stellungnahme der Bundesregierung zu Nr. 66; BT-Drs. Nr. 13/6392; *Runkel*, UPR 1997, 1, 5.

gers oder der Bundesstelle nicht erlassen werden kann. Wäre dies anders, würde eine Untersagungsverfügung nach eingelegtem Widerspruch als striktes Recht von der Planfeststellungsbehörde zu beachten sein[71]. Somit würde die Widerspruchsregelung des § 5 ROG aber leerlaufen, da der Vorhabenträger sich durch den Widerspruch letztendlich nicht freizeichnen könnte und über den Umweg der Untersagungsverfügung doch noch gerichtlichen Rechtsschutz in Anspruch nehmen müßte, bevor er die Planfeststellung beenden könnte.

Daher findet sich in der Kommentierung zur § 7 ROG a.F. auch die eindeutige Aussage, dass eine besondere Bundesmaßnahme bei eingelegtem Widerspruch solange nicht untersagt werden kann, wie eine unanfechtbare Feststellung der Unbegründetheit des Widerspruchs nicht vorhanden ist[72].

Gleiches muss in entsprechender Anwendung auch für eine befristete Untersagung gelten.

Diese kommt in Betracht, wenn die Verwirklichung von Zielen in der Entstehung, Änderung, Ergänzung oder Aufhebung durch ein raumbedeutsames Vorhaben unmöglich gemacht oder wesentlich erschwert werden würde.

Es fragt sich allerdings, ob eine solche befristete Untersagungsverfügung jederzeit zulässig sein kann. Bedenken bestehen für die Phase vor Einlegung des Widerspruchs im Zielaufstellungsverfahren. In § 7 Abs. 1 Satz 2 ROG a.F. war ausdrücklich darauf hingewiesen, dass befristete Untersagungsverfügungen nur für solche Vorhaben zulässig sind, die von der Rechtswirkung der Ziele der Raumordnung und Landesplanung nach § 5 ROG a.F. auch erfasst würden. Diese Regelung ist so nicht in das neue ROG übernommen worden, jedoch ergibt

---

[71] BVerwG, Beschluss v. 3.9.1997 - 11 VR 20.96 -, BA S. 11.
[72] So: *Bielenberg/Ebguth/Söfker*, §, RauPlaR 7 ROG a.F. Rz. 23 ff. und der Wortlaut des § 7 Abs. 1 Satz 2 ROG, der diesen Schluß eigentlich nahelegt.

sich auch aus der Regelung des § 12 ROG konkludent, dass eine befristete Untersagungsverfügung nur zulässig sein kann, wenn das in Aufstellung befindliche Ziel von der Bindungswirkung des § 4 Abs. 1 und 3 ROG erfasst werden würde. Dies setzt jedoch immer voraus, dass die Sonderreglung des § 5 Abs. 1 ROG nicht eingreift.

Stehen also andere öffentliche Belange des Bundes der Aufstellung des Ziels entgegen und ist absehbar, dass sich weder im schriftlichen Vorverfahren noch im Konsensfindungsverfahren eine Einigung erzielen lassen wird, so kann gefolgert werden, dass die Bindungswirkung für das Bundesvorhaben nicht eintreten wird. Eine befristete Untersagung wäre dann lediglich eine vorübergehende Sicherung des betroffenen Raums, die aber keinen Bestand haben kann, da der erfolgende Widerspruch die Bindungswirkung des Ziels suspendiert. Mithin dürfte eine befristete Untersagungsverfügung gar nicht erst ergehen. Bei Bundesvorhaben muss die Einleitung eines Konsensfindungsverfahrens eine Sperrwirkung für den § 12 ROG entfalten[73], um so den Willen des Gesetzgebers, der in § 5 ROG zum Ausdruck gebracht worden ist, wirkungsvoll umzusetzen. Der Rechtsklarheit hätte es gedient, wenn eine Klarstellung in § 12 ROG für den Fall des § 5 ROG eingeflossen wäre.

IX. Überleitungsvorschrift des § 23 Abs. 1 ROG

Nach § 23 ROG sind die Vorschriften des alten ROG weiterhin anwendbar, soweit die raumbedeutsame Maßnahme oder Planung vor dem 1.1.1998 begonnen worden ist.

Dies ist vor allem insoweit interessant, als dass das alte ROG die Bindungswirkung der Ziele lediglich für öffentliche Stellen kannte und mithin private Vor-

---

[73] Vgl dazu: *Bielenberg/Erbguth/Söfker*, RaLaPlaR, K § 6 ROG a.F. Rz. 18 und K § 7 ROG a.F. Rz. 23 ff..

habenträger nicht erfaßt hatte[74].

1. „Alte" Ziele für „neue" Adressaten?

Es stellt sich die Frage, ob die Überleitungsvorschrift nur einseitig auf Fachplanungen abstellt oder sich auch auf die Grundsätze und Ziele der Raumordnung vor der Geltung des neuen ROG bezieht. Gelten also die alten Ziele, die nach dem alten ROG festgesetzt worden sind, für den erweiterten Adressatenkreis des neuen Raumordnungsrechts?
Es wird wohl davon ausgegangen, dass von Raumordnungsplänen, die vor der Geltung des neuen ROG aufgestellt wurden, die Bindungswirkungen des § 4 ROG n.F. ausgehen[75]. In der Praxis wird dies mit dem Hinweis darauf begründet, dass ansonsten die Durchsetzbarkeit von Zielen der Raumordnung auf Jahre verzögert werden würde.

Der Gesetzeswortlaut scheint allerdings dahingehend zu verstehen sein, dass für „alte" Ziele bzw. alte Raumordnungspläne auch das alte Raumordnungsrecht anwendbar ist.
Das Abstellen auf die Übergangsregelung nur für Planungen und Maßnahmen auf der Fachplanungsseite findet keine Entsprechung im Gesetzestext. Nach § 23 Abs. 1 ROG ist das alte Recht anzuwenden, wenn " ...mit einer raumbedeutsamen Planung oder Maßnahme vor ...." begonnen wurde. Nach § 3 Ziff. 6 und 7

---

[74] Vgl. dazu: *Roer*, Die Bindungswirkung von Zielen der Raumordnung und Landesplanung nach der Privatisierung von Bahn und Post, Beiträge zum Siedlungs- und Wohnungswesen und zur Raumplanung, Bd. 171, S. 102 ff; Vgl. dazu auch: *Blümel*, Die Standortvorsorgeplanung für Kernkraftwerke und andere umweltrelevante Großvorhaben in der Bundesrepublik Deutschland, DVBl. 1977, 301, 317; aufgrund seiner Ausführungen im Ergebnis wohl a.A.: *Wagner*, Die Harmonisierung der Raumordnungsklauseln in den Gesetzen der Fachplanung, DVBl. 1990, S. 1024; 1030.
[75] Handreichungen der MKRO 98 Ziff. 4.2.3; *Bielenberg/Erbguth/Söfker*, RaLaPlaR, K Vorb. § 3 - 5 Rz. 32.

ROG sind raumbedeutsame Maßnahmen auch Raumordnungspläne, und nach § 3 Abs. 7 ROG sind Raumordnungspläne Pläne für das Landesgebiet nach § 8 ROG und Pläne für Teilräume der Länder (Regionalpläne) nach § 9 ROG. In solchen Plänen (Raumordnungsplänen) werden üblicherweise Ziele nach § 3 Ziff. 2 ROG als abschließend abgewogene Letztentscheidung textlich und zeichnerisch festgelegt.

Folglich ist nach dem Gesetzeswortlaut festgelegt, dass für Ziele, die in Raumordnungsplänen vor dem 1.1.1998 aufgestellt worden sind, die Vorschriften des Raumordnungsgesetzes in der alten Fassung weiter anzuwenden sind.

Auch ergibt sich aus der Begründung des Gesetzentwurfs nicht eine solche Sichtweise. Danach regelt § 23 Abs. 1 ROG, dass die unmittelbar geltenden Vorschriften dieses Gesetzes - insbesondere die hier einschlägigen des Abschnitts 1 - nur für <u>raumbedeutsame Planungen</u> - Anwendung finden soll, die mit dem Tag des Inkrafttretens des Gesetzes noch nicht begonnen worden ist.[76] Nach der Definition des § 3 Ziff. 6 ROG sind dies sowohl Fachplanungsvorhaben als auch Raumordnungspläne. Mithin kann der erweiterte Adressatenkreis des neuen Raumordnungsrechts auch nur für Raumordnungspläne gelten, die nach dem neuen Recht aufgestellt wurden.

Dies läßt sich für Bundesvorhaben auch aus dem Gesetzeszusammenhang begründen. Nach § 5 Abs.3 ROG steht fest, dass eine Beachtenspflicht nur bei Beteiligung im Zielaufstellungsverfahren entstehen kann. Würden "alte" Ziele auch für den Personenkreis in § 4 Abs. 3 ROG uneingeschränkt gelten, so wären diese Personen in den einschlägigen Fällen schlechter gestellt, als es nach der neuen Regelung überhaupt möglich wäre, da ihnen nach altem ROG als Privaten keine gesetzlich gesicherte verfahrensrechtliche Position (vgl. jetzt § 7 Abs. 5 ROG) zukam. Danach ergibt sich, dass für einen Raumordnungsplan, der unter dem alten Raumordnungsrecht erstellt wurde, das alte Recht der Raumordnung Anwendung findet und mithin der Adressatenkreis der Beachtenspflichten sich auch nur aus den alten Regelungen ergeben kann. Insoweit kann für "alte" Ziele nicht der „neue" Adressatenkreis des neuen ROG und damit eine "neue" Bindungswirkung eingefordert werden. Zumal für die „alten" Ziele nicht das entsprechende Verfahren durchlaufen wurde und die neuen Adressaten keine verfahrensrechtlich gesicherten Beteiligungsrechte (§ 7 Abs. 5 ROG) hatten. Auf Grund der Auswirkungen der Zielbindung ist zu beachten, dass die verfahrensrechtlichen Schritte, die zu einer Bindungswirkung führen, streng eingehalten werden[77].

2. Stichtagsregelung

§ 23 Abs. 1 ROG sieht als Stichtag den 1.1.1998 vor. Da sowohl eine Raumplanung als auch die Planfeststellung eine Vielzahl von planerischen Stufen hat, ist zu definieren, auf welche Stufe und damit auf welchen Zeitpunkt für den Begriff „begonnen" abzustellen ist.

Für die jeweiligen Raumordnungspläne sind die entsprechenden Verfahrensschritte nach den landesrechtlichen Vorschriften maßgebend (Kabinettsbeschluss, Beschluss des Trägers der Regionalplanung bzw. öffentliche Bekanntmachung)[78]. Der wichtigste Punkt ist dabei die Schaffung von Rechtsklarheit, sodass nur auf solche Ereignisse abgestellt werden sollte, die normativ festgelegt sind und die auch später noch dokumentierbar und nachvollziehbar sind. Als Beispiel wäre z.B. der Aufstellungsbeschluss für einen Regionalplan zu nennen[79].

---

[76] Begründung der Bundesregierung zu § 23, BT-Drs. Nr. 13 /6392.
[77] Vgl. *Bielenberg/Erbguth/Söfker*, RaLaPlaR, K Vorb. § 3 - 5 ROG Rz. 6.
[78] So: Handreichungen der MKRO 98 Ziff. 4.2.2.
[79] Vgl. z.B.: Verfahrensrichtlinie zur Aufstellung... von Regionalplänen Ziff. 7; Erlass des

Fraglich erscheint, welches Stadium bei einem Vorhaben der Fachplanung für die Stichtagsregelung anwendbar sein könnte[80]. Unstreitig dürfte die Einleitung eines Planfeststellungsverfahrens mit Einreichung der Planung bei der Anhörungsbehörde sein[81]. Bedenklich könnte allerdings sein, dass bei der abschnittsweisen Planfeststellung im Eisenbahnwesen für ein bestimmtes Vorhaben von A nach B die einzelnen Abschnitte zu ganz unterschiedlichen Zeitpunkten eingeleitet werden und ein einheitliches Vorhaben nach zwei unterschiedlichen Gesetzen zu beurteilen wäre.

Insoweit ist es sinnvoll, für die Fälle, bei denen vor der Planfeststellung ein Raumordnungsverfahren für das Vorhaben stattgefunden hat, auf diesen Zeitpunkt abzustellen[82], da das Vorhaben für die Beurteilung im Raumordnungsverfahren schon hinreichend konkretisiert und auch in der Öffentlichkeit bekanntgemacht worden ist. Darüber hinaus kommt es für die Beurteilung der raumordnerischen Verträglichkeit eines Fachplanungsvorhabens nicht auf die parzellenscharfe Planungsebene einer Planfeststellung an, sondern vielmehr auf die grobe Verortung des Vorhabens im betroffenen Raum. Diese Phase ist allerdings schon im Zeitpunkt der Raumordnungsplanung erreicht. Ein weiterer wichtiger Gesichtspunkt ist, dass aus dem Raumordnungsverfahren weitergehende Anforderungen für das Vorhaben resultieren, die im Anschluß für die Planung der Planfeststellung umgesetzt werden, sodass es aus Vertrauensschutzgesichtspunkten geboten ist, für diese gestuften Verfahren für die Einordnung nach § 23 Abs. 1 ROG auf den Zeitpunkt der Einleitung des Raumordnungsverfahrens abzustellen.

MUNR Brandenburg, Amtsblatt für Brandenburg Nr. 65 /1995, S. 829; 831.
[80] Die Begründung der Bundesregierung zum Gesetzesentwurf läßt diese Frage offen (vgl. DRs13/6392).
[81] *Stelkens/Bonk/Sachs,* VwVfG 4. Aufl., § 73 Rz. 8.
[82] So *Runkel,* Das neue Raumordnungsgesetz, WiVerw 1997, 267, 269.

X. Ziele in Gesetzesform

Im alten ROG von 1993 wurden nur die Grundsätze, nicht aber die Ziele der Raumordnung definiert. Die damals herrschende Meinung definierte die Ziele allerdings im Wesentlichen schon so, wie es nun Eingang in das neue ROG gefunden hat[83].

Nach § 3 Ziff. 2 ROG sind Ziele der Raumordnung verbindliche Vorgaben von räumlich und sachlich bestimmten und bestimmbaren, ...abschließend abgewogenen textlichen oder zeichnerischen Festlegungen in Raumordnungsplänen. Raumordnungspläne sind solche für das Landesgebiet nach § 8 ROG und Regionalpläne nach § 9 ROG. Folglich ergibt sich schon aus der Norm, dass "Ziele" in Form eines formellen Gesetzes - als generell abstrakte Norm - nicht geeignet sein können, eine räumlich und örtlich abgewogene Letztentscheidung darzustellen.

Zur Verdeutlichung mag § 4 des Landesplanungsgesetzes Brandenburg (LPlGBbg) angeführt werden. Dort wird unter der Überschrift „Ziele der Raumordnung und Landesplanung" unter 15 Ziffern eine umfassende Aufzählung von generellen Aussagen aufgelistet, die für das Land Brandenburg gelten sollen und nach § 8 Abs. 2 LPlGBbg von den öffentlichen Stellen des Landes und des Bundes zu beachten sind. Dabei fällt auf, dass diese "Ziele" abstrakte Vorstellungen sind, die in der Regel örtlich nicht bestimmt bzw. bestimmbar sind. Darüber hinaus stehen die "Ziele" in ihrer Allgemeinheit auch in einem latenten Konflikt miteinander (vgl. Ziffern 1 und 7 oder Nr. 9 und 11)[84]. Erst die abwägende Entscheidung innerhalb eines Raumordnungsplanes kann die verschie-

---

[83] BVerwG, Beschluß v. 22.06.1993 - 4 B 45/93 -, BA S. 9, zitiert nach juris; Überblick bei: *Scheipers,* Ziele der Raumordnung und Landesplanung aus Sicht der Gemeinden, § 5 S. 30, mit Nachweisen zur Literatur und Rechtsprechung,; in: Beiträge zum Siedlungs- und Wohnungswesen und zur Raumplanung Bd. 164, 1995.

[84] Hierzu *Erbguth,* LKV 1994, S. 89 ff..

nen Belange so ordnen, dass sie im betroffenen Raum auch konfliktfrei festgelegt werden können. Auch die textliche Gestaltung weist mit den Wörtern wie grundsätzlich, umfassend oder sozial verträglich u.ä. darauf hin, dass hier noch ein weiterer großer Bedarf der Anpassung und Einordnung vorliegt. Eine planerische Letztentscheidung, wie bei Zielen nach § 3 Ziff. 2 ROG und nach der h.M. zum ROG a.F. gefordert, beinhalten sie nicht. Daher entsprechen diese "Ziele" nicht den rahmenrechtlichen Vorgaben des Raumordnungsgesetzes und können folglich lediglich als Grundsätze der Raumordnung gewertet werden. Sie sind somit im Rahmen einer Fachplanung gem. § 4 Abs. 2 ROG nur zu berücksichtigen.[85] Auch vor der Geltung des neuen Raumordnungsrechts kam das Bundesverwaltungsgericht zu der Entscheidung, dass bei Fehlen der Letztentscheidung auf der Ebene der Raumordnung oder Landesplanung zu einem Problemkreis nicht die Bindung an die Ziele aus § 5 Abs. 4 ROG a.F. eintreten kann[86].

Zu demselben Ergebnis kommt man bei den „allgemeinen Zielen" der Raumordnung und Landesplanung des Landes- und Entwicklungsplans Nordrhein-Westfalen[87].

Daher ist nicht nur bei der Formulierung von Zielen in formellen Gesetzen, sondern auch bei Zielen auf der Ebene der Raumordnung und Landesplanung immer darauf zu achten, dass ihnen die Letztentscheidung für den Problemkreis innewohnt, da sie nur dann die strikte Beachtenspflicht für ein Ziel der Raumordnung in Anspruch nehmen können.

---

[85] ausführlich dazu: *Erbguth,* a.a.O. S. 92: für das alte ROG, jedoch ist auch unter Berücksichtigung des neuen ROG kein anderes Ergebnis denkbar, da der Zielbegriff in den Begriffsbestimmungen so umgesetzt worden ist, wie ihn die h.M. vor dem Inkrafttreten definiert hat; *Koch,* Baurecht, Raumordnungs- und Landesplanungsrecht, 2. Auflage 1995, S. 44, Rz. 14.
[86] BVerwG, Beschluss v. 22.06.1993 - 4 B 45/93 -, BA S. 9, zitiert nach juris.

Abschließend ist darauf hinzuweisen, dass sich Ziele selbstverständlich an dem Regelungsbereich des Kompetenztitels der Raumordnung zu orientieren haben und auch nur insoweit eine Bindung erzeugen können. Feststellungen, wie die Festlegung, wo ein ICE zu halten oder dass eine Stadt ein Drei-Sparten-Theater[88] zu erhalten hat, decken sich nicht mehr mit dem Kompetenztitel der Raumordnung und sind schon daher grundsätzlich ungeeignet, Inhalt eines Ziels oder auch nur ein Grundsatz der Raumordnung zu sein.

VI. Schlußwort

Das neue Raumordnungsrecht stellt in wesentlichen Punkten einen Fortschritt dar.

Der erweiterte Adressatenkreis und die Regelung des § 4 Abs. 4 Satz 2 ROG sind allerdings geeignet, die Frage aufzuwerfen, ob es nicht doch zu unmittelbaren Auswirkungen der Ziele der Raumordnung auf die Bodennutzung kommt und deshalb die Frage des effektiven Rechtsschutzes aufzuwerfen ist[89]. Die Bundesvorhaben, um die es vorliegend ging, sind dabei durch den § 5 ROG privilegiert. Insoweit stellt sich diese Frage für eine Planfeststellungsbehörde des Bundes und die Bundesvorhaben nicht in der gleichen Schärfe. Allerdings ist zu beachten, dass eine zukünftig extensive Anwendung der Instrumente der Raumordnung durch die Länder eine entsprechende Aufmerksamkeit aller an Bundesvorhaben Beteiligten erfordert. Nur wenn alle im Raum planenden Parteien ihre gesetzlich zugedachten Rollen umfassend wahrnehmen, kann für die Verkehrsinfrastrukturvorhaben sichergestellt werden, dass es ein funktionierendes

---

[87] *Hoppe*, in Hoppe/Schoeneberg, Raumordnungs- und Landesplanungsrecht des Bundes und des Landes Niedersachsen, 1987, S. 59 ff, 60 (Rn.139); *Koch*, Baurecht, Raumordnungs- und Landesplanungsrecht, 2. Auflage 1995, S. 27, 44/45 Rz. 14 ff..

[88] Diese und weitere Beispiele bei: *Schulte*, Raumplanung und Genehmigung bei der Bodenschätzegewinnung, 1996, S. 56 ff.; 214 ff.; 257 ff. ; 277.

Zusammenwirken von Fachplanung mit der Raumordnung nach dem neuen Raumordnungsgesetz

Zusammenwirken von Raumordnung und Fachplanung gibt.

---

[89] *Schulte,* Ziele der Raumordnung, NVwZ 1999, S. 942 ff..

Univ.-Prof. Dr. jur. Willy Spannowsky

Planfeststellung und Denkmalschutz

I. Schnittfeld mehrerer Rechtsmaterien

Obwohl das Schnittfeld zwischen Planfeststellung und Denkmalschutz nicht neu und die in diesem Schnittfeld liegenden Problemfelder keine neuartigen Erscheinungen sind, gibt es dazu nur wenig Literatur und Rechtsprechung. Eine größere Rolle hat in Rechtsprechung und Literatur das parallele Schnittfeld zwischen Bauleitplanung und Denkmalschutz gespielt[1]. Ein Blick auf die Fallkonstellationen, mit denen die Rechtsprechung befasst war, vermittelt nur ansatzweise Erkenntnisse über das mit den Begriffen Planfeststellung und Denkmalschutz stichwortartig umrissene Schnittfeld.

Mit der Planfeststellung soll die planerische Grundlage zur Realisierung eines raumbedeutsamen, in der Regel für die Allgemeinheit bedeutenden Infrastrukturvorhabens gelegt werden. Es soll zum Beispiel eine Mülldeponie eingerichtet, eine Straße, Bahnstromleitung oder Bahnstrecke gebaut werden. Dabei tritt ein Konflikt mit kulturellen Belangen auf, die durch Denkmäler konkretisiert werden, wie

---

[1] Vgl. dazu *Stich*, Maßnahmen der Stadterhaltung und des Denkmalschutzes im Spannungsfeld zwischen Bundes- und Landesrecht sowie zwischen kommunaler Selbstverwaltung und staatlicher Einwirkung, ZfBR 1983, S. 61 ff.; *ders.*, Das Spannungsverhältnis zwischen Bauvorhaben und Denkmalschutz im Licht der neueren Rechtsprechung, ZfBR 1991, S. 52 und *ders.*, Planung als Weg zum Interessenausgleich: Die Bedeutung des Abwägungsgebots, BauR 1992/3, S. 275 ff.; *Lüers*, Die Bedeutung von Ortsbildgestaltung, Ortsbilderhaltung und Denkmalschutz bei der Ansiedlung von Gewerbe- und Industriebetrieben, WiVerw 1995/4, S. 259 ff.; *Stüer*, Denkmalschutz vor Bauleitplanung?, BauR 1989/3, S. 251 ff.; *Kleiber*, Denkmalschutz, Denkmalpflege und Baugesetzbuch, BBauBl. 1987 S. 474 und *Moench*, Die Entwicklung des Denkmalschutzrechts, NVwZ 1988, S. 304 ff. sowie *Kratzenberg*, Instrumente des Städtebaurechts zu Stadterhaltung und Denkmalschutz, BBauBl. 1996/10, S. 750 ff.

folgende Beispiele sichtbar machen: die Ölschiefergrube, die als Abfallbeseitigungsanlage genutzt werden soll, ist eine Fossilienlagerstätte[2], durch den Bau der Straße wird das historische Ortsbild zerstört[3], das Bahnhofsgebäude, das abgerissen oder zur Umnutzung baulich verändert werden soll, steht als Baudenkmal unter Schutz[4], die Bahnstromleitung wird bis auf eine Entfernung von nur 120 m an ein Kirchengebäude, das unter Denkmalschutz steht, herangeführt[5], oder im Zuge des Umbaus eines Bahnhofsgeländes bzw. einer Straße wird ein städtebaulich wertvolles Ensemble zerstört, weil einzelne Gebäude weichen müssen. Dass dabei nicht nur öffentliche Interessen widerstreiten, nicht nur Eigentümerinteressen und die Nutzungsinteressen der Investoren, sondern vor allem künstlerische und kulturelle Belange mit wirtschaftlichen Interessen in Konflikt geraten, macht das Schnittfeld mitunter zum emotional geladenen Spannungsfeld. Die ökonomischen Nutzungsinteressen begegnen bei der Konfliktbewältigung oftmals nicht nur dem Unverständnis der mit der Denkmalspflege, dem Schutz von Kulturdenkmälern befassten Berufsgruppen, den Paläontologen, Stadtplanern, Architekten und Künstlern, namentlich Bildhauern und Malern, sondern auch mancher Bürgerinitiativen. Wenn von den Stadtplanern und Architekten in Bezug auf Räume und Gebäude von „Qualität" gesprochen wird, stehen häufig die äußeren Gestaltungsmerkmale und weniger die räumlich-funktionalen Aspekte im Vordergrund.

Als Resultat eines kontrollierbaren, in seinen Voraussetzungen und Verfahrensschritten geregelten Planungsverfahrens stößt die rechtlich determinierte und vom Kontrollansatz geprägte planerische Abwägungsentscheidung daher bei diesen mit der äußeren Gestaltung eines Vorhabens und dem Denkmalschutz befassten Berufsgruppen oftmals auf Unverständnis, da mit der auf Kompromiss und Kon-

---

[2] BVerwG, NVwZ 1992, S. 787 und dazu *Alexander/Martin,* Planfeststellung und Bodendenkmalschutz, NVwZ 1992, S. 950 ff.
[3] BVerwG, UPR 1983, S. 310
[4] Vgl. z.B. BVerwG, NVwZ 1984, S. 723
[5] Vgl. VGH Kassel, NVwZ 1986, S. 680 f.

fliktbewältigung angelegten Abwägungsentscheidung der an der ästhetischen Qualitätssicherung orientierte Anspruch aus deren Sicht deformiert wird. Andererseits sind Feststellungen wie folgende, durch eine „neuzeitliche Vollunterkellerung in ahistorischem Material (Beton)" wird „das Wesen und die individuelle Eigenart dieses dokumentatorisch historischen Bauwerks empfindlich gestört"[6] oder es handle sich bei der „anspruchsvoll gestalteten" Anlage um eine „bedeutende baukünstlerische Leistung", von subjektiver Wertung geprägt und deshalb für das am objektiven Wertesystem orientierte rechtliche Kontrollsystem nur beschränkt überprüfbar.

Der durch das Thema "Planfeststellung und Denkmalschutz" umrissene Problemkreis ist vielschichtig und setzt eine differenzierte Betrachtung unterschiedlicher Beziehungsgefüge im Schnittfeld zwischen Planfeststellung und Denkmalschutz voraus. Dabei ist der rechtliche Differenzierungsaufwand zur Erfassung und Lösung der in diesem Schnittfeld auftretenden Problematik größer als es die einzelnen Fallkonstellationen verheißen, mit denen man die rechtlich zu bewältigenden Konfliktfelder veranschaulichen kann. Zur systematischen Erfassung des Schnittfeldes müssen folgende Fragestellungen abgehandelt werden:

1. Welche Rechtsmaterien wirken sich auf den Denkmalschutz aus? Welche Aufgaben fallen nach den Landesdenkmalschutzgesetzen in den Bereich des Denkmalschutzes?
2. Welche Funktionen haben Planfeststellungen?
3. Für welche Vorhaben müssen Planfeststellungsverfahren durchgeführt werden?
4. In welchem Verhältnis stehen das Denkmalschutz- und das Planfeststellungsrecht? Wie werden die im Schnittfeld zwischen beiden Rechtsmaterien auftretenden Ziel- und Entscheidungskonflikte rechtlich aufgelöst?

---

[6] BayVGH BRS 47, S. 335 (336)

II. Rechtsmaterien mit denkmalschützender Zielrichtung

1. Städtebau- und denkmalschutzrechtliches Beziehungsgefüge zwischen Denkmalschutz, Ortsbildgestaltung sowie Ortsbilderhaltung

Will man das Schnittfeld umreißen, muss zunächst der Aufgabenbereich des landesrechtlich geregelten Denkmalschutzes bestimmt werden. Überschneidungen gibt es insofern vor allem mit dem bundesrechtlichen Städtebaurecht, dem landesrechtlichen Gestaltungsrecht im Bereich des Bauordnungsrechts, dem Raumordnungsrecht sowie am Rande mit dem bundesrahmen- und dem landesrechtlichen Naturschutzrecht.

Die Abgrenzung der Aufgabenbereiche wird durch die Zuständigkeitsverteilung zwischen Bund und Ländern bestimmt. Im Bund-Länder-Verhältnis sind Doppelzuständigkeiten unzulässig. Überschneidungen im Bereich der Gesetzgebung darf es grundsätzlich nicht einmal in dem Bereich der Rahmengesetzgebung geben, wo der Bund für die Rahmenregelung und die Länder für die Detailausgestaltung zuständig sind. Infolgedessen muss der dem Denkmalschutz zugeordnete Aufgabenbereich von dem bundesrechtlich geregelten Städtebaurecht abgegrenzt werden. Das Städtebaurecht gibt den Gemeinden die Möglichkeit, im Rahmen der Planungshoheit auch unabhängig vom Denkmalschutzrecht und vom Bauordnungsrecht Fragen der Stadtgestaltung und Stadterhaltung zu regeln[7]. Aus der Zusammenschau der städtebaurechtlichen und denkmalschutzrechtlichen Regelungen wird ersichtlich, dass die Bauleitplanung die Denkmalpflege unterstützen kann und ggf. muss, sich

---

[7] So ausdrücklich *Lüers*, Die Bedeutung von Ortsbildgestaltung, Ortsbilderhaltung und Denkmalschutz bei der Ansiedlung von Gewerbe- und Industriebetrieben, WiVerw 1995/4, S. 259 ff. (260); *Krautzberger* in: Battis/Krautzberger/Löhr, BauGB, Kommentar, 4. Aufl., ' 1 Rdnr. 71 ff. und *Kratzenberg*, Instrumente des Städtebaurechts zu Stadterhaltung und Denkmalschutz,

aber zugleich darüber hinaus der Aufgabe der Erhaltung, Erneuerung und Fortentwicklung vorhandener Ortsteile sowie der Gestaltung des Orts- und Landschaftsbildes annehmen kann bzw. muss. Zu den Abwägungsbelangen gehören nämlich gemäß § 1 Abs. 5 Nr. 5 BauGB nicht nur die Belange des Denkmalschutzes und der Denkmalpflege, sondern auch gemäß § 1 Abs. 5 Nr. 4 BauGB die Erhaltung, Erneuerung und Fortentwicklung vorhandener Ortsteile sowie die Gestaltung des Orts- und Landschaftsbildes. Zur Ortsbildgestaltung eignen sich die planerischen Festsetzungen über die Art und das Maß, die überbaubaren Grundstücksflächen, die Stellung der baulichen Anlagen, Festsetzungen über die Größe, Breite und Tiefe von Baugrundstücken, Festsetzungen über von Bebauung freizuhaltende Flächen und ihre Nutzung, über Schutzflächen und die Höhenlage der Bebauung.

Gemäß § 9 Abs. 4 BauGB können die Länder durch Rechtsvorschriften bestimmen, dass auf Landesrecht beruhende Regelungen in den Bebauungsplan als Festsetzungen aufgenommen werden können und inwieweit auf diese Festsetzungen die Vorschriften dieses Gesetzbuchs Anwendung finden. Dies ist hinsichtlich der bauordnungsrechtlichen Gestaltungssatzungen im Rahmen der entsprechenden Regelungen in den Landesbauordnungen der Bundesländer teilweise geschehen. Damit wird den Gemeinden die Möglichkeit eröffnet, über die baugestalterischen Festsetzungen hinaus auch besondere Anforderungen gestalterischer Art an bauliche Anlagen zu stellen, z.B. Größe und Form der Baukörper, Gliederung, Material und Farbe der Fassaden, Gestaltung der Fenster und Türen sowie der Werbeanlagen und Werbeautomaten. Außerdem können zum Beispiel größere oder kleinere Abstandsflächen zur Wahrung der baugeschichtlichen Bedeutung oder der sonstigen erhaltenswerten Eigenart eines Ortsteils und die Begrünung von baulichen Anlagen in den gemeindlichen Gestaltungssatzungen geregelt werden. Die gestalterische Regelungsbefugnis geht insofern sogar so weit, dass der Anbringungsort und die Gestaltung von Hausnummern bestimmt werden können.

Da der Standort der Baudenkmäler für die städtebauliche Beurteilung von Baugesuchen von Bedeutung ist, sollen in einem Bebauungsplan gemäß § 9 Abs. 6 BauGB die Denkmäler nachrichtlich übernommen werden. Dies setzt grundsätzlich voraus, dass zuvor eine förmliche Unterschutzstellung erfolgt ist. In den Bundesländern, in denen die materielle Denkmalwürdigkeit kraft Gesetzes bestimmt ist, ist eine nachrichtliche Übernahme im Bebauungsplan trotz des Fehlens einer förmlichen Unterschutzstellung nicht ausgeschlossen. Denn wenn aufgrund der gesetzlichen Regelung die Denkmalwürdigkeit eines Einzelobjekts ohne weiteres festgestellt werden kann, lässt sich das Ergebnis der vorausgehenden Subsumtion unter den gesetzlichen Voraussetzungen nachrichtlich festhalten. Die Rechtsfolgen ergeben sich dann wie bei der vorausgegangenen Unterschutzstellung nicht aus dem Bebauungsplan.

Liegt ein Bauvorhaben im Geltungsbereich eines qualifizierten Bebauungsplans, spielen die Belange des Denkmalschutzes und der Ortsbildgestaltung gemäß § 30 Abs. 1 BauGB bei der Beurteilung der planungsrechtlichen Zulässigkeit grundsätzlich keine gesonderte Rolle mehr, weil der Gesetzgeber einerseits davon ausgeht, dass sie im Rahmen der bauleitplanerischen Abwägung berücksichtigt und gerecht abgewogen wurden und weil er durch den Vorbehalt zugunsten der fachbehördlichen Beurteilung gemäß § 29 Abs. 2 BauGB die bauordnungsrechtliche Zulässigkeit und die Zulässigkeit nach Denkmalschutzrecht nicht zum Gegenstand der planungsrechtlichen Beurteilung gemacht hat. Deshalb heißt es in § 29 Abs. 2 BauGB ausdrücklich: Die Vorschriften des Bauordnungsrechts und andere öffentlich-rechtliche Vorschriften bleiben unberührt. Es ist zwar denkbar, dass der Denkmalschutz im Hinblick auf die planungsrechtliche Zulässigkeit indirekt über

§ 15 BauNVO zum Ansatz kommen kann, wonach die baulichen Anlagen im Einzelfall unzulässig sein können, wenn sie nach Anzahl, Lage, Umfang oder Zweckbestimmung der Eigenart eines Baugebiets widersprechen oder wenn sie Belästigungen oder Störungen auslösen, die nach der Eigenart des Baugebiets im Baugebiet selbst oder in dessen Umgebung unzumutbar sind. Wegen des Vorbehalts zugunsten der fachbehördlichen Zulässigkeitsbeurteilung von Vorhaben gemäß § 29 Abs. 2 BauGB bleibt jedoch nur wenig Raum für eine Anwendung des § 15 BauNVO[8]. Er kann nur dann Anwendung finden, wenn der Neubau aufgrund der konkreten Umstände des Einzelfalls eine planungsrechtliche Sonderbeurteilung verlangt. Insofern können jedoch nur die nutzungsrelevanten Vorprägungen der denkmalgeschützten baulichen Anlagen, nicht die Gestaltungsaspekte im Rahmen der planungsrechtlichen Zulässigkeitsbeurteilung zum Ansatz gebracht werden.

Im unbeplanten Innenbereich wird die planungsrechtliche Zulässigkeit von Vorhaben gemäß § 34 Abs. 1 BauGB durch die Verwendung unbestimmter Rechtsbegriffe von gestalterischen Anforderungen abhängig gemacht. Danach muss sich das Vorhaben einerseits in die Eigenart der näheren Umgebung einfügen, andererseits darf das Ortsbild nicht beeinträchtigt werden. Allerdings wird das Erfordernis des Einfügens in die nähere Umgebung nur durch bodenrechtlich beachtliche Merkmale näher konkretisiert, wie z.B. durch Art und Maß der baulichen Nutzung, der Bauweise und der Grundstücksfläche, die überbaut werden soll, nicht dagegen durch rein gebäudebezogene Gestaltungsmerkmale, wie z.B. Farbe, Konstruktionsweise, Dachform und Materialauswahl. In gestalterischer Hinsicht hat die planungsrechtliche Zulässigkeitsvoraussetzung, dass das Ortsbild nicht beeinträchtigt werden darf, eine selbständige Bedeutung nur insofern, als die bodenrechtlich beachtliche Ortsbildgestaltung zum Kriterium für die Beurteilung der Zulässigkeit eines Bauvorhabens gemacht wird. Dass bodenrechtlich nicht beachtliche, rein gestalterische

---

[8]Vgl. VGH Bad.-Württ., BauR 1982, S. 238f. und *Löhr*, in:Battis/Krautzberger/Löhr, '30 Rn. 22

Unzuträglichkeiten nicht in den Beurteilungsmaßstab fallen, folgt aus dem Regelungszusammenhang und der Funktion des § 34 BauGB. Der Denkmalschutz ist im Rahmen des § 34 BauGB neben dem Kriterium der Ortsbilderhaltung zu keinem selbständigen Beurteilungskriterium für die planungsrechtliche Zulässigkeit des Bauvorhabens gemacht worden. Indirekt kann der Denkmalschutz für die planungsrechtliche Zulässigkeit eines Bauvorhabens im unbeplanten Innenbereich über das Rücksichtnahmegebot, das in § 15 BauNVO seine gesetzliche Ausprägung gefunden hat und das im Rahmen des § 34 BauGB als Bestandteil des Einfügensgebots Maßstabsfunktion erlangt, zum Tragen kommen. Da das Rücksichtnahmegebot an der vorhandenen prägenden Bebauung anknüpft, kann es im Einzelfall auch wirken, soweit Rücksicht auf in der näheren Umgebung des Bauvorhabens stehende Denkmäler zu nehmen ist.

Anders als bei Vorhaben im Geltungsbereich eines qualifizierten Bebauungsplans im Sinne von § 30 Abs. 1 und bei Vorhaben im unbeplanten Innenbereich im Sinne von § 34 Abs. 1 BauGB zählt für die Zulässigkeit von Vorhaben im Außenbereich nicht nur die Erhaltung des Ortsbildes, sondern auch der Aspekt der Wahrung der denkmalschutzrechtlichen Belange nach § 35 Abs. 3 Nr. 5 BauGB zu den normativen Voraussetzungen. Sind diese Belange beeinträchtigt, können sowohl privilegierte als auch sonstige Vorhaben planungsrechtlich unzulässig sein. Dem Schutz vorhandener Bebauung dienen die gestaltungsrelevanten Aussagen in § 35 Abs. 4 Nr. 1 b und Nr. 4 BauGB. Diese erweitern im Interesse der Substanzerhaltung in planungsrechtlicher Hinsicht die Zulässigkeit von Nutzungsänderungen dieser vorhandenen begünstigten Vorhaben. Nicht ausgeschlossen ist aber aufgrund des Vorbehalts zugunsten der fachbehördlichen denkmalschutzrechtlichen Einzelfallbeurteilung, dass die Nutzungsänderung aufgrund von denkmalschutzrechtlichen Anforderungen gleichwohl unzulässig ist.

Der die Bauleitplanung kennzeichnende gesamträumliche Koordinierungsansatz und die bauplanungsrechtliche Zulässigkeitsbeurteilung von Bauvorhaben unterscheiden sich also von dem vorhabenbezogenen konservierenden Schutzkonzept des Denkmalschutzes durch den primär räumlich-funktionell, auf die Bodennutzung ausgerichteten Steuerungsansatz. Dass im Städtebaurecht neben der bodennutzungssteuernden Ausrichtung auch die Vorhabengestaltung eine Rolle spielen kann, zeigen nicht nur die Vorschriften über die planungsrechtliche Zulässigkeit von Vorhaben, sondern auch die im besonderen Städtebaurecht vorgesehenen Möglichkeiten der Ortsbildgestaltung und Ortsbilderhaltung. Insbesondere die städtebauliche Sanierung (§§ 136 ff. BauGB) und die Erhaltungssatzungen (§ 172 BauGB) haben wie der Denkmalschutz bewahrende Funktion. *Lüers* interpretiert dies zutreffend so, dass das moderne Städtebaurecht das Ziel der Erhaltung baulicher Anlagen und Stadtstrukturen nicht allein dem Denkmalschutz überlasse[9]. Die Handlungsmöglichkeiten der Gemeinde werden in diesem Bereich teilweise auch als „städtebaulicher Denkmalschutz" bezeichnet[10]. Eine Abgrenzung der dem Denkmalschutz dienenden städtebaulichen Instrumente von dem fachbehördlich wahrzunehmenden Landesdenkmalschutz ist angesichts dieser Überschneidungen in der Zielsetzung schwierig und kann zu Zuständigkeitskonflikten führen. Sie ist jedoch möglich und folgt aus den unterschiedlichen Schutzobjekten und Aufgabenstellungen. Während für den Denkmalschutz grundsätzlich das Einzelgebäude oder die einzelnen baulichen Anlagen das Schutzobjekt bilden und der Erhalt der baulichen Anlage im Vordergrund steht, zielt das Städtebaurecht auf die Erhaltung der städtebaulichen Qualität aufgrund des räumlich-funktionellen Zusammenhangs eines Gebäudes für seine Umgebung. Dabei ist maßgebend, ob von dem Einzelgebäude eine prägende Funktion für einen städtebaulichen Zusammenhang ausgeht. Schutzobjekt der

---

[9] *Lüers*, WiVerw 1995/4, S. 281
[10] So ausdrücklich *Krautzberger*, in: Battis/Krautzberger/Löhr, Baugesetzbuch, 6. Aufl., ' 1 Rdnr. 62 und im Anschluss daran *Lüers* ebenda, S. 282

städtebaulichen Sanierung und der Erhaltungssatzung sind die baulichen Anlagen in ihrer orts-, stadtgestalt- und landschaftsbildprägenden Funktion. Kriterien zur städtebaulichen Funktionsbeurteilung sind insbesondere die geschichtliche und künstlerische Bedeutung. Jedoch verschwimmen die Konturen beider Rechtsmaterien, wenn sich auch der Denkmalschutz vom konkreten Objektschutz löst und wie beim Ensembleschutz Stadt- und Ortsbilder, Stadt- und Ortssilhouetten oder Stadtteile oder -viertel zum Schutzobjekt macht[11]. So rechnet das rheinland-pfälzische Denkmalschutzgesetz Denkmalzonen zu den unbeweglichen Kulturdenkmälern und definiert diese wie folgt: Denkmalzonen sind insbesondere bauliche Gesamtanlagen, kennzeichnende Straßen-, Platz- und Ortsbilder, kennzeichnende Ortsgrundrisse und historische Park- und Gartenanlagen (vgl. § 5 DSchPflG Rh.-Pf.). Das baden-württembergische Denkmalschutzgesetz rechnet zu den Gesamtanlagen, die durch Satzung unter Denkmalschutz gestellt werden können, Straßen-, Platz- und Ortsbilder, an deren Erhaltung aus wissenschaftlichen, künstlerischen oder heimatgeschichtlichen Gründen ein besonderes öffentliches Interesse besteht (§ 19 DSchG). Zum untauglichen Abgrenzungskriterium wird das Schutzobjekt, wenn auch die Umgebung eines Kulturdenkmals, soweit sie für dessen Erscheinungsbild von erheblicher Bedeutung ist, zum Gegenstand des Denkmalschutzes gemacht wird (vgl. § 2 Abs. 3 Nr. 1 i.V. mit § 15 Abs. 3 DSchG Baden-Württ.). Der Unterschied zwischen der städtebaulichen Erhaltungssatzung und dem denkmalschutzrechtlichen Ensembleschutz liegt dann nicht mehr im Schutzobjekt, sondern nur noch in der Schutzfunktion. Während der denkmalrechtliche Ensembleschutz an den denkmalwürdigen Einzelheiten der baulichen Anlagen, Häusergruppen und Straßenzügen ansetzt und deren Schutz bezweckt, dient die städtebauliche Ortsbilderhaltung der Bewahrung der städtebaulichen Qualität des gesamten Schutzgebiets. Aus dem Nebeneinander der verschiedenen Schutzinstrumente ergeben sich

---

[11]Vgl. dazu im einzelnen *Leidinger,* Ensembleschutz als Instrument des Denkmalrechts und sein Verhältnis zu anderen Instrumenten der Stadterhaltung und -gestaltung, ZfBR 1994/1, S. 1 ff.

Kombinationsmöglichkeiten, aber auch im Einzelfall Koordinierungsschwierigkeiten und negative Folgen einer Überreglementierung.

Die Denkmalschutzgesetze der Länder gehen von unterschiedlichen Schutzkonzeptionen aus. Anders als bei den Landesbauordnungen sind die Bundesländer bei den Landesdenkmalschutzgesetzen nicht von einem gemeinsam verfassten Gesetzesmuster ausgegangen. Deshalb weisen die Denkmalschutzgesetze der Länder eine erhebliche Regelungsvielfalt auf. Dadurch ist Rechtsprechung und Literatur der Weg zu einer einheitlichen Systematisierung versperrt. Grob kann man bezüglich des Schutzes von Einzeldenkmälern zwischen der Unterschutzstellung durch Bescheid mit Listeneintragung und der Unterschutzstellung kraft Gesetzes unterscheiden[12]. Wie grob diese Einteilung ist, zeigt das baden-württembergische Mischsystem, wonach die Einzeldenkmäler gemäß § 2 Abs. 1 LDschG kraft gesetzlicher Bestimmung unter Schutz gestellt sind, der zusätzliche Schutz für Kulturdenkmäler von besonderer Bedeutung aber von deren Eintragung im Denkmalbuch abhängig ist. Bei Gesamtanlagen erfolgt die Unterschutzstellung in den meisten Bundesländern durch Rechtsverordnung der staatlichen Denkmalschutzbehörden oder der im Auftrag handelnden Kommunalbehörden oder, wie in Baden-Württemberg und Nordrhein-Westfalen, durch Gemeindesatzung.

Es kann somit als Zwischenergebnis festgehalten werden, dass es ein eng verflochtenes Nebeneinander von Landesdenkmalschutz und gemeindlicher Ortsbild- und Denkmalpflege gibt. Dem Schutz dieser Belange dienen neben bauplanungsrechtlichen Regelungen Vorschriften nach den Landesbauordnungen und Denkmalschutzgesetzen der Länder. Die Schutzvorschriften können sich auf dieselben Schutzobjekte beziehen. Abgrenzen lassen sich die Regelungsmaterien nur nach ihrer

---

[12] Ebenso *Stich,* Zum Wirtschaftsstandort Deutschland: Notwendigkeit des Abbaus von Hemmnissen aus dem Planungs-, Bau- und Umweltrecht und seinem praktischen Vollzug, WiVerw 1994/2, S. 83 ff. (160 f.)

Schutzfunktion. Wegen der Überlagerungen gibt es jedoch Abgrenzungsschwierigkeiten. Durch die Kombinationsmöglichkeit der Instrumente können im Einzelfall angesichts der in der Praxis auftretenden Koordinierungsprobleme nicht nur für die Stadtentwicklung, sondern auch bei der Vorhabenrealisierung Hemmnisse entstehen. Es können insofern nicht nur - wie es bei der bauplanungsrechtlichen Beurteilung sichtbar wird[13] - bei der Ansiedlung von Gewerbe- und Industriebetrieben Konfliktstellen zwischen dem Denkmalschutz und den privaten sowie öffentlichen Ansiedlungsinteressen entstehen, sondern auch bei der Zulassung von Vorhaben im Rahmen der Planfeststellung.

2. Beziehungsgefüge zwischen Denkmalschutz und Raumordnung

Noch vor Inkrafttreten des ROG am 1.1.1998 hätte man sich, wenn man das Verhältnis zwischen Planfeststellung und Denkmalschutz beschreibt, hinsichtlich der Darstellung der denkmalschützenden Bedeutung der Raumordnung und Landesplanung mit dem Hinweis darauf begnügen können, dass die Raumordnung und Landesplanung zwar auch einen Beitrag zur Erhaltung von Kultur- und Naturdenkmälern leisten kann, hätte sich jedoch im Anschluss an *Kratzenberg* mit der Feststellung begnügen können, dass die Möglichkeiten der Raumordnung insoweit jedenfalls beschränkt sind, als es der Raumordnung als einer Form der innerbehördlichen Planung versagt ist, ihre Planungen verbindlich gegenüber Dritten und Privaten unmittelbar durchzusetzen[14] und sie daher nur über die Vorgaben für die Bauleitplanung indirekt auch die Vorhabenzulassung steuert, soweit Ziele der Raumordnung eine Beachtenspflicht und Grundsätze der Raumordnung eine Berücksichtigungspflicht für die kommunale Bauleitplanung auslösen. Dazu kam

---

[13] Dazu *Lüers,* Die Bedeutung von Ortsbildgestaltung, Ortsbilderhaltung und Denkmalschutz bei der Ansiedlung von Gewerbe- und Industriebetrieben, WiVerw 1995/4, S. 259
[14] So ausdrücklich *Kratzenberg,* Instrumente des Städtebaurechts zu Stadterhaltung und Denkmalschutz, 1996/10, S. 750

schon damals, dass die Ziele der Raumordnung einem im Außenbereich privilegierten und einem Planfeststellungsverfahren unterworfenen Vorhaben zwar wegen § 38 BauGB nicht als öffentlicher Belang im Sinne von § 35 Abs. 3 S. 2 BauGB entgegenstanden, aber im Rahmen eines Planfeststellungsverfahrens gleichwohl zu beachten waren, wenn sie sachlich und räumlich hinreichend konkret waren[15]. Da Vorhaben privater Rechtsträger, die einem Planfeststellungsverfahren unterworfen sind, von dieser Bindungswirkung nicht erfasst wurden und angesichts zunehmender Privatisierung insbesondere im Bereich des Luftverkehrs, der Bundesbahn und der Post immer mehr Bereiche der Bindung an die Ziele der Raumordnung entzogen wurden, bestand die Notwendigkeit der Erweiterung der Bindungswirkung auch auf private Vorhabenträger.

Mit dem Inkrafttreten des ROG wurde diese Bindungswirkung daher folgerichtig auch auf private Vorhabenträger ausgedehnt. Der Bindungswirkung sind nach § 4 Abs. 3 ROG nunmehr auch Personen des Privatrechts ausgesetzt, die raumbedeutsame Planungen und Maßnahmen in Wahrnehmung öffentlicher Aufgaben durchführen, wenn öffentliche Stellen an den Personen mehrheitlich beteiligt sind oder die Planungen und Maßnahmen überwiegend mit öffentlichen Mitteln finanziert werden. Damit hat der Bundesgesetzgeber auf die Problematik für die Raumordnung reagiert, dass aufgrund der zunehmenden Privatisierung der Planung raumbedeutsame Vorhaben häufiger der Bindung an die Ziele, Grundsätze und Erfordernisse der Raumordnung entzogen werden könnten, wenn nicht auch die Personen des Privatrechts in dem für die Gewährleistung der Raumordnungsaufgabe erforderlichen Umfang in die Bindungswirkung einbezogen werden. Der Gesetzgeber unterscheidet hinsichtlich der Bindungswirkung nach der Systematik der Raumordnung zwischen Zielen, Grundsätzen und Erfordernissen der Raumordnung. Kennzeichnend für die Ziele der Raumordnung ist, dass sie nicht im Rahmen der Abwä-

---

[15]Dazu VGH Bad.-Württ. NVwZ 1986, S. 233

gung überwindbar sind. Nach § 4 Abs. 1 S. 2 Nr. 2 ROG sind auch Planfeststellungen und Genehmigungen mit der Rechtswirkung der Planfeststellung über die Zulässigkeit raumbedeutsamer Maßnahmen von Personen des Privatrechts der Zielbindung mit der Folge unterworfen, dass sie diese beachten müssen. Vorhaben im Sinne von § 4 Abs. 1 S. 2 Nr. 2 ROG unterscheiden sich von den Vorhaben nach § 4 Abs. 3 ROG dadurch, dass sie nicht in Wahrnehmung öffentlicher Aufgaben durchgeführt werden, über deren Zulässigkeit im Rahmen eines Planfeststellungsverfahrens oder einer Plangenehmigung zu entscheiden ist. Diese beiden Regelungen sind die Reaktion des Gesetzgebers auf die beiden grundsätzlich zu unterscheidenden Formen der Privatisierung, die Aufgabenprivatisierung und die Organisationsprivatisierung. Nicht der Bindung unterworfen sein sollen danach raumbedeutsame Planungen und Maßnahmen der öffentlichen Hand, die von Personen des Privatrechts durchgeführt werden, wenn an diesen die öffentliche Hand nicht oder nur als Minderheitengesellschafter teilhat und die auch nicht überwiegend, d. h. zu mehr als 50 %, mit öffentlichen Mitteln finanziert werden. Ausgenommen wäre danach zum Beispiel der privat finanzierte und privat durchgeführte Straßenbau. Im Bereich des Eisenbahnwesens ist zu unterscheiden: Nach Art. 87 e GG ist der Bund weiterhin für den Ausbau und Erhalt des Schienennetzes verantwortlich. Soweit der Infrastrukturauftrag des Bundes reicht, handelt es sich dabei um eine öffentliche Aufgabe, die hinsichtlich des Baus, der Unterhaltung und des Betreibens der Schienenwege von der Deutschen Bahn AG wahrgenommen wird. Infolgedessen ist die Deutsche Bahn AG, da sie eine Eigengesellschaft des Bundes ist, insoweit an die Ziele der Raumordnung gebunden. Soweit die Deutsche Bahn AG dagegen ein Planfeststellungsverfahren zur Errichtung oder zur Änderung von für den Betrieb der Schienenwege notwendigen Anlagen, zum Beispiel zur Errichtung eines Bahnhofsgebäudes, durchführt, handelt es sich um ein Vorhaben, das nicht der öffentlichen Aufgabe des Ausbaus und Erhalts des Schienennetzes dient. Jedoch entsteht insofern eine Bindungswirkung nach § 4 Abs. 1 Nr. 2 ROG, soweit das Vorhaben die Legaldefinition für raumbedeutsame Planungen und Maßnahmen gemäß § 3 Nr. 6 ROG erfüllt, was bei einem Bahnhofsgelände im Regelfall zu bejahen sein dürfte. Dies hat zur Folge, dass der Denkmalschutz im Bereich der Raumordnung, soweit er durch eine landes- oder regionalplanerische Zielfestlegung im Sinne von § 3 Nr. 2 ROG verbindlich gemacht worden ist, grundsätzlich der strikten Beachtenspflicht unterworfen ist. Der besonderen Bedeutung von raumbedeutsamen Planungen bei besonderen Bundesmaßnahmen, über die in einem Verfahren nach dem Bundesfernstraßengesetz, dem Allgemeinen Eisenbahngesetz, dem Magnetschwebebahnplanungsgesetz, dem Bundeswasserstraßengesetz, dem Luftverkehrsgesetz, dem Atomgesetz oder dem Personenbeförderungsgesetz zu entscheiden ist, hat der Gesetzgeber dadurch Rechnung getragen, dass er die Bindungswirkung nach Maßgabe des § 5 Abs. 1 bis 3 ROG beschränkt hat. Außerdem hat der Gesetzgeber zudem eine Zielabweichungsmöglichkeit gemäß § 5 Abs. 4 ROG eröffnet.

Die Landes- und Regionalplanung kann sich des Denkmalschutzes dadurch annehmen, dass sie Kultur- und Naturdenkmäler in ihre raumstrukturelle und raumfunktionelle gesamträumliche Gebietskonzeption einbindet. So können zum Beispiel Moorgebiete als Vorranggebiete mit bestimmten, dem Nutzungszweck entsprechenden Nutzungen ausgewiesen werden, und es können zum Beispiel Rodungsinseln, deren typisches Erscheinungsbild mit den den Ort umgebenden Freiflächen und anschließenden Waldrändern noch heute erhaltenswert ist, als Kulturlandschaften in die raumstrukturelle Schutzkonzeption einbezogen werden[16].

---

[16]Vgl. BayVGH, NuR 1997, S. 97 f. bezüglich Rodungsinseln im großen Verdichtungsraum München

3. Naturschutzrechtlicher Denkmalschutz

Daneben sieht § 17 BNatSchG die rechtsverbindliche Festsetzung von Naturdenkmälern vor. In den Landesgesetzen werden die Naturdenkmäler in Anknüpfung an die Legaldefinition in § 17 Abs. 1 BNatSchG als Einzelschöpfungen der Natur, deren besonderer Schutz aus wissenschaftlichen, naturgeschichtlichen oder landeskundlichen Gründen oder wegen ihrer Seltenheit, Eigenart oder Schönheit erforderlich ist, durch Rechtsverordnung festgelegt. Flächenhafte Naturdenkmäler in diesem Sinne können kleinere Wasserflächen, Moore, Streuwiesen, Röhrichte, Haine, Heiden, Felsgruppen, Steinriegel, erdgeschichtliche Aufschlüsse, Steilufer, Bodenformen, bedeutsame Grünbestände, besondere Pflanzenvorkommen, Laich- und Brutgebiete, Einstände und Wechsel von Tieren sein. Die Entfernung, Zerstörung, Veränderung oder Beeinträchtigung von Naturdenkmälern erfüllt nach den Landesnaturschutzgesetzen einen Verbotstatbestand, bei dessen Zuwiderhandlung im Falle des Verschuldens ein Ordnungswidrigkeitentatbestand erfüllt ist.

III. Rechtstechnische Formen der Konfliktbewältigung zwischen Vorhabenzulassung und Denkmalschutz

Den Konflikt zwischen dem Interesse an der Vorhabenzulassung und dem im Einzelfall widerstreitenden denkmalschutzrechtlichen Interesse an der Erhaltung eines Denkmals hat der Gesetzgeber im Schnittfeld zwischen Planfeststellung und Denkmalschutz inhaltlich und rechtstechnisch anders bewältigt als im Schnittfeld zwischen einfachen, nicht privilegierten baulichen Anlagen und Denkmalschutz sowie im Schnittfeld zwischen immissionsschutzrechtlichen Anlagen und Denkmalschutz.

1. Prinzipieller Vorrang des Schutzes eines denkmalschutzrechtlich unter Schutz gestellten Kulturdenkmals gegenüber dem privaten Interesse an der Genehmigung einer nicht privilegierten baulichen Anlage

Steht die denkmalschutzrechtliche Unterschutzstellung einem Bauantrag entgegen, ist die Baugenehmigung zu versagen. Einem Bauvorhaben können im Hinblick auf den Denkmalschutz sowohl bauplanungsrechtliche Vorschriften, die der Ortsbildpflege und -erhaltung sowie dem Denkmalschutz dienen, Vorschriften kommunaler Gestaltungssatzungen nach den Landesbauordnungen als auch die denkmalschutzrechtliche Unterschutzstellung, die mit der Begründung eines Genehmigungserfordernisses verknüpft ist, entgegenstehen.

2. Prinzipieller Vorrang des denkmalschutzrechtlich unter Schutz gestellten Kulturdenkmals gegenüber dem privaten Interesse an der Errichtung und dem Betrieb einer Anlage im Sinne des BImSchG

Da nicht genehmigungsbedürftige Anlagen im Sinne von § 22 BImSchG gleichwohl einer Baugenehmigung bedürfen, gilt für diese Anlagen dasselbe wie für andere genehmigungsbedürftige bauliche Anlagen auch. In Bezug auf genehmigungsbedürftige Anlagen im Sinne des Bundesimmissionsschutzgesetzes hat der Gesetzgeber den Konflikt zwischen dem Interesse an der Vorhabenzulassung und dem Denkmalschutz rechtstechnisch in ähnlicher Weise aufgelöst wie für genehmigungsbedürftige nicht privilegierte bauliche Anlagen. Nach § 6 BImSchG ist nämlich die für die Errichtung und den Betrieb einer Anlage im Sinne des § 3 Abs. 5 BImSchG erforderliche immissionsschutzrechtliche Genehmigung zu erteilen, wenn andere öffentlich-rechtliche Vorschriften der Errichtung und dem Betrieb der Anlage nicht entgegenstehen. Fehlt die erforderliche denkmalschutzrechtliche Genehmigung, dürfen durch das Vorhaben betroffene, unter Denkmalschutz gestellte Schutzobjekte nicht zerstört oder beseitigt, in ihrem Erscheinungsbild beeinträchtigt oder aus ihrer Umgebung entfernt werden. Allerdings bewirkt die immissionsschutzrechtliche formelle Konzentrationswirkung, dass mit der immissionsschutzrechtlichen Genehmigung auch über die Erteilung der erforderlichen denkmalschutzrechtlichen Genehmigung entschieden wird. Denn nach § 13 Abs. 1 S. 1 BImSchG schließt die immissionsschutzrechtliche Genehmigung andere, die Anlage betreffende behördliche Entscheidungen mit Ausnahme von Planfeststellungen, Zulassungen bergrechtlicher Betriebspläne, Zustimmungen, behördlichen Entscheidungen auf Grund atomrechtlicher Vorschriften und wasserrechtlichen Erlaubnissen ein. Da die denkmalschutzrechtliche Genehmigung nur zum Tragen kommt, wenn die Anlage selbst oder ein Denkmal, das der Anlage weichen soll, betroffen ist, wird die denkmalschutzrechtliche Genehmigung von der formellen Konzentrationswirkung erfasst. Jedoch ist der zuständigen immissionsschutzrechtlichen Genehmigungsbehörde kein eigenes Planungsermessen eingeräumt[17].

Soweit von der Anlage Beeinträchtigungen auf das Kulturdenkmal infolge von Immissionen ausgehen, wird der Umgebungsschutz vor solchen Beeinträchtigungen nicht von den Denkmalschutzgesetzen der Länder geleistet, sondern vom Bundesimmissionsschutzgesetz. Dieses schützt auch vor Luftverunreinigungen, die auf Kultur- und sonstige Sachgüter einwirken, soweit die Errichtung oder der Betrieb von Anlagen geeignet sind, schädliche Umwelteinwirkungen in diesem Sinne hervorzurufen. Denn dadurch, dass auch Kulturgüter in die Legaldefinition des Begriffs der Immissionen gemäß § 3 Abs. 2 BImSchG aufgenommen worden sind, erstreckt sich die Schutzfunktion des BImSchG auch auf diese Umwelteinwirkungen. Eine solche erheblich schädigende, substanzbeeinträchtigende Luftverunreinigung dürfte jedoch in der Praxis kaum einmal den Ausschlag für die Versagung

---

17 Dies könnte anders werden, wenn im Zuge der Umsetzung der IVU-Richtlinie die Genehmi-

einer immissionsschutzrechtlichen Genehmigung geben, da in einem solchen Fall einer erheblichen substanzschädigenden Beeinträchtigungen immer auch Gefahren und erhebliche Nachteile für die Allgemeinheit und die Nachbarschaft gegeben sein werden.

3. Denkmalschutz als in der Regel überwindbarer Abwägungsbelang bei der planfeststellungsrechtlichen Vorhabenzulassung wegen der Bedeutung eines privilegierten Vorhabens für die Allgemeinheit

Bei der Planfeststellungsentscheidung sind die denkmalschutzrechtlichen Belange grundsätzlich lediglich als Abwägungsbelange zu berücksichtigen. Dass nach § 75 Abs. 1 S. 1 VwVfG neben der Planfeststellung andere behördliche Entscheidungen, insbesondere öffentlich-rechtliche Genehmigungen, Verleihungen, Erlaubnisse, Bewilligungen, Zustimmungen und Planfeststellungen nicht erforderlich sind, macht grundsätzlich auch die Denkmalschutzbelange zum Abwägungsgegenstand. Denn von der Konzentrationswirkung der Planfeststellung gemäß § 75 Abs. 1 S. 1 VwVfG werden auch die nach den Denkmalschutzgesetzen der Länder erforderlichen Genehmigungen erfasst.

4. Prinzipieller Vorrang der Planfeststellung als privilegierter vorhabenbezogener Fachplanung gegenüber städtebaulicher Gesamtplanung

Den Vorrang der Planfeststellung und der Plangenehmigung gegenüber der städtebaulichen Gesamtplanung und damit auch gegenüber den darin zum Ausdruck kommenden Vorstellungen über Ortsbildpflege und -erhaltung sowie Denkmalpflege bringt § 38 BauGB für den Fall zum Ausdruck, dass die Gemeinde an dem Planfeststellungsverfahren beteiligt worden ist und keine Bindung an den Flächen-

---

gung nach BImSchG zu einer Ermessensentscheidung umgebaut werden soll.

nutzungsplan gemäß § 7 BauGB wegen des unterlassenen Widerspruchs gegen diesen Plan besteht. Die Zulässigkeit des Vorhabens ist dann allein nach dem jeweils einschlägigen Fachplanungsrecht zu beurteilen. Dieser Vorrang ist dadurch modifiziert, dass gemäß § 38 S. 1 2. Hs. BauGB für das Planfeststellungsverfahren eine inhaltlich Vorgabe aufgestellt worden ist, nämlich die, dass die städtebaulichen Belange mit dem ihnen zukommenden Gewicht in der fachplanerischen Abwägung Berücksichtigung gefunden haben müssen. Wenn die Vorhabenzulassung durch Plangenehmigung erfolgt, gilt dies entsprechend. Mit dieser Verlagerung der Aufgabenverantwortung auf die Planfeststellungsbehörde werden die überörtlich bedeutsamen Vorhaben aus dem Verantwortungsbereich der Gemeinde genommen. Dadurch soll vermieden werden, dass die überörtlich raumbedeutsamen Vorhaben nicht im örtlichen Interessenkonflikt untergehen. *Löhr* betont insofern zutreffend, dass durch die gesetzgeberische Entscheidung für den Vorrang der Fachplanung gegenüber der Bauleitplanung in diesem Bereich dem überwiegenden Durchführungsinteresse für das überörtlich raumbedeutsame Vorhaben Rechnung getragen wurde und damit zugleich eine rechtliche und politische Überforderung der Gemeinden vermieden wurde[18]. Dass im Interesse der Vorhabenverwirklichung nicht nur eine formale Zuständigkeitsverlagerung, sondern zugleich eine Freistellung des Fachplanungsträgers von den Festsetzungen in einem gemeindlichen Bebauungsplan erfolgt ist, ist eine notwendige Konsequenz dieser Zwecksetzung. Dies bedeutet, dass die denkmalschützenden und ortsbildpflegenden bzw. -erhaltenden Aussagen im Bebauungsplan zwar als städtebauliche Belange mit dem ihnen zukommenden Gewicht in der Abwägung berücksichtigt werden müssen, dass die Planfeststellungsbehörde aber als Fachplanungsträger unter den Voraussetzungen des § 38 BauGB nicht an die diesbezüglichen Festsetzungen im Bebauungsplan gebunden ist.

---

[18]Vgl. *Löhr,* in: Battis/Krautzberger/Löhr, BauGB, Kommentar, München, 1998, 6. Aufl., ' 38

Fraglich ist, ob und wenn ja inwieweit bzw. wie lange dieser Vorrang der Fachplanung gegenüber den städtebaulichen Planungen Wirkung entfaltet, wenn der Vorhabenträger, der das Planfeststellungsverfahren betrieben hat, nicht mehr existiert bzw. eine Rechtsnachfolge eingetreten ist oder wenn das planfestgestellte Vorhaben nicht mehr so betrieben wird, wie es im Planfeststellungsbeschluss für die Zulassung des Vorhabens zugrundegelegt worden ist. Die erste Fragestellung ist vor allem im Bereich des Eisenbahnwesens nach der Privatisierung der Deutschen Bundesbahn aufgetreten, stellt sich aber immer, wenn an die Stelle des ursprünglichen Vorhabenträgers aufgrund einer Rechtsnachfolge ein neuer Vorhabenträger tritt. Die zweite Fragestellung tritt zum Beispiel im Fall von Streckenstillegungen auf, in dem nicht nur die Fahrstrecken, sondern vor allem auch die dem Betrieb dienenden Bahnanlagen nicht mehr dem im Planfeststellungsbeschluss zugrundegelegten Zweck dienen.

Die Rechtsnachfolge auf Seiten des Vorhabenträgers wirkt sich auf das planfestgestellte Vorhaben, solange es weiterhin den im Planfeststellungsbeschluss zugrundegelegten Zweck erfüllt, grundsätzlich nicht aus. Maßgebend ist vielmehr, ob das planfestgestellte Vorhaben einer zweckfremden Nutzung zugeführt worden ist oder funktionslos geworden ist. Die Fachplanung kann eigentlich schon dann keinen Vorrang gegenüber der Bauleitplanung mehr beanspruchen, wenn sie funktionslos geworden ist. Insofern ist hinsichtlich der Voraussetzungen auf die Parallelsituation der Funktionslosigkeit eines Bebauungsplans hinzuweisen. Dies ist im Bereich der planfestgestellten Vorhaben nur dann anders, wenn wie bei den Bahnanlagen eine öffentliche Zweckbindung besteht, weil es sich bei den Bahnanlagen nach dem öffentlichen Sachenrecht zugleich um öffentliche Sachen im Gemein- oder Verwaltungsgebrauch handelt. Dann ist das Vorhaben nämlich solange als eine öffentliche Sache anzusehen, als eine Entwidmung noch nicht erfolgt ist. Das bedeutet,

Rdnr. 7

dass ein Bahngelände, selbst dann, wenn es nicht mehr als solches genutzt wird, erst dann uneingeschränkt der kommunalen Bauleitplanung unterliegt, wenn es entwidmet worden ist. Wie das OVG Nordrhein-Westfalen[19] entschieden hat, setzt die Entwidmung von Bahngelände keine vorherige eisenbahnrechtliche Planfeststellung voraus, wenn es sich nicht um eine wesentliche Änderung handelt. Dies ist zutreffend für den Fall angenommen worden, dass nur der rechtliche Charakter der betroffenen Grundfläche mit den tatsächlichen Gegebenheiten in Einklang gebracht wird, wie in dem von dem OVG Nordrhein-Westfalen zu entscheidenden Fall, in dem der Kläger die nachträgliche Baugenehmigung für einen tatsächlich bereits seit Jahrzehnten existierenden Schrottplatz auf einem ehemaligen Bahngelände begehrt hat.

Aus der Rechtsprechung zur Entwidmung von Bahngelände[20] wird teilweise geschlossen, dass der Wechsel der Planungshoheit von der Fachplanung zur Gemeinde generell von der Bekanntmachung einer Entwidmungserklärung abhängig ist[21]. Dies ist jedoch dann nicht der Fall, wenn das planfestgestellte Vorhaben keine öffentliche Sache ist. Angesichts der zunehmenden Privatisierung des Betriebs der Verkehrsinfrastrukturanlagen kann es in Zukunft, soweit es sich bei den Anlagen zwar um Betriebsanlagen, aber nicht mehr um öffentliche Sachen handelt, die gewidmet worden sind, nicht mehr auf die Entwidmung ankommen. Denn ist das Vorhaben nicht aufgrund der Planfeststellung oder auf andere Weise gewidmet worden, bedarf es auch keiner Entwidmung mehr. Vielmehr ist dann allein maßgebend, ob das planfestgestellte Vorhaben funktionslos geworden ist oder zweckfremder Nutzung zugeführt worden ist. Soweit der Planfeststellungsbeschluss sich auf die Fläche erstreckt, die bahnfremd genutzt werden soll, bedarf es jedoch für

---

[19] OVG Nordrhein-Westfalen, BauR 4/1999, S. 366
[20] Vgl. BVerwG, ZfBR 1989, S. 123 (125); VGH Baden-Württ., NVwZ 1987, S. 1091 und OVG Lüneburg, NVwZ 1997, S. 602 ff.
[21] So offenbar *Löhr,* in: Battis/Krautzberger/Löhr, BauGB, Kommentar, ' 38 Rdnr. 14 und *Schrödter,* in: Schrödter, BauGB, Kommentar, 5. Aufl., Rdnr. 17

die Überleitung der Planungshoheit auf die Gemeinde weiterhin einer Freigabeerklärung des Vorhabenträgers[22]. Der Anspruch auf Freigabeerklärung soll nach dem Entwurf des § 22 a AEG zukünftig ausdrücklich geregelt werden. Damit wird der Überlegung Rechnung getragen, dass der Vorhabenträger oder dessen Rechtsnachfolger keinen Anspruch auf Aufrechterhaltung der gesetzlich zugewiesenen, zweckbezogenen Privilegierung mehr hat, wenn der Zweck weggefallen ist. In diesem Fall erstarkt die kommunale Planungshoheit und verfestigt sich zu einem Anspruch auf Freigabe des Bahngeländes zum Zweck der kommunalen Überplanung. Den gemeindlichen Freigabeanspruch kann der Vorhabenträger nur abwenden, wenn er seine etwaige Absicht, die zweckentfremdete Betriebsfläche wieder einer innerhalb der planrechtfertigenden Zwecksetzung der Planfeststellung liegenden Nutzung zuzuführen, räumlich und zeitlich hinreichend konkretisieren kann. Abgesehen davon kommt in Ausnahmefällen gemäß § 77 S. 1 VwVfG die Aufhebung des Planfeststellungsbeschlusses in Betracht, wonach die Planfeststellungsbehörde den Planfeststellungsbeschluss aufzuheben hat, wenn ein Vorhaben, mit dessen Durchführung begonnen worden ist, endgültig aufgegeben worden ist, so dass der Planfeststellungsbeschluss funktionslos geworden ist. Diese Vorschrift kann meiner Ansicht nach auch im Fall der teilweisen Aufgabe des Vorhabens und der damit verbundenen teilweisen Funktionslosigkeit des Planfeststellungsbeschlusses, zum Beispiel, wenn dem planfestgestellten Vorhaben zugeordnete Flächen jahrelang zweckfremd genutzt wurden, herangezogen werden[23]. Da das AEG die Planfeststellung und Plangenehmigung für Schienenwege von Eisenbahnen einschließlich der für den Betrieb der Schienenwege notwendigen Anlagen und der Bahnstromfernleitungen (Bahnanlagen der Eisenbahn) abschließend regelt, kommt § 77 VwVfG zwar auf den eisenbahnrechtlichen Planfeststellungsbeschluss nicht unmittelbar zur Anwendung, jedoch dürften wegen der Gleichartigkeit der zu

---

[22] Vgl. dazu BVerwG, NVwZ-RR 1998, S. 542 f.
[23] Zur Funktionslosigkeit eines Planfeststellungsbeschlusses und zur teilweisen Aufhebung ebenso *Bonk*, in: Stelkens/Bonk/Sachs, VwVfG, Komm., 5. Aufl., München, 1997, ' 77 Rdnr. 10

vergleichenden Sachlagen die Voraussetzungen für eine analoge Anwendung dieser Vorschrift zumindest in dem Fall zu bejahen sein, in dem die Deutsche Bahn AG wegen des verfassungsrechtlichen Infrastrukturauftrags des Bundes über die für den Betrieb der Schienenwege notwendigen Anlagen nicht allein disponieren kann. Dies ist vor allem dann der Fall, wenn die Deutsche Bahn AG das Betriebsgelände zur Verwirklichung bahnfremder Zwecke, wie z. B. dem eines großflächigen Einzelhandelsbetriebs nutzen möchte (vgl. Plan des Umbaus des Leipziger Bahnhofs zur Errichtung eines Dienstleistungszentrums mit 33.000 qm Verkaufsfläche)[24]. Da dieser Zweck nicht im Zusammenhang mit dem Bahnbetrieb und der Eisenbahninfrastruktur steht, ist er bahnfremd und liegt daher außerhalb des Privilegierungszwecks der Planfeststellung. Daher kommt eine Teilaufhebung des Planfeststellungsbeschlusses für den fraglichen Bereich des Bahngeländes in Betracht. Die Gemeinde kann, da insoweit ein ungerechtfertigter Eingriff in die Planungshoheit vorliegt, die Freigabe der Fläche, die bahnfremd genutzt werden soll, beanspruchen, damit sie diese Fläche wieder der städtebaulichen Planung zuführen kann.

Soll ein planfestgestelltes Vorhaben, das seine Funktion verloren hat, oder das, wenn es eine öffentliche Sache war, bereits entwidmet worden ist, in seiner Substanz oder seiner Nutzung geändert werden, so richtet sich die Entscheidung über die neue Vorhabenzulassung wieder nach den einschlägigen Rechtsvorschriften. Bahnfremde Nutzungen sind uneingeschränkt den bauaufsichtsbehördlichen Befugnissen unterworfen, da sie niemals von der Vorhabenprivilegierung durch die Planfeststellung gedeckt waren[25]. Der Vorrang der Fachplanung gegenüber der

---

[24]*Degenhardt/Krüger*, Wirtschaftliche Nutzung frei werdender Bahnflächen im Spannungsfeld zwischen Fachplanungsrecht und Bauleitplanung - dargestellt am Beispiel des Bahnhofsumbaus Leipzig, SächsVBl. 1997, S. 25 ff.
[25]Infolgedessen haben das OVG Nordrhein-Westfalen, BauR 1999/4, S. 386 und das OVG Lüneburg, BRS 58 Nr. 198 zutreffend entschieden, dass die Bauaufsichtsbehörde nicht daran gehindert ist, gegen eine etwaige baurechtswidrige Nutzung einzuschreiten, wenn das planfestge-

Bauleitplanung und gegenüber den allgemeinen Vorschriften über die Vorhabenzulassung wird folglich in räumlicher und sachlicher Hinsicht durch den Privilegierungszweck begrenzt.

IV. Die Planfeststellung als Instrumentarium zur umfassenden vorhabenbezogenen planerischen Konfliktbewältigung

Der Grund für die unterschiedliche Form der Konfliktbewältigung im Bezugsfeld zwischen Vorhabenzulassung und Denkmalschutz erschließt sich, wenn man analysiert, für welche Vorhaben Planfeststellungsverfahren durchgeführt werden müssen und welche Funktion diese Verfahren erfüllen.

1. Funktion und Anwendungsbereich der Planfeststellung

Bei den Vorhaben, für die Planfeststellungsverfahren durchgeführt werden müssen, handelt es sich um nicht nur für den Vorhabenträger, sondern auch für die Allgemeinheit bedeutende Infrastrukturvorhaben. Planfeststellungen sind als Form der Fachplanung vor allem im Bereich der raumbedeutsamen Verkehrswegeplanung vorgesehen, aber vereinzelt auch in anderen Bereichen zu finden, in denen der Gesetzgeber die Vorhabenzulassung und die im Zusammenhang stehende Standortentscheidung wegen der Raumbedeutsamkeit des Vorhabens unter Fachpla-

---

stellte Vorhaben bzw. die diesem dienende Fläche einer zweckwidrigen Nutzung zugeführt worden ist. Da für das zweckwidrige Bauvorhaben eine Baugenehmigung niemals erteilt worden ist, liegt schon deshalb ein formell rechtswidriges Vorhaben vor. Dementsprechend hängen die Befugnisse der Bauaufsichtsbehörde zum Einschreiten gegenüber bahnfremden Nutzungen baulicher Anlagen auf einem solche Bahngelände nicht davon ab, ob das betreffende, ursprünglich dem Bahnbetrieb gewidmete Areal wirksam förmlich entwidmet worden ist. Abweichend für Gemengelagen zwischen bahnfremder Nutzung und betrieblicher Nutzung im Rahmen des Privilegierungszwecks der Planfeststellung BayVGH, BayVBl. 1999, S. 147 ff. mit kritischer Stellungnahme von *Jäde,* S. 149 f., der zu Recht betont, dass die These von der Einheit der eisenbahnrechtlichen Anlage bei Mischnutzungen nicht stimmig ist. Denn diese These löst dann Korrekturbedarf aus, wenn in dem Bahnhof nur noch ein Fahrkartenautomat auf den Bahnzweck

nungsvorbehalt gestellt hat. Im Bereich der Verkehrswegeplanung des Bundes sind dies die Straßenplanung gemäß § 17 BFernStrG, die Planung von Betriebsanlagen für Straßenbahnen gemäß § 28 Abs. 1 PBefG, der Ausbau oder Neubau von Bundeswasserstraßen gemäß § 14 Abs. 1 WaStrG, der Bau von Luftverkehrsanlagen gemäß § 6 LuftVG und der Bau der Schienenwege von Eisenbahnen einschließlich der für den Betrieb der Schienenwege notwendigen Anlagen und der Bahnstromfernleitungen gemäß § 18 Allgemeines Eisenbahngesetz. Außerhalb der Verkehrswegeplanung ist die Planfeststellung unter anderem für die Errichtung und den Betrieb von Deponien sowie für wesentliche Änderungen einer solchen Anlage oder ihres Betriebs gemäß § 31 Abs. 2 KrW-/AbfG als auch als Planungsform gemäß § 14 WHG für die Planung eines Vorhabens, mit dem die Benutzung eines Gewässers verbunden ist, vorgesehen. Die Durchführung von Planfeststellungsverfahren ist darüber hinaus auch im Landesrecht für den Bau und den Betrieb von Vorhaben in den Bereichen Gewässerausbau, Straßen- und Wasserwegebau, den Bau von Seilbahnen sowie für den Bau und den Betrieb von Abwasserbehandlungsanlagen vorgeschrieben.

Der Planfeststellungsbeschluss dient der behördlichen Feststellung eines Plans zur Errichtung konkreter Anlagen, wobei alle für die Planung maßgebenden Umstände einer einheitlichen Würdigung und Entscheidung zugeführt werden. Als Akt der Fachplanung unterscheidet er sich dadurch vor allem von den gesamträumlichen Planungen, der Bauleitplanung und der Landes- und Regionalplanung. Er ergeht in der Rechtsform eines Verwaltungsakts und entfaltet Rechtswirkungen gegenüber dem Träger des Vorhabens, gegenüber Drittbetroffenen und gegenüber der Allgemeinheit. Für die Planfeststellung sind die spezifischen Rechtswirkungen des Planfeststellungsbeschlusses kennzeichnend, wonach er alle an sich erforderlichen behördlichen Entscheidungen, also Genehmigungen, Verleihungen, Erlaubnisse,

---

hinweist, ansonsten aber nur die bahnfremde Nutzung für Ladengeschäfte vorzufinden ist.

Bewilligungen, Zustimmungen und Planfeststellungen ersetzt und zugleich rechtsgestaltend alle öffentlich-rechtlichen Beziehungen zwischen dem Träger des Vorhabens und den durch den Bau Betroffenen regelt (§ 75 Abs. 1 S. 2 VwVfG). Der Planfeststellung kommt danach eine über die Zulassungswirkung hinausgreifende umfassende Konzentrations-, Gestaltungs- und Ausschlusswirkung zu[26]. Die Problematik der Planfeststellung liegt darin, dass hinsichtlich der Reichweite der Konzentrationswirkung unterschiedliche Auffassungen bestehen. Während in der Literatur dazu verschiedene Theorien existieren[27], vermeidet die Rechtsprechung eine pauschale Festlegung darüber, welches Verfahrensrecht und welche materiellrechtlichen Vorschriften beim Erlass eines Planfeststellungsbeschlusses zur Anwendung kommen. Zu unterscheiden ist insofern zwischen der verfahrensmäßigen und der materiellen Konzentrationswirkung eines Planfeststellungsbeschlusses. Neben der Zuständigkeitskonzentration bei der Planfeststellungsbehörde wird mit der materiellen Konzentrationswirkung erreicht, dass auch die auf die einzelnen Fachgesetze verstreuten Sachmaterien durch das Fachplanungsrecht im Rahmen einer erschöpfenden Regelung abgehandelt werden[28]. Zur Bestimmung der Reichweite der Konzentrationswirkung ist es notwendig, die einfach-gesetzlichen Regelungen daraufhin zu überprüfen, ob sie zwingende Zulässigkeitsvoraussetzungen für bestimmte Vorhaben, die mit einer Beachtenspflicht korrespondieren, oder lediglich sektorale Belange, die lediglich der bei der Abwägung zu berücksichtigen sind, normieren. Daher ist nach der Rechtsprechung bei der Prüfung der Rechtmäßigkeit des Planfeststellungsbeschlusses zutreffend zu prüfen, ob das planfestge-

---

[26] Vgl. *Bonk,* in: Stelkens/Bonk/Sachs, VwVfG, Komm., 5. Aufl., ' 75 Rdnr. 10; Busch, in: Knack, VwVfG, Komm., ' 75 Rdnr. 2 und Kopp, VwVfG, 6. Aufl., ' 75, Rdnr. 3
[27] Vgl. *Laubinger,* Der Umfang der Konzentrationswirkung der Planfeststellung, VerwArch 1986, S. 77 ff. und *Kügel,* Der Planfeststellungsbeschluss und seine Anfechtbarkeit, 1985, S. 28 f.
[28] Zu den spezifischen Wirkungen des Planfeststellungsbeschlusses vgl. *Ronellenfitsch,* Beschleunigung und Vereinfachung der Anlagenzulassungsverfahren, S. 47 f. und *ders.,* Die Planfeststellung, VerwArch 1988, S. 92 ff.; *Manner,* Die rechtsstaatlichen Grundlagen des Planfeststellungsverfahrens, Jur. Diss., München, 1976, S. 2 ff. sowie *Blümel/Ronellenfitsch,* Die Planfeststellung in der Flurbereinigung, 1975, S. 62

stellte Vorhaben erforderlich ist und ob es gegen striktes Recht oder gegen das Abwägungsgebot verstößt[29].

2. Bewältigung des Konflikts mit dem Denkmalschutz im Fall der Beeinträchtigung eines Schutzobjekts durch ein dem Planfeststellungsverfahren unterworfenes Vorhaben

Ob die Denkmalschutzbelange kraft Bundesrechts im Planfeststellungsverfahren zu berücksichtigen sind oder ob die Planfeststellungsbehörde die landesrechtlich vorgegebenen Denkmalschutzbelange ihrer Entscheidung zugrundelegen muss, war im Hinblick auf die Regelung des § 36 Abs. 3 BundesbahnG, die durch § 18 AEG abgelöst worden ist, diskutiert worden. Es wurde in diesem Zusammenhang auch die Frage erörtert, ob die Möglichkeit einer Verletzung eigener Rechte des Landes in Gestalt einer nachhaltigen Störung der Kulturhoheit bestehe, wenn ausschließlich finanzielle Gesichtspunkte für die im Planfeststellungsbeschluss angeordnete Beseitigung einer denkmalgeschützten Bahnanlage maßgebend seien[30]. Unter Geltung des § 36 Abs. 3 BundesbahnG hat das BVerwG zutreffend darauf hingewiesen, dass sich die Regelung deshalb nicht als Eingriff in die Kulturhoheit darstellen könne, da lediglich die bundesrechtlich vorgesehene Planfeststellungskompetenz wahrgenommen würde. Dies war zutreffend, da in materiell-rechtlicher Hinsicht keine denkmalschutzrechtliche Bundesregelung anzuwenden war, sondern das Denkmalschutzrecht der Länder und da wegen der ausschließlichen Gesetzgebungskompetenz des Bundes im Bereich der Deutschen Bundesbahn gemäß Art. 87 Abs. 1 S. 1 GG a. F. keine Verwaltungskompetenz der Länder berührt wurde.

---

[29]Vgl. insbesondere VGH Bad.-Württ. VBlBW 1995, S. 275 ff.
[30]Vgl. dazu BVerwG, NVwZ-RR 1992, S. 457; *Klein,* Bundesbahn und Denkmalschutz, DÖV 1977, S. 194; *Hoppe/Schulte,* Rechtsschutz der Länder in Planfeststellungsverfahren des Bundes, Köln, 1993, S. 5 f. und *Laubinger,* Naturschutzrecht in Planfeststellungen von Bundesbehörden, VerwArch. 1994 (Bd. 85), S. 291 ff. (302)

In der Regelung des § 18 AEG ist der Belang des Denkmalschutzes nicht mehr gesondert erwähnt, so dass sich die Frage nach der Kollision mit dem Landesrecht nicht mehr stellt. Insofern bleibt maßgebend, was bereits nach altem Recht galt, nämlich, dass mit der bundesrechtlichen Vorschrift über das Planfeststellungsverfahren nicht das Denkmalschutzrecht für Bundesanlagen unter Verdrängung von Landesrecht geregelt wird. Die auf das Planfeststellungsverfahren bezogenen Vorschriften regeln nicht die Voraussetzungen, unter denen eine Anlage ein Denkmal ist. Diese Entscheidung ist den zuständigen Denkmalschutzbehörden der Länder vorbehalten. Auch soweit nach § 18 Abs. 1 AEG i.V. mit § 75 Abs. 1 VwVfG denkmalschützende Belange bei der Entscheidung über die Erteilung der Baugenehmigung zu beachten sind, werden von der Planfeststellungsbehörde die materiellrechtlichen Regelungen des Landesrechts angewendet. Eine eigene Zuständigkeit zur Entscheidung über die Denkmalwürdigkeit eines Schutzobjekts bzw. die sachliche Rechtfertigung der städtebaulichen und bauordnungsrechtlichen objektbezogenen Belange der Ortsbildpflege bzw. -erhaltung steht der Planfeststellungsbehörde demzufolge nicht zu. Hat die zuständige Denkmalschutzbehörde ein Objekt als Kulturdenkmal unter Schutz gestellt oder eine Gemeinde die Schutzwürdigkeit eines Ensembles, wie ihrer Planung im Einzelfall zu entnehmen ist, bejaht, muss die Planfeststellungsbehörde bei ihrer fachplanerischen Abwägung das Objekt als Kulturdenkmal bzw. schutzwürdiges Objekt der Ortsbilderhaltung behandeln und darf insofern keine eigene Beurteilung der Denkmalwürdigkeit bzw. Schutzwürdigkeit vornehmen. Sie hat darüber hinaus die Belange der Ortsbildpflege und des Denkmalschutzes mit der Wertigkeit bei der Gewichtung der Abwägungsbelange einzustellen, die ihr aufgrund der fachgesetzlichen Vorschriften und durch die Unterschutzstellung beigemessen worden sind. Anders ist dies dann, wenn die Wahrung des Denkmalschutzes nicht wie beim denkmalschutzrechtlichen Genehmigungsvorbehalt über ein Verbot mit Erlaubnisvorbehalt erfolgt, sondern nach den gesetzlichen Vorgaben eine strikte Beachtenspflicht besteht. Dies ist der Fall, soweit ein Kultur- oder Naturdenkmal im Rahmen der flächenbezogenen räumlichen Funktionszuweisung zum Gegenstand einer Zielbindung im Sinne von § 3 Nr. 2 ROG gemacht worden ist und soweit das Schutzobjekt als Naturdenkmal unter den naturschutzrechtlichen Verbotstatbestand fällt. Ist ein Denkmal in diesem Sinne über die landes- oder regionalplanerische Zielfestlegung geschützt, hängt die Zielbindung davon ab, ob sich die Beachtenspflicht im Einzelfall auch auf die Planfeststellungen und Plangenehmigungen über die Zulässigkeit raumbedeutsamer Maßnahmen von Personen des Privatrechts (private Vorhaben) und auf die raumbedeutsamen Planungen und Maßnahmen, die von Personen des Privatrechts in Wahrnehmung öffentlicher Aufgaben durchgeführt werden, erstreckt. Für die Naturdenkmäler besteht nach den Landesnaturschutz- bzw. Landespflegegesetzen eine nicht der Abwägung im Rahmen des Planfeststellungsverfahrens zugängliche Verbotsnorm, soweit ein Naturdenkmal aufgrund des den Gegenstand der Planfeststellung bildenden Vorhabens entfernt, geändert oder beeinträchtigt wird. Die in den Landesnatur- bzw. –pflegegesetzen zur näheren Bestimmung vorgesehenen Rechtsverordnungen (vgl. z.B. § 22 Abs. 2 LPflG Rh.-Pf. und § 24 Abs. 1 NatSchG Bad.-Württ.), die den Schutzumfang räumlich konkretisieren, müssen jedoch die besondere Bedeutung raumbedeutsamer Infrastrukturmaßnahmen im Bereich der Verkehrswegeplanung im Einzelfall beachten und, soweit dies nach dem Verhältnismäßigkeitsprinzip angezeigt erscheint, Ausnahme- bzw. Genehmigungstatbestände vorsehen, die dem Gewicht der im Einzelfall konfligierenden Belange gerecht werden (vgl. z. B. § 18 Abs. 4 i.V. mit § 22 Abs. 3 LPflG Rh.-Pf.). Wird durch das Vorhaben aber nicht das Naturdenkmal selbst betroffen, sondern eine Fläche, die eine Pufferfunktion für das Naturdenkmal übernehmen soll, z.B. eine Pufferfunktion für ein Naturdenkmal „Lurchbiotop"[31], so ist die Funktion einer solchen Fläche, die dem Schutz eines benachbarten Naturdenkmals dienen soll,

---

[31]Vgl. zu einem solchen Beispiel OVG Lüneburg, ND MBl. 1997, S. 943 f.

durch die naturschutzrechtliche Verbotsnorm nicht erfasst. Die Schutzwürdigkeit einer solchen Fläche, die mittelbar dem Schutz des Naturdenkmals dient, ist daher als Abwägungsbelang im Rahmen der Planfeststellung zu berücksichtigen. Auch soweit flächenhafte Naturdenkmäler erst geplant sind, entfaltet das Gesetz noch keine strikte Verbotswirkung. Vielmehr sind die Naturschutzbelange des erst geplanten Flächennaturdenkmals in der Abwägung seinem Gewicht entsprechend zu berücksichtigen. In dieser Phase kann es noch durchaus abwägungsfehlerfrei sein, wenn die Planfeststellungsbehörde im Rahmen der Alternativprüfung eine Trassenvariante wegen der damit verbundenen Gefährdung des Grundwassers ablehnt und eine Trasse feststellt, die im Vergleich zu der abgelehnten Trasse einen stärkeren Eingriff in Natur und Landschaft darstellt[32].

3. Denkmalschutzrechtliche Unterschutzstellung eines planfestgestellten Vorhabens

Wenn ein planfestgestelltes Vorhaben kraft gesetzlicher Unterschutzstellung selbst zum Denkmal wird, wird die Rechtsposition des Vorhabenträgers grundsätzlich nicht beschnitten. Auch die förmliche Unterschutzstellung durch Eintragung in ein Denkmalbuch beeinträchtigt den Vorhabenträger nur in seiner Rechtsposition, soweit er substantielle Veränderungen an dem Schutzobjekt vornehmen möchte. Wenn der Vorhabenträger später eine substantielle Änderung an dem Schutzobjekt vornehmen möchte, hängt die Auflösung des Konflikts mit dem Denkmalschutz davon ab, ob für die Änderung eine Planfeststellung oder Plangenehmigung durchgeführt worden ist oder nicht[33]. Da von der Planfeststellung oder Plangenehmigung nur in Fällen von unwesentlicher Bedeutung abgesehen werden kann und ein

---

[32] Vgl. VGH Baden-Württ. VBlBW 1995, S. 275 ff.
[33] Auf die Folgefrage, ob in diesem eine Klagemöglichkeit der Denkmalschutzbehörde auf Durchführung eines Planfeststellungsverfahrens besteht, kann an dieser Stelle nicht eingegangen werden, vgl. dazu *Klein,* Bundesbahn und Denkmalschutz, DÖV 1977, S. 194 (198)

solcher Fall nur gegeben ist, wenn andere öffentliche Belange nicht berührt sind oder die erforderlichen behördlichen Entscheidungen vorliegen, ist im Konfliktfall die Durchführung eines Planfeststellungsverfahrens erforderlich. Verweigert die Denkmalschutzbehörde also die denkmalschutzrechtlich erforderliche Genehmigung, kann diese zwar wiederum im Planfeststellungsbeschluss ersetzt werden, jedoch ist dafür die Durchführung eines Planfeststellungsverfahrens erforderlich und die Ersetzung der denkmalschutzrechtlichen Genehmigung ist in einem solchen Fall nur gerechtfertigt, wenn der Abwägungsvorgang rechtsfehlerfrei durchgeführt worden ist und das Abwägungsergebnis vertretbar ist[34].

1. Bekanntwerden denkmalschutzrechtlicher Belange nach dem Erörterungstermin, nach dem Ablauf der Einwendungsfrist und nach Bestandskraft des Planfeststellungsbeschlusses

Gemäß § 73 Abs. Abs. 3 a) S. 2 VwVfG und den entsprechenden fachgesetzlichen Sonderregelungen (vgl. § 20 Abs. 2 S. 3 VwVfG) brauchen nach dem Erörterungstermin eingehende Stellungnahmen nicht mehr berücksichtigt zu werden, es sei denn, die vorgebrachten Belange sind der Planfeststellungsbehörde bereits bekannt oder hätten ihr bekannt sein müssen und sind für die Rechtmäßigkeit der Entscheidung von Bedeutung. Dies gilt nach § 20 Abs. 2 S. 3 AEG auch für Einwendungen, die nach Ablauf der Einwendungsfrist erhoben worden sind und wenn der Planfeststellungsbehörde die von den anderen Behörden vorgebrachten öffentlichen Belange auch ohne deren Vorbringen bekannt waren oder hätten bekannt sein müssen. Beeinträchtigt das Planfeststellungsvorhaben ein unter Denkmalschutz stehendes Schutzobjekt und ist dies der Planfeststellungsbehörde bekannt oder hätte ihr dies bekannt sein müssen, muss sie folglich die Denkmalschutzbelange bei der Fest-

---

[34]Vgl. BVerwG, DÖV 1984, 814; VGH München, NVwZ 1984, S. 816 ff. und NVwZ 1986, S. 680 ff.

stellung des Plans auch dann berücksichtigen, wenn diesbezügliche Einwendungen erst nach Ablauf der Einwendungsfrist vorgebracht werden.

Ist der Planfeststellungsbeschluss unanfechtbar geworden, so sind Ansprüche auf Unterlassung des Vorhabens, auf Beseitigung oder Änderung der Anlagen oder auf Unterlassung ihrer Benutzung nach § 75 Abs. 2 S. 1 VwVfG und den entsprechenden fachgesetzlichen Sonderregelungen (vgl. § 20 Abs. 4 S. 3 AEG, wo auf die Bestimmungen über den Planfeststellungsbeschluss verwiesen wird) ausgeschlossen. Die nachträgliche Unterschutzstellung eines denkmalwürdigen Schutzobjekts, das nicht schon kraft Gesetzes als Denkmal zu gelten hatte oder die Erweiterung der Schutzwirkung durch Eintragung im Denkmalbuch (vgl. § 12 ff. DSchG Bad.-Württ.), kann folglich nach Abschluss des Planfeststellungsbeschlusses grundsätzlich nicht mehr dazu führen, dass das Vorhaben zu unterlassen ist. Treten jedoch nicht voraussehbare Wirkungen des Vorhabens oder der dem festgestellten Plan entsprechenden Anlagen auf das Recht eines anderen erst nach Unanfechtbarkeit des Plans auf, so kann der Betroffene, mithin auch eine Denkmalschutzbehörde, Vorkehrungen oder die Errichtung und Unterhaltung von Anlagen verlangen, welche die nachteiligen Wirkungen ausschließen. Ist dies für den Vorhabenträger unzumutbar, richtet sich der Anspruch auf Entschädigung in Geld (vgl. § 75 Abs. 2 S. 3 und 4 VwVfG). Auf den Planfeststellungsbeschluss finden zwar auch die Vorschriften über die Rücknahme und den Widerruf von Verwaltungsakten Anwendung, durch die Sonderregelungen des Planfeststellungsrechts ist der Anwendungsbereich für diese Regelungen jedoch erheblich eingeschränkt. Dazu kommt, dass der Denkmalschutz angesichts des Entschädigungsanspruchs des Vorhabenträgers die Aufhebung eines Planfeststellungsbeschlusses nach dessen Bestandskraft kaum rechtfertigen kann.

V. Zusammenfassung

1. Der Denkmalschutz weist zahlreiche Überschneidungen mit anderen Rechtsmaterien auf, vor allem mit dem bundesrechtlichen Städtebaurecht, dem landesrechtlichen Gestaltungsrecht im Bereich des Bauordnungsrechts, dem Raumordnungsrecht, am Rande mit dem bundesrahmen- und dem landesrechtlichen Naturschutzrecht.

2. Rechtstechnisch hat der Gesetzgeber den Konflikt zwischen dem Interesse an der Vorhabenzulassung und dem im Einzelfall widerstreitenden denkmalschutzrechtlichen Interesse an der Erhaltung eines Denkmals zwischen Planfeststellung und Denkmalschutz anders bewältigt als im Schnittfeld zwischen einfachen, nicht privilegierten baulichen Anlagen und Denkmalschutz sowie im Schnittfeld zwischen immissionsschutzrechtlichen Anlagen und Denkmalschutz.

3. Den Vorrang der Planfeststellung und der Plangenehmigung gegenüber der städtebaulichen Gesamtplanung bringt § 38 BauGB für den Fall zum Ausdruck, dass die Gemeinde an dem Planfeststellungsverfahren beteiligt worden ist und keine Bindung an den Flächennutzungsplan gemäß § 7 BauGB wegen des unterlassenen Widerspruchs gegen diesen Plan besteht. Mit dieser Verlagerung der Aufgabenverantwortung auf die Planfeststellungsbehörde werden die überörtlich bedeutsamen Vorhaben aus dem Verantwortungsbereich der Gemeinde genommen. Konsequenz dieser Verlagerung der Aufgabenverantwortung ist, dass die denkmalschützenden und ortsbildpflegenden bzw. -erhaltenden Aussagen im Bebauungsplan zwar als städtebauliche Belange mit dem ihnen zukommenden Gewicht in der Abwägung berücksichtigt werden müssen, dass die Planfeststellungsbehörde als Fachplanungsträger aber nicht an die diesbezüglichen Festsetzungen im Bebauungsplan gebunden ist.

4. Die Fachplanung kann keinen Vorrang gegenüber der Bauleitplanung mehr beanspruchen, wenn sie funktionslos geworden ist.

5. Wird ein planfestgestelltes Vorhaben zweckfremd genutzt oder plant der Vorhabenträger, es einer vom Planfeststellungszweck nicht mehr gedeckten Nutzung zuzuführen, besteht ein Anspruch der Gemeinde auf Freigabe des planfestgestellten Vorhabens. Solange das planfestgestellte Vorhaben als öffentliche Sache gewidmet ist, bedarf es einer Entwidmung. Diese kann in der Freigabeerklärung gesehen werden. Soweit der fachplanerische Zweck weggefallen ist, kann der Planfeststellungsbeschluss im Einzelfall aufzuheben sein. Der Zweck der Planfeststellung begrenzt die dem Fachplanungsträgern zugewiesene Planungshoheit in sachlicher und räumlicher Hinsicht.

Michael Ronellenfitsch

Die Betriebsplanfeststellung

- Vorbemerkungen zur Zuordnung der eisenbahnrechtlichen Planfeststellung -

I. Einleitung

Das Thema des folgenden Beitrags sollte ursprünglich lauten: „Betriebliche Regelungen als Gegenstand der eisenbahnrechtlichen Planfeststellung". Es wurde dann aber plakativer gefasst, um den Kontrast zum herkömmlichen Typ der anlagenbezogenen Planfeststellung stärker zu betonen. Immerhin trägt der erste Band des grundlegenden Werk zum Planfeststellungsrechts von *Blümel* den Titel „Die **Bau**planfeststellung I"[1], und noch kürzlich stellte *Blümel* apodiktisch fest, dass Betriebsregelungen nicht Gegenstand der eisenbahnrechtlichen Planfeststellung sein könnten[2]. In dem umfassender angelegten Beitrag „Der Gegenstand der Planfeststellung"[3] machte *Blümel* aber selbst auf andere Planfeststellungen aufmerksam, die betriebliche Regelungen enthalten. Solche Ansätze für Betriebsregelungen lassen sich in Anknüpfung an das Institut der Betriebsgenehmigung zu einem **Institut der „Betriebsplanfeststellung"** verdichten. Dem wird zunächst nachgegangen (II). Anschließend soll dargetan werden, warum die eisenbahnrechtliche Planfeststellung **keine** Betriebsplanfeststellung ist. Vielmehr handelt es sich um eine Mischform von Bau- und Betriebsplanfest-

---

[1] Teil I, 1961 (Dissertation). Die Habilitationsschrift von 1967 trug dann bereits den Titel: Die Planfeststellung" Teil II.
[2] *Blümel*, Fragen der Entwidmung von Eisenbahnbetriebsanlagen, Speyerer Forschungsberichte Bd. 203, 2000, S. 39 . 45.
[3] VerwArch 1992, 146 ff. (150 ff.)

stellung, zumindest aber um eine Bauplanfeststellung, in die betriebliche Regelungen eingehen können. Die rigide Gegenposition ist rechtlich nicht zwingend (III). Sind betriebliche Regelungen in eisenbahnrechtlichen Planfeststellungsbeschlüssen aus **Rechtsgründen** nicht ausgeschlossen, ist die Frage nach den **praktischen Konsequenzen** der „Kombinationslösung" zu beantworten (IV). Die praktische Verifizierung des theoretischen Ansatzes kann hier nur angedeutet werden. Nach der professionellen Rollenverteilung ist Aufgabe der Wissenschaft die Beschäftigung mit den dogmatischen Grundlagen und den verallgemeinerungsfähigen Folgen von Rechtsansichten. Das ist keine Spielerei im Sandkasten. Eine Praxis ohne klares theoretisches Konzept ist auf Dauer zum Scheitern verurteilt. Den Abschluss des Beitrags macht daher ein eher theoretisch gehaltener Ausblick (V).

II. Dogmatische Grundlagen

1. Genehmigungsmodelle

a) Greift jemand in Rechte anderer ein, benötigt er hierfür eine **spezielle** Eingriffs- oder Anspruchsgrundlage. Im Verhältnis von Privaten ist das selbstverständlich. In vorstaatlicher Zeit galt dies auch für den Landesherrn. Ein derartiges Eingriffsrecht (ius eminens) war insbesondere das Enteignungsrecht[4].

---

[4] *O. Mayer*, Deutsches Verwaltungsrecht II, 3. Aufl., 1924, S.2; hiergegen *Rösler*, Das sociale Verwaltungsrecht, Bd. 1, 1872, S. 462. Die naturrechtliche Schule stützte die Enteignung auf das ius supereminens domini in res subditorum, vgl. *Hugo Grotius*, De iure belli et pacis, 1625, Bd. III, Cap. 19, § 7. Zu den Majestätsrechten des souveränen Staats rechnete *Pütter*, Institutiones iuris publici Germanici, 5. Aufl., 1792, § 260, S. 282 das ius eminens: „Quod iure publico universali supremo imperio vindicatur ius eminens, seu quam nonnulli vocant, ratio status, sive illud ius maiestaticum, quo negligitur ius singuli aliquorumque civium, si tota respublica maiore eius pars conservari aliter non potest, tum qua dominium eminens in re, tum qua potestas eminens in personas exercetur...". Zur historischen Entwicklung *G. Meyer*, Das Recht der Expropriation, 1868, S. 115 ff.; *Stoedter*, Öffentlich-rechtliche Entschädigung, 1933, S. 52 ff.; *Herrnritt*, Grundlehren des Verwaltungsrechts, 1921, S. 406 ff.; *W. Jellinek*,

Die Summe der Eingriffsrechte bündelte der souveräne Staat in der Polizeigewalt[5], die repressiv auf das ius politiae[6], präventiv auf das **Oberaufsichtsrecht**[7] (ius supremae inspectionis[8]) gestützt wurde. Aus dem Oberaufsichtsrecht entwickelte sich einerseits die Baufaufsicht[9], andererseits die Wirtschaftsaufsicht[10].

Verwaltungsrecht, 3. Aufl., 1948, S. 83; *Forsthoff*, Lehrbuch des Verwaltungsrechts I, 10. Aufl. 1973, S. 327 ff.
[5] Vgl. *Wolzendorff* Der Polizeigedanke des modernen Staats, 1918, S. 9: „Der Beginn des modernen Staats liegt in der Überwindung jener Spaltung der herrschaftlichen Rechte, die im ständischen Staat die Entwicklung einer klar und ausschließlich nach dem Gesichtspunkt des Gesamtinteresses orientierten inneren und äußeren Politik unmöglich gemacht hatte. Die Konzentrierung staatlicher Gewalt in der Hand des Fürsten war es, die der Staatsgewalt den Charakter der Einheitlichkeit gab, der das Wesen des modernen Staats bestimmt. Das staatsrechtliche und politische Gerüst aber, an dem das Gebäude des modernen Staates zum Aufbau gelangte, bildete der Gedanke der Polizeigewalt."
[6] Hierzu *Ronellenfitsch*, Selbstverantwortung und Deregulierung im Ordnungs- und Umweltrecht, 1995, S. 11 ff.
[7] Definition bei *Pütter*, Litteratur des Teutschen Staatsrechts, 3. Theil, 1783, § 1080: „Das erste und allgemeine Recht der höchsten Gewalt ist, über alles, was zum Staat gehöret und darin vorgehet, soweit es die gemeine Wohlfahrt nöthig oder nützich macht, die höchste Oberaufsicht zu führen Vgl. ferner *Scheidemantel*, Die Oberaufsicht in der Staatsverfassung, 1783; *Schönborn*, Das Oberaufsichtsrecht des Staates im modernen deutschen Staatsrecht, 1906.
[8] *Ahasv. Manzel*, De visitationibus provincialibus utiliter instituendis (dt. Von Landesvisitationen), 1671; *E. F. Manzel*, Dissertatio de principum iure supremae insitutionis generalis in sacra et politica, 1757; *Gehler*, De inspectione suprema in societates occultas prudenter exercenda, 1786; *Tittmann*, Comment. de ambitu et limitibus iuris supremae inspectionis e natura rei principiis iuris publici, tam universalis quam germanici, 1796; *Häberlin*, Handbuch des Teutschen Staatsrechts, Bd. 2, 1797, §§ 216 ff. (v.a. S. 143); *Leist*, Lehrbuch des teutschen Staatsrechts, 1805, § 103 (S. 320 ff.; *Klüber*, Öffentliches Recht des Teutschen Bundes, 1840, §§ 358 ff.(S. 552 ff.); *Herrmann*, De jure supremae inspectionis, 1843; *L. v. Stein*, Die Verwaltungslehre, Teil 1, Abt. 1, 2. Aufl. 1869, S.125 ff.; vgl. auch *Triepel*, Die Reichsaufsicht, 1917, S 113 ff..
[9] Früher auch umfassender als „Baupolizei" bezeichnet; vgl. *Drews / Wacke / Vogel / Martens*, Gefahrenabwehr, 9. Aufl., 1985, S. 99; ferner *C. H. Richter*, Die Württembergische Baupolizei verbunden mit dem Baurechte, 1834 (Textsammlung); *von Rönne*, Baupolizei des Preußischen Staates, 2. Aufl., 1854; *Denzin*, Die Baupolizei des Preussischen Staates, 1870; *ders.*, Die Preußischen Baupolizeigesetze für das platte Land, 1870; *Born*, Preußisches Baupolizeirecht, 1902, *Sass,* Preußisches Baupolizeirecht, 1909; *Alexander / Katz*, Preußisches Baupolizeirecht, 1910; *Luppe* u.a., Art. „Baupolizeirecht, in: Handwörterbuch der Kommunalwissenschaften Bd. I, 1918; *Kersten*, Baupolizeirecht, in: von Brauchitsch, Preußische Verwaltungsgesetze II, 21 Aufl. 1928, S. 745 ff.; *Baltz / Fischer*, Preußisches Baupolizeirecht, 6. Aufl., 1934, Nachdruck 1954; *Helmreich / Stels / Steinhauser*, Münchener Baupolizeirecht, 1927 *Friedrichs*, Polizeiverwaltungsgesetz, 1932, S. 36 ff.; *Jellinek*, (Fn 4), S, 459 ff.

b) Die Bauaufsicht greift in die **Baufreiheit** ein[11]. Die Baufreiheit ist Ausfluss des Eigentumsrechts. Dem Grundeigentümer stand die Freiheit zu, sein Grundstück nach Belieben zu bebauen und zu befestigen[12]. In der freien Landschaft bestand kaum Regelungsbedarf, weil es dort wenige Grundeigentümer gab[13]. In den Städten gab es dagegen neben dem privaten Nachbarrecht schon immer baupolizeiliche Regelungen etwa zur Vermeidung von Brand- und Gesundheitsgefahren[14]. Da repressive Regelungen zur Gefahrenabwehr zu spät gekommen wären, wurde die Gefahrenabwehr als Vorabkontrolle ausgestaltet. Es entwickelte sich das präventive Verbot mit Erlaubnisvorbehalt[15]. Die Baugenehmigung war das Ergebnis einer Kontrolle[16], ob mit einer baulichen **Anlage** Gefahren für die öffentliche Sicherheit oder Ordnung verbunden sind[17]. Hierbei ist es bis

---

[10] Vgl. *Bullinger*, Staatsaufsicht in der Wirtschaft, VVDStRL 22(1965), 264 ff.; *Mösbauer*, Staatsaufsicht über die Wirtschaft, 1990, S. 16 ff. *Ehlers*, Wirtschaftsaufsicht, in: Achterberg / Püttner, Besonderes Verwaltungsrecht, Bd. 1, 1990, 1/2 Rn 166; vgl. auch *Gröschner*, Wirtschaftsüberwachung in gewerbepolizeirechtlicher Tradition und wirtschaftsverwaltungsrechtlichem Wandel, in: Makswit / Schoch (Hrsg.), Aktuelle Fragen der Finanzordnung im internationalen und nationalen Recht; Vom Gewerbepoilizeirecht zum Wirtschaftsverwaltungsrecht, 1986, S. 177 ff.

[11] *Hofacker*, Zur Baufreiheit, PrVBl 1919, 561 ff.; *Wernburg,* Baufreiheit und Baukonzession (Bauerlaubnis), FischersZ 62 (1928) S. 28 ff.; *Jellinek,* (Fn 4), S. 459. Von einer nur „sog. Baufreiheit" war bei *Hatschek / Kurtzig*, Lehrbuch des deutschen und preußischen Verwaltungsrechts, 7. und 8. Aufl., 1931, S. 270 die Rede; gegen die Baufreiheit *Breuer*, Die Bodennutzung im Konflikt zwischen Städtebau und Eigentumsgarantie, 1976, S. 164; *Schulte*, Das Dogma Baufreiheit, DVBl 1978, 133 ff.

[12] § 65 I 8 ALR: „In der Regel ist jeder Eigentümer seinen Grund und Boden mit Gebäuden zu besetzen oder sein Gebäude zu verändern, wohl befugt."

[13] Vgl. aber zum Recht der Markengenossenschaften *v. Maurer*, Geschichte der Markenverfassung in Deutschland, 1856, S. 128 ff.; 306 ff.

[14] Einzelheiten *Ronellenfitsch*, Bauleitplanung und eisenbahnrechtliche Fachplanung, VerwArch 1999, 467 ff. (468 ff.).

[15] Vgl. *Roesler*, (Fn 4), S. 444 und v. a. *O. Mayer*, (Fn 4) I, S. 239 ff.; aber auch *Thoma*, Bemerkungen zur Entscheidung des PrOVG v. 29.10.1925 – III A 6.25 ., VerwArch 1927, 242 (247 ff.).

[16] Den Ausdruck „Kontrollerlaubnis" prägte *Froelich,* in Scholz, Handbuch des gesamten öffentlichen Grundstücksrechts, 1932, S. 64 f., 77, 196.

[17] *Schanz*, Die Baugenehmigung in Bayern, 1901; *Ackermann*, Der Baukonsens nach preußischem Recht, 1910; *Scholz*, Zur Lehre von der Bauerlaubnis, VerwArch 1915, 211 ff.; 1916, 124 ff.; *Eisentrauth*, Wesen der Bauerlaubnis, Staats- und Selbstverwaltung 1926, 223 ff.; 230

heute geblieben. Bei der Prüfung der Genehmigungsvoraussetzungen spielt zwar auch der Zweck der baulichen Anlage eine Rolle. Die Baugenehmigung ist aber anlagenbezogen. Sie umfasst nicht die Nutzung der Anlage. Private können sich im privaten Nachbarstreit gegen die Nutzung der baulichen Anlage zur Wehr setzen.

c) Die Unternehmergenehmigung stellt auf die unternehmerische **Betätigung** ab, d.h. vor allem auf die Nutzung betrieblicher Anlagen. Die Unternehmergenehmigung ist Ausfluss der **Gewerbefreiheit**[18]. Die Gewerbefreiheit führte der finanziell ruinierte preußische Staat zu Beginn des vergangenen Jahrhunderts ein, um Geldquellen zu erschließen[19] und sich von Aufgaben der Wohlfahrtspflege zu entlasten. Zur Kontrolle, ob diese Zwecke auch wirklich erfüllt wurden, aber auch zur Gewährleistung der Gefahrenabwehr waren zwar auch bestimmte Formen der gewerblichen Betätigung einem präventiven Verbot unterworfen[20]. Es lag aber im elementaren staatlichen Interesse, dass bestimmte, unternehmerisch geführte Gewerbebetriebe, die Genehmigung nicht nur erhalten, sondern auch ausnutzen konnten. Die klassische Form der Unternehmergenehmigung nach § 26 der preußischen GewO von 1845 bzw. den früheren §§ 16 ff. GewO[21] wur-

---

ff.; *Riese*, Baudispense, Staats- und Selbstverwaltung 1927 127 ff.; *Pahlke*, Das Wesen der Baugenehmigung und des Baudispenses, VerwArch 1927, 32 ff.

[18] Zur historischen Entwicklung auch *Breuer*, Freiheit des Berufs, in HdSR VI, 1989, § 147 Rn 1 ff.

[19] Nicht von ungefähr wurde die Gewerbefreiheit erstmals im Gewerbesteueredikt vom 28.10.1810 (GS S. 79) angedeutet. Zum historischen Zusammenhang *Vogel*, Allgemeine Gewerbefreiheit, Die Reformpolitik des preußischen Staatskanzlers Hardenberg (1810-1820), 1983.

[20] Vgl. *Lagenstein*, Die Gewerbepolizeierlaubnis, 1912, S. 42 ff. Zum Gesamtzusammenhang *Poerschke*, Die Entwicklung der Gewerbeaufsicht in Deutschland, 2. Aufl., 1913. Zur Eisenbahnkonzession *Böttger*, Begriff und Bedeutung der Eisenbahnkonzession, in: Festschr. f. Friedrich List, 1957, S. 24 ff.

[21] Vgl. zuletzt die allgemeine Begründung zu den §§ 16 – 28 GewO von 1869, abgedruckt bei *Landmann / Rohmer*, Gewerbeordnung, Bd. 1, 12. Aufl. 1963 /1970, § 16 Rn 10.

de durch Präklusionsvorschriften[22] für die Einwender und den Ausschluss privater Abwehransprüche bewehrt[23]; sie hatte die Wirkung einer „Machtentziehung gegen dritte Personen"[24]. Die §§ 16 ff. GewO waren Vorbild für die Ausgestaltung späterer Formen der Unternehmergenehmigungen im Atomgesetz und Bundesimmissionsschutzgesetz. Wichtig an den Regelungen ist, dass nunmehr auch der **Betrieb** gewerblicher Anlagen bestandskräftig genehmigt wurde. Wir sprechen vom eingerichteten **und** ausgeübten Gewerbebetrieb und erkennen gelegentlich sogar einen überwirkenden Bestandsschutz, einen betrieblichen Erweiterungsschutz, an[25].

Die gewerbliche Betätigung erfolgt i.d.R. in baulichen Anlagen. Die Errichtungsgenehmigung schließt daher die Baugenehmigung ein. Im unternehmerischen Interesse kann die Konzentrationswirkung sogar noch weitergehen. Das BImSchG spricht zwar neutral von emittierenden Anlagen, regelt aber immer noch die Unternehmergenehmigung. Wenn nach § 4 Abs. 1 Satz 1 BImSchG die Errichtung und der Betrieb solcher Anlagen genehmigungspflichtig sind, bedeutet das formal, dass mehrere (Voll-) Genehmigungen ergehen. In der Sache

---

[22] § 17 Abs. 2 Satz 1 GewO a.F.; hierzu *Ronellenfitsch*, Der Einwendungsausschluß im Wasserrecht, VerwArch 1983, 369 ff. (371 m. Fn 18). Zur Verfassungsmäßigkeit der Regelung BVerwG Urt. vom 22.6.1959 - IV C 229.58 -, BVerwGE 9, 9; Urt. vom 14.4.1967 - IV C 42.65 -, BVerwGE 26, 302; vom 10.4.1968, BVerwGE 29, 282; vom 29. 9. 1972, DVBl 1973, 645 m. Anm. *Zuck*; *Blümel*, Unwirksamkeit der gewerberechtlichen Ausschlußfrist für Einwendungen gegen "genehmigungspflichtige Anlagen", BB 1963, 882 ff.
[23] Vgl. auch PrOVG Urt. vom 29.9.1938 – X.C. 27/37 -, PrOVG 103, 204 (211).
[24] *Jellinek*, (Fn 4), S. 257.
[25] BVerwG, Urt. vom 13.10.1964 – I C 111.62 -, Buchholz 11 Art. 14 GG Nr. 60, S. 44 (47); vom 5.7.1974 – IV C 76.71 -, Buchholz 406.11 § 35 BBauG Nr. 112, S. 90 (93 f); vom 14.11.1975 – IV C 2.74 -, BVerwGE 49, 365 (370); vom 12.12.1975 – IV C 71.73 -, BVerwGE 50, 49 (56 ff.); restriktiv im Baurecht BVerwG, Urt. vom 12.3.1998 – 4 C 10.97 -, NVwZ 1998. 842 vgl. auch *Ronellenfitsch*, Bestandsschutz, in: Ossenbühl (Hrsg.), Eigentumsgarantie und Umweltschutz, Symposion zu Ehren von Jürgen Salzwedel aus Anlas seines 60. Geburtstages, 1990, S. 21 ff.; *Frauf*, Zum gegenwärtigen Stand der Bestandsschutz-Problematik, WiVerw 1986, 87 ff.. Zur Erstreckung des Bestandsschutzes auf den Betrieb ausdrücklich *von Mutius*, Bestandsschutz bei Altanlagen, VEnergR 50 (1982), S. 203 ff., (215 ff.).

ist die Betriebsgenehmigung keine zweite Genehmigung neben der Anlagengenehmigung, sondern die **verselbständigte** letzte Stufe in einem einheitlichen Genehmigungsprozess[26]. Nicht nur die echten Teilgenehmigungen (§ 8 Abs. 1 Nr. 3 BImSchG) werden durch eine vorläufige positive Gesamtbeurteilung. verklammert. Die Errichtungsgenehmigung impliziert die Zulässigkeit des Betriebs (Antizipation des Gefährdungspotentials)[27].

d) Bislang blieb die **Raumrelevanz** der Anlagen außer Betracht. Die Raumrelevanz war aber immer schon eine externe Genehmigungsvorgabe bei Bau- und Unternehmergenehmigungen, die die Genehmigungsbehörden mit zu berücksichtigen hatten[28]. So durften bauliche Anlagen nicht auf Straßengrund oder in der Nähe von Festungen errichtet werden. In den Gemeinden waren ortstatuarische Bauverbote[29] und v.a. die Fluchtlinienpläne zu berücksichtigen[30]. Daraus entwickelte sich die Bauleitplanung[31]. In Verbindung mit der Bauleitplanung wurden die Baugenehmigungen und die Unternehmergenehmigungen zweigliedrig; sie wurden zu **Vorhabengenehmigungen**. Baufreiheit und Gewerbefreiheit bestehen nur nach Maßgabe einer vorgeschalteten planerischen Abwägung[32] auf der Basis planerischer Gestaltungsfreiheit[33].

---

[26] Teilweise abweichend *Ronellenfitsch*, Das atomrechtliche Genehmigungsverfahren, 1983, S. 408.
[27] Leider überholt das Statement „In Deutschland werden Kernkraftwerke immer noch errichtet, um betrieben zu werden." so *Ronellenfitsch*, Fachplanung – Errichtung von Kernkraftwerken, in:Azizi / Griller, Rechtsstaat und Planung, 1982; S. 99 ff. (99)
[28] *Jellinek*, (Fn 4), S. 460
[29] *Dierschke*, Ortsstatuarische Bauverbote, 1907; *Piutti-Bredt*, Das kommunale Bauverbot,1909; *Haas*, Das ortsstatuarische Bauverbot, 1912
[30] Vgl. Preußisches Fluchtliniengesetz vom 2.7.1875 (GS S. 561); hierzu PrOVG, Urt. vom 14.11.1929 – IV B. 41/27 – PrOVG 85, 421 (426 ff.). Insgesamt Ronellenfitsch, VerwArch 1999, 467 ff. (470 ff.).
[31] Vgl. bereits den preußischen Entwurf eines Städtebaugesetzes von 1929, LT-Drs Nr. 3015; *Riess*, Zum Entwurf eines Städtebaugesetzes, PrVBl 1925, 495 ff.; 508 ff.; von *Eynern*, Das neue Städtebaugesetz RVerwBl 1929, 395 ff.
[32] *Brohm*, Der Schutz privater Belange bei Bauplanungen, NJW 1981, 1689 ff.; *Hoppe*, Die Zusammenstellung des Abwägungsmaterials und die Einstellung der Belange in die Abwä-

(Zuteilungs- und Planungsvorbehalt). Bauliche Anlagen auch für gewerbliche Unternehmen sind nur zulässig, wenn sie den Festsetzungen vorhandener Bebauungspläne entsprechen oder wenn das planerisch definierte gemeindliche Einvernehmen zur Baugenehmigung vorliegt[34]. Bei der Planfeststellung fallen

---

gung nach Lage der Dinge der Planung, DVBl 1977,136 ff.; *ders.*, Bauplanungsrechtliche Grundsätze bei der Kollision und zur Ausbalancierung von Belangen, Jura 1979, 133 ff.; *ders.*, Planung und Pläne in der verwaltungsgerichtlichen Kontrolle, in: Festschr. f. Menger, 1985, S. 747 ff.; *ders.*, / *Grotefels*, Öffentliches Baurecht, 1995, § 7; *Korbmacher*, Bauleitplanung und Fachplanung in der Rechtsprechung des Bundesverwaltungsgerichts, DÖV 1978, 589 ff.; *Ronellenfitsch*, Vorüberlegungen zur Bereinigung des luftrechtlichen Verfahrensrechts, DVBl 1984, 501 ff. (503); *ders.*, Die Planfeststellung, VerwArch 1986, 177 ff. (186); *Schmidt-Aßmann*, Grundsätze der Bauleitplanung, BauR 1978, 99 ff.; *Wegener*, Die Bedeutung des Planungsermessens, Die Verwaltung 1981, 305 ff.; *Weyreuther*, Rechtliche Bindung und gerichtliche Kontrolle im Bereich planender Verwaltung im Bereich des Bodenrechts, BauR 1977, 293 ff. Kritisch *Rubel* Planungsermessen, 1982; *Koch*, Das Abwägungsgebot im Planungsrecht, DVBl 1983, 1125 ff.; *ders.*, Die normtheoretische Basis der Abwägung in: Erbguth u.a. (Hrsg.), Abwägung im Recht, Werner Hoppe zur Emeritierung, 1996, S. 9 ff.; *Bartlsperger* Das Abwägungsgebot in der Verwaltung als objektives und indididualrechtliches Erfordernis konkreter Verhältnismäßigkeit, ebd., S. 79 ff.

[33] BVerwG Urt. vom 12. 12. 1969 - IV C 105.66 -, BVerwGE 34, 301 (304) = Buchholz 406.11 § 1 BBauG Nr. 1 = BauR 1970, 71 = BBauBl. 1971, 178 = BRS 22, 4 = BayVBl. 1970,180 = DÖV 1970, 277 = DVBl 1970, 414 = GemT 1970, 145 = MDR 1970, 702 = RdL 1970,80 = VerwRspr. 21,571.; Urt. vom 16.4.1971 - IV C 66.67 -, Buchholz 406.11 § 35 BBauG Nr. 90 = BauR 1971, 100 = BRS 24, 166 = DÖV 1971, 639; Urt. vom 20.10.1972 - IV C 14.71 -, BVerwGE 41, 67 (68) = Buchholz 406.11 § 1 Nr. 5 = BayVBl 1973, 501 = BRS 25, 25 = DVBl 1974, 526 = DÖV 1973, 345 = MDR 1973, 215; Urt. vom 5.7.1974 - IV C 50.72 -, BVerwGE 45, 309 = Buchholz § 406.11 § 1 BBauG Nr. 9 = BauR 1974, 311 = BRS 28, 19 = BayVBl. 1974, 705 = DÖV 1975, 92 m. Anm. *Heyl* = DVBl 1974, 767 = Jus 1975, 257 = JZ 1974, 757 = NJW 1975, 70 m. Anm. *David* = VerwRspr. 26, 724; Urt. vom 1.11.1974 - IV C 38.71 -, BVerwGE 47, 144 = Buchholz 406.11 § 1 Nr. 10 = BauR 1975, 35 = BRS 28, 41 = BayVBl. 1975, 538 = DÖV 1975, 101 = DVBl 1975, 492 = NJW 1975, 841; Urt. vom 21.8.1981 - 4 C 57.80 -, BVerwGE 64, 33 (35) = Buchholz 406.11 § 155 b BBauG Nr. 1 = BauR 1981, 535 = BayVBl. 1982, 118 = BRS 38, 81 = DÖV 1982, 280 = DVBl 1982, 354 = JuS 1982, 457 = UPR 1982, 22 = ZfBR 1981,286; ferner zur eisenbahnrechtlichen Fachplanung Urt. vom 14.12. 1979 - 4 C 10.77 -, BVerwGE 59,253 (256) = Buchholz 442.08 § 36 BbG Nr. 5 = NJW 1980, 2368 = BRS 35,8 = DÖV 1980,410 = DVBl 1980, 301 = NJW 1980, 2368 = VerwRspr. 31,790; Urt. vom 29.1.1991 - 4 C 51.89 -, BVerwGE 87, 332 (341,344 f.) BVerwG, Beschl. vom 9.9.1997 - 11 VR 31 / 95 -, Buchholz 442.09 § 18 (Allgemeines Eisenbahngesetz); *Hoppe*, Die Schranken planerischer Gestaltungsfreiheit, BauR 1970, 15 ff. (16); *Ibler*, Die Schranken planerischer Gestaltungsfreiheit im Planfeststellungsrecht, 1988, S. 36 ff.

[34] § 36 BauGB ist nach einhelliger Meinung Ausfluss der kommunalen Planungshoheit; vgl. nur BVerwG, Urt. vom 19.11.1965 – 4 C 184.65 -, BVerwGE 22, 342 Krautzberger, in:

demgegenüber Bau- und Vorhabengenehmigung zusammen. Die planerische Gestaltungsfreiheit teilen sich der Vorhabenträger und die Planfeststellungsbehörde[35].

e) Damit lässt sich festhalten: Der Baugenehmigung sind betriebliche Regelungen fremd, für die Unternehmergenehmigung sind sie typisch. Die Verbindung beider Genehmigungen mit der bauplanerischen Vorhabengenehmigung betont die baulichen Belange. Wohl deshalb tut man sich so schwer, bei der Planfeststellung betriebliche Regelungen anzuerkennen. Die Planfeststellung wird als Baugenehmigung begriffen. Nun wäre es leicht, wenn man **die** Planfeststellung von vornherein einem Genehmigungstyp zuordnen könnte. Die Planfeststellung kann sich aber auf die unterschiedlichsten Gegenstände beziehen.

2. Planfeststellungsmodelle

a) Die Planfeststellung ist eine **Genehmigungsform**. Genehmigt wird ein künftiges Vorhaben, das sich noch im Planungsstadium befindet. Genehmigungsgegenstand sind die Pläne für das Vorhaben[36].Das allein macht die Genehmigung noch nicht zu einer Planungsentscheidung. Die polizeiliche Prüfung von Bauplänen ist **keine** Abwägungsentscheidung. Die planerische Abwägung der Belange, die für und gegen das Vorhaben sprechen, betrifft allein die raumrele-

---

Krautzberger / Battis / Löhr, BauGB, 6. Aufl., 1998, § 36 Rn 1; Schlichter / Stich (Hrsg), Berliner Schwerpunkte-Kommentar zum BauGB 1998, § 36 Rn 1
[35] BVerwG, Urt. vom 17.1.1986 - 4 C 6 und 7.84 - BVerwGE 72, 365 (367); Urt. vom 24.11.1994 - 7 C 25.93 - DVBl 1995, 238 (240 f.); *Kühling*, Fachplanungsrecht, 1988 Rn 13; *Hoppe / Just*, Zur Ausübung der planerischen Gestaltungsfreiheit bei der Planfeststellung und Plangenehmigung DVBl 1997, 789 ff. ("Puzzle-Theorie").
[36] *Blümel*, II § 2,1, S.31; *Blümel / Ronellenfitsch*, Die Planfeststellung in der Flurbereinigung, 1975, S.62; *Ronellenfitsch*, VerwArch1988, 92 ff.(93); *Breuer*, Die hoheitliche raumgestaltende Planung, 1968, S.61 ff.; *Kügel*, Der Planfeststellungsbeschluß und seine Anfechtbarkeit, 1985, S.28 f.; *Kühling*, Fachplanungsrecht, 1988, Rn 305 ff.; *Gerhard Meyer*, Das Planfeststellungsrecht der Bundesbahn nach § 36 Bundesbahngesetz und sein Zusammentreffen mit Landesplanungsrecht, Diss. Köln 1960, S. 2 f.

vanten Fragen. Die Konzentrationswirkung der Planfeststellung[37] ändert nichts an der Struktur des Genehmigungsentscheidung. Zwingende Genehmigungsvoraussetzungen können nicht im Wege der Abwägung überwunden, Genehmigungsansprüche können nicht weggewogen werden.

b) Pläne werden typischerweise für bauliche Anlagen aufgestellt. Daher habe ich auf der 1. Eisenbahnrechtliche Tagung formuliert: „Im Grunde ist ein Planfeststellungsbeschluss ... nicht mehr als die **Baugenehmigung** eines Vorhabens"[38]. Das sollte aber nicht heißen, dass es **nur** eine Bauplanfeststellung geben könne[39]. Der sachlich-konkrete Gegenstand der Planfeststellung ergibt sich vielmehr aus den jeweiligen Fachgesetzen. Daraus können unterschiedliche Genehmigungsstrukturen folgen. Die Zulassung baulicher Anlagen durch die Planfeststellungsbehörde ist freilich der wichtigste Anwendungsfall der Planfeststellung. Die **Bauplanfeststellung** kombiniert die ordnungsrechtliche Baugenehmigung und die bauplanungsrechtliche Vorhabengenehmigung. Die Planfeststellungsbehörde hat in ihrer Funktion als Genehmigungsbehörde keine originäre Planungskompetenz[40]. Diese liegt beim Vorhabenträger. Ein privater Vorhabenträger kann sich auf die Baufreiheit berufen. Die raumplanerischen Genehmigungsvoraussetzungen „erplant" ihm aber erst die Planfeststellungsbehörde, der insoweit die Planungshoheit zusteht. Staatlichen Vorhaben verschafft der Planfeststel-

---

[37] Hierzu *Kügel*, Der Planfeststellungsbeschluß und seine Anfechtbarkeit, 1985, S. 45 ff.; *Laubinger*, Der Umfang der Konzentrationswirkung der Planfeststellung, VerwArch. 1986, 77 ff.; *Wahl*, Entwicklung des Fachplanungsrechts, NVwZ 1990, 426 ff. (430).
[38] *Ronellenfitsch*, Das neue Eisenbahnplanfeststellungsrecht, in: Blümel / Kühlwetter (Hrsg.), Aktuelle Probleme des Eisenbahnrechts, Speyerer Forschungsberichte 160, 1996, S. 27 ff. (41).
[39] Zur Zulässigkeit von Betriebsregelungen bereits *Ronellenfitsch*, Funktionen der Öffentlichkeitsbeteiligung im Verwaltungsverfahren um großtechnische Anlagen, in FÖV/KfK (Hrsg.), Die Öffentlichkeitsbeteiligung bei der Genehmigung von umweltrelevanten Großvorhaben, Speyerer Forschungsberichte Bd. 70, 1988, S. 3 ff. (17 ff.); *ders.*, Verzicht auf Planfeststellung, Die Verwaltung 1990, 323 ff.(352).
[40] D.h. sie kann keine Angebotsplanung betreiben.

lungsbeschluss generell die rechtliche Grundlage. Entsprechendes gilt für private Vorhaben, die mit Eingriffen in Rechte Dritter verbunden sind. Die bauliche Anlage bedarf dann der Planrechtfertigung (etwa in Gestalt einer Status-quo-Prognose über die Nachfrage nach Infrastrukturleistungen.). Mit der Planrechtfertigung verbinden sich allerdings häufig überspannte Vorstellungen. Sie wurde vom Bundesverwaltungsgericht in der grundlegenden Entscheidung vom 14.12.1975[41] als erste Stufe der Rechtsbindung einer straßenrechtlichen Planfeststellung entwickelt. Diese Rechtsprechung übertrug das Bundesverwaltungsgericht in der Startbahn-West-Entscheidung vom 7.7.1978[42] auf das luftverkehrsrechtliche Planfeststellungsverfahren. Das Gericht erkannte dabei an, dass die Errichtung und der Betrieb von Verkehrsflughäfen auch eine unternehmerische Entscheidung darstellt[43]. Es qualifizierte Verkehrsflughäfen gleichwohl als Einrichtungen, mit denen öffentliche Zwecke verfolgt werden, zu deren Gunsten somit eine gemeinnützige Planung betrieben werden könne. Da dem privaten Unternehmer Eingriffe in entgegenstehende Rechte Dritter zugebilligt werden, ist auch für Verkehrsflughäfen - wie bei Straßen, Wasserwegen und Bahnanlagen - eine Planrechtfertigung erforderlich[44]. In der zitierten Startbahn-West-Entscheidung führte das Bundesverwaltungsgericht als Kriterium der Planrechtfertigung an, dass das konkrete Planungsvorhaben nicht erst bei Unausweich-

---

[41] IV C 21.74 -, BVerwGE 48, 56 (60); Unter Berücksichtigung, „dass eine hoheitliche Planung ihre Rechtfertigung nicht etwa in sich selbst trägt, sondern im Hinblick auf die von ihr ausgehenden Einwirkungen auf Rechte Dritter für die jeweils konkrete Planungsmaßnahme rechtfertigungsbedürftig ist", finde eine bestimmte straßenrechtliche Planung ihre Rechtfertigung darin, dass für das mit ihr beabsichtigte Vorhaben ein Bedürfnis bestehe, die geplante Maßnahme also „objektiv erforderlich" sei; hierzu auch *Niehues*, Das Erfordernis der „Planrechtfertigung" als Instrument des verfassungsrechtlichen Eigentumsschutzes (Art. 14 Abs. 3 Satz 1 GG), WiVerw 1985, 265 ff.; *Steinberg*, Planrechtfertigung und Planungsleitsätze in der straßenrechtlichen Planfeststellung, NVwZ 1986, 812 ff.
[42] - 4 C 79.76 u.a. -, BVerwGE 56,110
[43] BVerwGE 56, 119.
[44] BVerwG, Urteil vom 22.3.1985 - 4 C 15.83 - BVerwGE 71, 166 (168 f.); vom 6.12.1985 - 4 C 59.82 -, BVerwGE 72, 282 = Buchholz 407.4 § 17 FStrG Nr. 62 = NJW 1986, 1508; VGH

lichkeit erforderlich sei, sondern bereits dann, wenn es „vernünftigerweise geboten ist". Bei Flughäfen nahm das Bundesverwaltungsgericht als planungslegitimierende Grundsätze das vornehmlich im Luftverkehrsaufkommen zum Ausdruck gelangende Verkehrsbedürfnis sowie Sicherheitsanforderungen an[45]. Die Prognosekontrolle zur Ermittlung des vernünftigerweise Gebotenen reduzierte das Bundesverwaltungsgericht später auf reine *Plausibilitätserwägungen*[46], etwa in dem zum Flughafen Erfurt ergangenen Urteil vom 8. 7.1998[47] auf den dortigen Nachhol- und Anpassungsbedarf. Während der Bedarfsplanung früher nur indizielle Bedeutung für die Planrechtfertigung zugemessen wurde[48], erkannte das Bundesverwaltungsgericht später die Verbindlichkeit gesetzgeberischer Entscheidungen für die Planrechtfertigung an[49]. Wenn der nationale Gesetzgeber die Planrechtfertigung sogar verbindlich vorgeben kann, können dem konkreten Vorhaben vorgeordnete supranationale verkehrspolitische Entscheidungen für die Planrechtfertigung nicht unbeachtlich sein. Dies gilt insbesondere für die auf der Grundlage des EGV ergehenden Leitlinien zu den Transeuropäischen Netzen[50].

c) Wie zu zeigen sein wird, kennt das spezielle Planfeststellungsrecht auch **betriebliche Festsetzungen**[51]. Es gibt sogar Planfeststellungsbeschlüsse, die nur den Betrieb von Vorhaben zu Gegenstand haben. Es handelt sich dann um Betriebsplanfeststellungen.

Bad.-Württ. vom 15.10. 1990 - 5 S 197/90 -, NVwZ-RR 1991, 399; OVG RhPf, Urt vom 13.7.1989 - 1 C 1/88 -, UA S. 11.
[45] BVerwGE 56, 120.
[46] BVerwG, Urt. vom 22.3.1985 – 4 C 15.83 -, BVerwGE 71, 166 (168 ff.); *Steinberg*, NVwZ 1986, 813.
[47] - 11 A 53.97 -, BVerwGE 107, 142.
[48] BVerwG, Beschl. vom 12.8.1993 – 4 B 16.83 -, Buchholz 407.4 § 17 FStrG Nr. 53.
[49] Vgl. nur Urt. vom 18.6.1997 – 4 C 3.95 -, NVwZ-RR 1998, 292
[50] Vgl. *Jürgensen*, Gemeinschaftlicher und nationaler Grundrechtsschutz bei der Realisierung transeuropäischer Netze, 1998, S. 129.
[51] Unter f).

Die Betriebsplanfeststellung ist eine Form der **Unternehmergenehmigung**. Sie betrifft die Pläne für die unternehmerische **Nutzung** eines Betriebs. Hier erstreckt sich die planerische Abwägung ebenfalls nur auf die raumrelevanten Aspekte des Vorhabens. Die zwingenden Genehmigungsvoraussetzungen müssen auch bei der Betriebsplanfeststellung erfüllt sein. Festsetzungen, die die Auswirkungen des betriebenen Vorhabens auf die Umgebung betreffen (Produktionsweisen, Tag- und Nachtbetrieb, Zu- und Abfahrtverkehr), können aber zum Gegenstand der planerischen Abwägung gemacht werden. Der Vorhabenträger kann sich auf die Gewerbefreiheit berufen. Was den unternehmerischen Bereich angeht, darf die Planfeststellungsbehörde die Abwägungsentscheidung nicht als Bedürfnisprüfung ausgestalten. Lediglich bei der gemeinnützigen Betriebsplanfeststellung bleibt es dabei, dass enteignungsrechtliche Vorwirkungen nur zulässig sind, wenn das Vorhaben vernünftigerweise geboten ist. Aber auch in diesem Zusammenhang dürften Zielprognosen über die unternehmerische Sinnhaftigkeit das Vorhabens ausreichen, um die Gebotenheit des Vorhabens darzutun[52].

e) Bau und Betrieb von Anlagen lassen sich selten völlig trennen. Die Bauplanfeststellung für Bahnanlagen lässt in Verbindung mit der nachfolgenden Inbetriebnahme die öffentliche Sachen „Bahnanlage" erst entstehen[53] Im Normalfall enthalten Betriebsplanfeststellungen auch Festsetzungen über die bauliche Anlage des Unternehmens. Die betriebliche Unternehmergenehmigung kann ferner an eine echte Bauplanfeststellung anschließen oder ihr vorausgehen. Der Normalfall wäre an sich, dass die gewerberechtliche Betriebserlaubnis erst geprüft wird, wenn die bauliche Anlage, in welcher das Gewerbe stattfinden soll, zuge-

---

[52] Wie die Betriebsgenehmigung nicht isoliert von der Errichtungsgehmigung gesehen werden kann, werden gesonderte Betriebsplanfeststellungen allenfalls bei Betriebsänderungen in Betracht kommen.

lassen ist. Historisch überkommen sind indessen auch Fälle, in denen sich der Unternehmer erst um eine Konzession bemühen muss, eher er die Genehmigung baulicher Anlagen für sein Unternehmen betreiben kann. Zu einer Mischform der Genehmigungstypen werden diese abgestuften Vorgehensweisen, wenn die Genehmigungsstufen verklammert sind.

f) Als **Bauplanfeststellung** werden gemeinhin die Planfeststellungen für Verkehrsanlagen aufgeführt. Betriebsanlagen der Eisenbahn[54] (§ 18 Abs. 1 Satz 1 AEG) und Bundesfernstraßen[55] (§ 17 Abs. 1 Satz FStrG) dürfen nur **gebaut** oder geändert werden wenn der Plan vorher festgestellt ist. Der Ausbau oder der Neubau von Bundeswasserstraßen bedarf der vorherigen Planfeststellung[56] (§ 14 Abs. 1 Satz 1 WaStrG). Entsprechendes gilt allgemein für die Herstellung, Beseitigung oder wesentliche Umgestaltung eines Gewässers (§ 31 Abs. 2 WHG)[57]. **Betriebsplanfeststellungen** kennt dagegen das Abfallrecht. Die Errichtung und der Betrieb von Deponien bzw. von Anlagen zur Sicherstellung und Endlagerung radioaktiver Stoffe sowie die wesentliche Änderung einer solchen Anlage oder ihres Betriebes bedürfen der Planfeststellung (§ 31 Abs. 2 KrW-/AbfG[58]; § 9 b Abs. 1 Satz 1 AtG[59]). Bei der Zulassung der

---

[53] *Achterberg*, Das Verhältnis der bundesbahnrechtlichen Planfeststellung zur vorläufigen Feststellung des Enteignungsplans nach preußischem Recht, DÖV 1960, 166 ff. (168)
[54] Hierzu unter IV.
[55] Hierzu ausführlich die Kommentierung von §§ 16 und 17 durch *Ronellenfitsch*, in: Marschall / Schroeter / Kastner, Bundesfenstraßengesetz (FStrG), 5. Aufl., 1998.
[56] Vgl. nur BVerwG, Urt. vom 25.9.1996 – 11 A 20.96 – , BVerwGE 102, 74 = DVBl 1997, 706.
[57] Vgl. BVerwG, Urt. vom 10. 2.1978 - 4 C 25.75 -, NJW 1978, 2308 (2309); hierzu allgemein die Kommentierung bei *Czychowski*, WHG, Komm., 7. Aufl. 1998; *Sieder / Zeitler, / Dahme*, Wasserhaushaltsgesetz, Abwasserabgabengesetz Komm., Losebl. (Stand: August 1999); *Diekmann*, Die wasserwirtschaftliche Planfeststellung, Diss. Münster 1972.
[58] Zur Entwicklung der abfallrechtlichen Planfeststellung *Paetow*, Zur Struktur der abfallrechtlichen Planfeststellung, in: Festschr. f. Sendler, 1991, S. 425 ff.; *Kleinschnittger*, Die abfallrechtliche Planfeststellung, 1992; *Ebling*, Beschleunigungsmöglichkeiten bei der Zulassung von Abfallentsorgungsanlagen, 1993.
[59] *Rengeling*, Planfeststellung für die Endlagerung radioaktiver Abfälle, 1984.

Rahmenbetriebspläne im **Bergrecht** erfolgt die Bau- und Betriebsplanfeststellung in einem[60]. Die Genehmigung des Betriebs steht hier so sehr im Vordergrund, dass generell nur von Betriebsplanfeststellung gesprochen wird. Die Betriebsgenehmigung im Anschluss an eine Bauplanfeststellung sah bereits das preußische Kleinbahngesetz von 1892[61] vor. Das Personenbeförderungsgesetz kehrte in der Paragraphenfolge diese Verknüpfung um (§ 9 Abs. 1, § 28 Abs. 1 Satz 1 PBefG[62]). Im Luftverkehrsgesetz wurde 1959 diese Reihenfolge übernommen. In Verbindung mit dem VerkPBG kennt das LuftVG ebenfalls die echte Betriebsplanfeststellung[63]. Vor allem aber schreibt § 8 Abs. 4 Satz 1 LuftVG ausdrücklich vor, dass betriebliche Regelungen Gegenstand der Planfeststellung für Verkehrsflughäfen sein können.

IV. Eisenbahnrechtliche Planfeststellung

1. Historische Entwicklung

Ein Blick in die Geschichte zeigt, dass die eisenbahnrechtliche Planfeststellung nicht ausnahmslos als reine Bauplanfeststellung ausgestaltet war. Die Berücksichtigung unternehmerischer Aspekte hängt damit zusammen, dass der Streit zwischen dem Staats- und Privatbahnsystem niemals endgültig entschieden

---

[60] Vgl. *Gaentzsch*, Die bergrechtliche Planfeststellung, in: Festschr. f. Sendler, 1991, S. 403 ff.; *Niermann*, Betriebsplan und Planfeststellung im Bergrecht, 1992; *Kühne*, Bergrechtlicher Rahmenbetriebsplan, Anlagengenehmigungsrecht und Umweltverträglichkeitsprüfung, 1993. *Pahl*, Bestandsschutz bergrechtlicher Betriebsplanzulassungen, Diss. Göttingen 1996, S. 6 ff.
[61] Gesetz über Kleinbahnen und Privatanschlußbahnen vom 28.6.1892 – PrKlBahnG (GS S. 225). Vgl. auch *Gleim*, Das Gesetz über Kleinbahnen und Privatanschlußbahnen, 3. Aufl., 1899; *Eger*, Das Gesetz über Kleinbahnen und Privatanschlußbahnen, 2. Aufl., 1904, 3. Aufl., 1913.
[62] Zur personenbeförderungsrechtlichen Planfeststellung *Fromm*, Praktische Fragen des Planfeststellungsverfahrens beim Eisenbahn- und Straßenbahnbau, DÖV 1988, 1035 ff.; *Pechan*, Die Planfeststellung im Personenbeförderungsrecht, 1994.
[63] *Delbanco*, Die Änderung von Verkehrsflughäfen, 1998, S. 107 ff.

wurde[64]. Nicht ohne tieferen Sinn heißt das erste maßgebliche preußische Gesetz von 1838 „Gesetz über die Eisenbahn-Unternehmungen"[65]. Bei den preußischen Kleinbahnen war die Bau- und Betriebsgenehmigung ohnehin mit der Planfeststellung verknüpft[66]. Es liegt daher nahe, auch die Vorschriften für die Planfeststellung für sonstige Bahnen auf unternehmerische Elemente hin zu überprüfen. Der gesetzliche Sprachgebrauch ist jedoch irreführend. Für die Haupt- und Nebenbahnen traf § 4 PrEisenbahnG von 1838 eine ausschließlich anlagenbezogene Regelung. Die planfestzustellende „Bahnlinie" wurde im Zusammenhang mit den Enteignungsregelungen zur „Bahn-Anlage". Art. 94 Abs. 1 WV erwähnte dann den Bau und die Veränderung von Reichseisenbahnanlagen. Art. 37 Reichsbahngesetz von 1924[67] war mit „Bauten" überschrieben. Nach Abs. 2 waren die Pläne für den Bau neuer und die Veränderung bestehender Reichseisenbahnanlagen, soweit darüber zwischen der Reichsbahngesellschaft und einer Landespolizeibehörde Meinungsverschiedenheiten bestanden, sowie die Pläne für neue Reichsbahnstrecken von der Reichsregierung endgültig festzustellen. Trotz der Differenzierung von Bahnanlagen und Bahnstrecken ist immer von „Bauplänen" die Rede. Die Novellierungen von 1930[68] und 1939[69] er-

---

[64] In der Gründungsphase des deutschen Eisenbahnwesen, d.h. zu Zeiten des Deutschen Bundes waren die Verhältnisse in den 39 Einzelstaaten verworren. Braunschweig und Baden begannen schon frühzeitig mit dem Bau von Staatsbahnen. Als erste Staatsbahnstrecke wurde 1843 die Strecke Mannheim-Heidelberg eröffnet; vgl. *Karl Müller*, Die badischen Eisenbahnen in historisch statistischer Darstellung, 1904; *Keck*, Die Gründung der Großherzoglich Badischen Staatseisenbahn, 1905; *Kuntzemüller*, Die badischen Eisenbahnen 1840-1940, 1953; *von Hippel / Stephan / Gleber / Enzweiler*, Eisenbahnfieber, Badens Aufbruch ins Eisenbahnzeitalter, 1990; *H.-J. Enzweiler*, Staat und Eisenbahn; Bürokratie, Parlament und Arbeiterschaft beim badischen Eisenbahnbau 1833-1855, 1995. Es folgten Nassau, Bayern, Württemberg, Hannover und Sachsen. Die am 7.12 1835 eröffnete erste Referenzstrecke in Deutschland zwischen Nürnberg und Fürth war demgegenüber privat finanziert. Preußen tendierte zur Staatsbahn, musste aber aus finanziellen Gründen von jeder staatlichen Beteiligung an Eisenbahnunternehmungen Abstand nehmen.
[65] Vom 3.11.1838 (GS S. 505) - abgekürzt PrEisenbahnG -.
[66] § 2 PrKlBahnG. Einzelheiten bei *Blümel* I (Fn 1), S. 103 ff.
[67] Gesetz über die Deutsche Reichsbahn-Gesellschaft vom 30.8.1924 (RGBl II S. 272).
[68] Gesetz zur Änderung des Reichsbahngesetzes vom 13.3.1930 (RGBl II S. 359).
[69] Gesetz über die Deutsche Reichsbahn vom 4.7.1939 (RGBl I S. 1205)

gaben insoweit keine Abweichungen. Auch nach § 36 Abs. 1 BbG[70] durften neue Anlagen der Deutschen Bundesbahn nur gebaut und bestehende Anlage nur geändert werden, wenn der Plan zuvor festgestellt worden war. In Absatz 2 wurden die Anlagen der Deutschen Bundesbahn dann zu „Betriebsanlagen". Der Wortbestandteil „Betrieb" diente jedoch ersichtlich dazu, aus kompetenzrechtlichen Gründen einen Teil der baulichen Anlage auf gewidmeten Bahngeländen dem Fachplanungsvorbehalt zu entziehen.

2. Aktuelle Lage

Wenn § 18 Abs. 1 AEG zu den Betriebsanlagen der Eisenbahn neben den Schienenwegen von Eisenbahnen auch die für den Betrieb der Schienenwege notwendigen Anlagen rechnet, macht das die bahnrechtliche Planfeststellung noch nicht zur Betriebsplanfeststellung. Die Planfeststellung erfasst vielmehr nur den Bau oder die Änderung von Betriebsanlagen der Eisenbahn.

3. Zuordnung

Die Zuordnung der eisenbahnrechtlichen Planfeststellung ist nach alledem nicht schwer. Historisch und nach dem Gesetzeswortlaut handelt es sich um eine Bauplanfeststellung. Eine echte Betriebsplanfeststellung nach dem Modell des Abfallrechts scheidet aus. Die konzeptionelle Ausgestaltung des Eisenbahnwesens blieb historisch in bestimmten Epochen in der Schwebe. Die Bauplanfeststellung ist auf den Staatsbahngedanken bezogen. Sie ist jedenfalls gemeinnützige Plan-

---

[70] Bundesbahngesetz vom 13.12.1951 (BGBl I S. 955). Zur eisenbahnrechtlichen Planfeststellung nach § 36 BbG *Kruchen*, Zur eisenbahnrechtlichen Planfeststellung, DÖV 1957, 172 ff.; *Born*, Die rechtliche Begründung der Neubaustrecken der DB im Planfeststellungsverfahren, Die Bundesbahn 1981, 777 ff.; *Freise*, Auswirkungen des Verwaltungsverfahrensgesetzes auf die Planfeststellung von Bundesbahnanlagen, Die Bundesbahn 1977, 395 ff., 482 ff; *Gerhard Meyer*, Das Planfeststellungsrecht der Bundesbahn nach § 36 Bundesbahngesetz und sein Zusammentreffen mit Landesplanungsrecht, Diss. Köln 1960; *Pätzold*, Die Planfeststellungsrichtlinien der Deutschen Bundesbahn, Die Bundesbahn 1979, 559 ff.

feststellung geblieben, die zu Eingriffen in Rechte Dritter ermächtigt[71]. Elemente der Unternehmergenehmigung drängen sich auf, soweit man die Bahnstrukturreform ernst nimmt und berücksichtigt, dass betriebliche Festsetzungen in der Planfeststellung nicht dazu dienen, die Nutzung der Betriebsanlagen der Bahn einzuschränken, sondern bestandskräftig festzuschreiben. Im Infrastrukturbereich, bei den Schienenwegen, spielt die unternehmerische Entfaltungsfreiheit eine geringere Rolle. Aber schon bei den sonstigen Betriebsanlagen der Bahn, namentlich den Bahnhöfen, drängt sich die Parallele zu den Flughäfen auf. Schon deshalb ist die eisenbahnrechtliche Planfeststellung in der **Zwischenzone** anzusiedeln, in der betriebliche Festsetzungen nicht ausgeschlossen sind.

Das Ergebnis lässt sich auch konventioneller begründen: Der Bauplanfeststellung sind betriebliche Festsetzungen nicht wesensfremd. Die öffentlichen Belange, die bei der Planfeststellung zu beachten und zu schützen sind, haben häufig eine zeitliche Dimension. Das gilt im übrigen auch für das bauliche Vorhaben selbst. Die **Ausführungsplanung** dauert vielfach jahrelang. Festsetzungen für den Baustellenbetrieb beim Bau von Betriebsanlagen der Eisenbahn dürften unstreitig zulässig sein. Aber auch Maßnahmen des Bodenschutzes und der Eingriffskompensation können in Planfeststellungsbeschlüssen längerfristig angelegt werden. Das ist keine Besonderheit der Planfeststellung. Selbst einfache Baugenehmigungen können insoweit mit Nutzungsauflagen verbunden werden. Von daher ist es nur noch ein Schritt, auch Betriebsbeschränkungen im Planfeststellungsbeschluss für statthaft erklären.

---

[71] Zur Zulässigkeit von Enteignungen zugunsten privater Unternehmen BVerfG, Beschl. vom 20.3.1984 - 1 BvL 28/82 -, BVerfGE 66, 248 (257); Urt. vom 24. 3. 1987 - 1 BvR 1046/85 - BVerfGE 74, 264 (279 ff., 285, 286: "Ist bereits der Geschäftsgegenstand des privaten Unternehmens dem allgemein anerkannten Bereich der Daseinsvorsorge zuzuordnen, wie es bei Verkehrs- und Versorgungsbetrieben der Fall sein kann, genügt es, wenn hinreichende Vorkehrungen dafür getroffen sind, dass die selbstgestellte 'öffentliche' Aufgabe ordnungsgemäß erfüllt wird.").

Betriebliche Festsetzungen verstoßen nicht gegen das Wesen der eisenbahnrechtlichen Planfeststellung, obwohl es sich bei ihr um eine Bauplanfeststellung handelt.

V. Beispiele für betriebliche Festsetzungen in eisenbahnrechtlichen Planfeststellungsbeschlüssen

1. Baustellenbetrieb

Dass der Baustellenbetrieb geregelt werden kann, wurde schon angedeutet. Anders ist ein effektiver Lärm- und Erschütterungsschutz gar nicht praktizierbar. So kann vorgeschrieben werden, dass erschütterungsarme Baufahrzeuge benutzt werden müssen, Ruhezeiten der Anwohner einzuhalten sind, vorübergehende Anpflanzungen im Baustellenbereich vorzunehmen sind u. ä. In der Bauphase kommt es weniger darauf an, was gebaut wird als **wie** gebaut wird. Das gilt in erster Linie für den Erschütterungsschutz. Erschütterungen, d.h. mechanische Schwingungen fester Körper mit potentiell schädigender oder belästigender Wirkung, sind Emissionen im Sinn von § 3 Abs. 3 BImSchG. Die an bestimmten Orten auftretenden Schwingungen sind Erschütterungsimmissionen[72]. Niemand ist vor Erschütterungsimmissionen gänzlich geschützt. Ein Schutz besteht nur gegenüber schädlichen Umwelteinwirkungen, also gegenüber Immissionen, die nach Art, Ausmaß und Dauer geeignet sind, Gefahren, erhebliche Nachteile oder erhebliche Belästigungen für die Allgemeinheit oder die Nachbarschaft herbeizuführen. Bei der Planfeststellung von Straßen sind die beanspruchten Flächen und die benachbarten Flächen so einander zuzuordnen, dass schädliche

---

[72] Zur Theorie des Erschütterungsschutzes vgl. die Beiträge in „Beratende Ingenieure" (BI), 6 bis 9 / 1999, insbesondere *H. Krämer*, Schwingungstechnische Grundlagen (BI 6/00, S. 49 ff.) und *Rosenquist*, Messtechnik in der Baudynamik, BI 7-8/99 , S. 41 ff.; ferner M. Heckl / H. A. Müller (Hrsg), Taschenbuch der technischen Akustik, 2. Aufl., 1994

Umwelteinwirkungen auf die ausschließlich oder überwiegend dem Wohnen dienenden Gebiete sowie auf sonstige schutzbedürftige Gebiete soweit wie möglich vermieden werden (§ 50 BImSchG). Der Grad der zulässigen und zumutbaren Immissionen hängt von der planungsrechtlichen Situation des betroffenen Gebiets ab. Wie beim Lärmschutz gibt es daher auch beim Erschütterungsschutz gebietstypische unterschiedliche Grenzwerte. Eine gesetzliche Festschreibung solcher Grenzwerte ist bislang nicht erfolgt. Die Praxis stützt sich auf aus Erfahrung festgelegte Werte, bei deren Einhaltung ein durch mechanische Schwingungen eingetretener Schaden nicht eintritt (Anhaltswerte). Beim Betrieb planfestgestellter Maßnahmen sind als zulässige Schwinggeschwindigkeiten baulicher Anlagen die Werte der DIN 4150-3 vom Februar 1999 und für Menschen in Gebäuden die der DIN 4150-2 vom Juni 1999 einzuhalten[73]. Die Norm bezieht sich unmittelbar nur auf die Auswirkungen von Erschütterungen auf Menschen in Gebäuden[74] sowie auf bauliche Anlagen, nicht jedoch auf Produktionsabläufe. Zu deren Schutz müssen unter Kombination der Anhaltwerte flexiblere Lösungen gefunden werden[75].

2. Ökologische Gewährleistungsmaßnahmen

Die in § 8 BNatSchG bzw. den Naturschutzgesetzen der Länder verankerte **Eingriffsregelung** legt dem Verursacher von Eingriffen in Natur und Landschaft bestimmte Verpflichtungen auf. Eingriffe in Natur und Landschaft sind nach § 8 Abs. 1 BNatSchG Veränderungen der Gestalt oder **Nutzung** von Grundflä-

---

[73] Vgl. Entwurf des Planfeststellungsbeschlusses nach § 1 Abs. 1 MBPlG für den Planfeststellungsabschnitt C 52 – Perleberg – MSB – km 161,5 + 07 bis MSB 181,8 +06, S. 14 f., 86 f.
[74] Entsprechendes gilt für die VDI-Richtlinie 2057: Einwirkungen mechanischer Schwingungen auf den Menschen. Blatt 4.1: Messung und Beurteilung von Arbeitsplätzen in Gebäuden, Mai 1987.
[75] Vgl. den Planfeststellungsbeschluss für den Neubau der Bundesautobahn (BAB) A 113 (neu) vom 9.9.1999 - XIIB - 2/99 -S. 19 f.

chen, welche die Leistungsfähigkeit des Naturhaushaltes oder das Landschaftsbild erheblich oder nachhaltig beeinträchtigen können. Materielle Folgen des Eingriffs sind abgestufte Pflichten des Eingreifenden: Zunächst besteht das Gebot, vermeidbare Eingriffe zu unterlassen. Unvermeidbare Eingriffe sind innerhalb einer zu bestimmenden Frist durch Maßnahmen des Naturschutzes und der Landschaftspflege auszugleichen[76]. Beim "Ausgleich" handelt es sich um einen normativen Begriff. Ein funktioneller Zusammenhang zwischen Eingriff und Ausgleich genügt. Lassen sich Beeinträchtigungen nicht vermeiden und im erforderlichen Maße ausgleichen, sind die Eingriffe nur dann zu untersagen, wenn die Belange des Naturschutzes und der Landschaftspflege bei der Abwägung aller an Natur und Landschaft zu stellenden Anforderungen im Range vorgehen. Auch wenn die Stufung der Eingriffsregelung Leitsatzcharakter hat, bleibt in ihrem Rahmen Raum für eine planerische Abwägung[77]. Die als Ergebnis der Abwägung vorzusehenden Kompensationsmaßnahmen dürfen dabei auch betriebsbezogen sein. Sofern der Naturschutz etwa Ausgleich oder Ersatz und der Bodenschutz längerfristig angelegte Maßnahmen erfordert, kann im Planfeststellungsbeschluss der **Zeithorizont** solcher Maßnahmen festgelegt werden.

3. Betriebsbeschränkungen

Unter Berufung auf § 74 Abs. 2 Satz 2 VwVfG sind Betriebsbeschränkungen in Planfeststellungsbeschlüssen zulässig, wenn ohne sie die Abwägungsentscheidung zu Lasten des Vorhabenträgers ginge oder die Abwägung defizitär wäre[78]. Die Begrenzung von Verkehrs- und Umschlagmengen - wiederum im Interesse

---

[76] § 8 Abs. 2 Satz 1 Halbsatz 2 BNatSchG.
[77] BVerwG, Urt. vom 27.9. 1990 - 4 C 44.87 -, NVwZ 1991, 364 (367).
[78] Vgl. VGH Bad.-Württ. vom 3.7.1998 – 5 S 1/98 -, wonach Geschwindigkeitsbeschränkungen bereits (und nur dann) in Planfeststellungsbeschlüssen nach § 28 PBefG festgelegt werden müssen, wenn dies zur Konfliktbewältigung geboten ist.

des Lärm- und Erschütterungsschutzes[79] - ist nicht von vornherein ausgeschlossen. Auch Verkehrszeiten können geregelt werden (Nachtfahrverbote für bestimmte Fahrzeugtypen). Hängt der gewählte Kurvenradius von der gefahrenen Höchstgeschwindigkeit ab, sind sogar Geschwindigkeitsbegrenzungen im Planfeststellungsbeschluss vorzusehen, obwohl die Gewährleistung der Verkehrssicherheit im Regelfall Aufgabe der Verkehrsbehörden ist. In Bahnhöfen ist die Festsetzung der Nutzungsart für das Fachplanungsregime konstitutiv. Soweit Bahnhöfe nämlich keine notwendigen Betriebsanlagen der Eisenbahn darstellen, fällt die Festsetzung von Art und Maß ihrer Nutzung in die Zuständigkeit der Kommunen. Die betrieblichen Regelungen im Planfeststellungsbeschluss erwachsen in Bestandskraft und stellen sicher, dass der Betrieb in der festgestellten Art auch ausgeübt werden darf.

V. Ausblick

Mit der Anerkennung betrieblicher Regelungen in eisenbahnrechtlichen Planfeststellungsbeschlüssen könnte die Büchse der Pandorra geöffnet worden sein: Die Vorhabenträger sehen zusätzliche Restriktionen auf sich zukommen, die Planfeststellungsbehörde Mehrarbeit und fortlaufende Überwachungsaufgaben. Die Vorhabengegner wittern Morgenluft. Aber so schlimm ist das alles gar nicht.

---

[79] Vgl. auch die Informationsschrift der DB AG: „Körperschall und Erschütterungsschutz, Leitfaden für den Planer, Beweissicherung, Prognose, Beurteilung und Maßnahmen", Ausgabe August 1996.

1. Kompetenzrechtliche Fragen

Betriebsplanfeststellungen machen die Planfeststellungsbehörde nicht zu einem Aufsichtsorgan[80]. An der Bauüberwachung ändert sich nichts. In den Zuständigkeitsbereich der allgemeinen und besonderen Ordnungsbehörden greift die Planfeststellungsbehörde zwar durch betriebliche Festsetzungen – etwa Regelung der Öffnungszeiten von Bahnhöfen - teilweise ein. Das aber wird durch die Konzentrationswirkung des Planfeststellungsbeschlusses gedeckt.

2. Materiellrechtliche Fragen

Materiellrechtlich bereitet vor allem die **Änderung** von betrieblichen Festsetzungen Schwierigkeiten. Es kann nicht sein, dass bei jeder betrieblichen Änderung eine neues Planfeststellungsverfahren erforderlich ist. So ist es aber auch nicht. In der Regel wird ein **Verzicht** sowohl auf Planfeststellung wie auch auf Plangenehmigung in Betracht kommen.

3. Schlussbemerkung

Die Fehlentwicklung der Vorhabengenehmigung nach dem UGB[81] bedroht das Institut der Planfeststellung. Der Bedrohung lässt sich offensiv durch den Nachweis begegnen, dass gerade die Planfeststellung einen umfassenden Interessenausgleich ermöglicht, ohne sektorale Belange zu verabsolutieren. Dieser ist nur gewährleistet, wenn auch betriebliche Regelung getroffen werden können. Wer noch nicht bereit ist, meinen Ausführungen zu folgen und wem trotzdem an der Funktionsfähigkeit der Bahn etwas liegt, muss sich für eine Ergänzung des AEG nach dem Vorbild des LuftVG stark machen. Bestandskräftige betriebliche

---

[80] Zu eng aber *Rieger*, Der Gegenstand der Bauausführungsgenehmigung in Abgrenzung zum Gegenstand der Planfeststellung, in: Blümel / Kühlwetter (Hrsg), Aktuelle Probleme des Eisenbahnrechts I, Speyerer Forschungsberichte 160, 1996, S. 191 ff. (197 f.).
[81] Vgl. *Hoppe / Schlarmann*, Die planerische Vorhabengenehmigung, 2000.

Festsetzungen in der Planfeststellung dienen dem Rechtsfrieden. Sollten sie de lege lata nicht möglich sein, sind sie de lege ferenda zu ermöglichen.

Regierungsrat Jens-Jörg Wilke, Berlin

Lärmsanierung und Gesundheitsgefährdung; Auswertung und Überblick nach dem Urteil des BVerwG 11 A 3.98

Einleitung

Das Problem des von bestehenden Schienenwegen ausgehenden Verkehrslärms beschäftigt zunehmend auch das Eisenbahn - Bundesamt als Planfeststellungsbehörde für die Eisenbahnen des Bundes. In Planfeststellungsverfahren hat sich das Eisenbahn - Bundesamt immer wieder mit Forderungen Lärmbetroffener nach Durchführung von Lärmsanierungsmaßnahmen auseinander zu setzen. Diese Forderungen werden meist erhoben, wenn Ansprüche auf Lärmvorsorge nach den §§ 41 bis 43 Bundes-Immissionsschutzgesetz (BImSchG) in Verbindung mit der Verkehrslärmschutzverordnung (16. BImSchV) für die jeweiligen Betroffenen nicht bestehen.

In der Vergangenheit wurden Forderungen nach Durchführung von Lärmsanierungsmaßnahmen mit der Begründung abgelehnt, dass die §§ 41 bis 43 BImSchG und die 16. BImSchV hierfür keine Anspruchsgrundlage hergeben. Die Einwender wurden darauf verwiesen, sich mit dem Vorhabenträger im Rahmen des bürgerlich - rechtlichen Nachbarschaftsverhältnisses auseinander zu setzen.
Die Entscheidung des Bundesverwaltungsgerichts vom 28.10.1998[1] gibt Anlass,

---

[1] BVerwG, Urteil vom 28.10.1998 - 11 A 3.98 -, BVerwGE 107, 350

die bisherige Praxis, die Betroffenen bei Forderungen nach Lärmsanierung im Planfeststellungsverfahren auf die Auseinandersetzung mit dem Vorhabensträger im Rahmen des bürgerlich - rechtlichen Nachbarschaftsverhältnisses zu verweisen, zu überprüfen.

Mit dem Vortrag soll ein Überblick über Rechtsprechung zum Thema Lärmsanierung gegeben werden. Im Mittelpunkt soll die Frage stehen, wie die Planfeststellungsbehörde Immissionen zu werten hat, gegen die ein Vorsorgeanspruch aufgrund des BImSchG nicht besteht. Am Ende sollen Schlussfolgerungen für die künftige Entscheidungspraxis des Eisenbahn - Bundesamtes als Planfeststellungsbehörde gezogen werden, soweit dies zum gegenwärtigen Zeitpunkt möglich ist.

I. Das Urteil vom 28.10.1998 - Vorstellung der Entscheidung

1. Sachverhalt

a) Gegenstand des Planes, planungsrechtliche Situation

Gegenstand des von der Deutsche Bahn AG beim Eisenbahn - Bundesamt beantragten Planfeststellungsverfahrens war der Ausbau und die Elektrifizierung eines Teilabschnittes der Strecke Stendal - Uelzen. Im Bereich der Grundstücke der Kläger in dem späteren Verwaltungsstreitverfahren war die Strecke planungsrechtlich zweigleisig vorhanden. Ein Streckengleis war abgebaut und das vorhandene Gleis war nur als Betriebsgleis zugelassen. Zum Zeitpunkt der beantragten Planfeststellung fand kein regelmäßiger Zugbetrieb statt.
Als plangegebene Vorbelastung der Grundstücke hatte die Deutsche Bahn AG in einer schalltechnischen Untersuchung, der die theoretische Vollauslastung der

zweigleisigen Strecke zugrunde lag, eine Immissionsbelastung von bis zu 70 dB (A) tags bzw. 73 dB(A) nachts ermittelt.

Im Bereich der Grundstücke der Kläger plante die Deutsche Bahn AG insbesondere die Sanierung des Bahndammes und den Wiederaufbau der Streckengleise sowie die Elektrifizierung der Gleise. Schallschutzmaßnahmen sah der Plan nicht vor, weil eine wesentliche Änderung im Sinne des § 41 BImSchG nicht gegeben war.

Wegen der hohen Immissionsbelastung ihrer Grundstücke forderten die Kläger im Planfeststellungsverfahren die Berücksichtigung von Lärmschutzmaßnahmen zum Schutz ihres Eigentums und ihrer Gesundheit.

b) Entscheidung der Planfeststellungsbehörde

Die Planfeststellungsbehörde ordnete im Planfeststellungsbeschluss keine Schallschutzmaßnahmen zugunsten der Kläger an. Die Entscheidung wurde damit begründet, dass eine wesentliche Änderung im Sinne des § 41 BImSchG nicht vorliege, so dass die Planfeststellungsbehörde keine öffentlich - rechtliche Verpflichtung treffe aufgrund derer sie befugt wäre, dem Vorhabensträger Schallschutzmaßnahmen aufzuerlegen. Daran, dass der Vorhabensträger den Eisenbahnbetrieb ohne Einholung einer planungsrechtlichen Genehmigung nach Sanierung der Bahnanlagen weiterführen könnte, werde deutlich, dass die Weiterführung des Eisenbahnbetriebes in keinem ursächlichen Zusammenhang mit dem vorliegenden Planfeststellungsbeschluss stehe. Deshalb müssten die sich aus der Weiterführung des Betriebs als solche möglicherweise ergebenden Eigentums- und Gesundheitsbeeinträchtigungen mit dem Vorhabensträger im Rahmen des bürgerlich - rechtlichen Nachbarschaftsverhältnisses direkt geklärt werden. Die Planfeststellungsbehörde sei insoweit als Aufsichtsbehörde in lediglich öffentlich - rechtlicher Hinsicht nicht regelungsbefugt.

Die Entscheidung konnte die Planfeststellungsbehörde auf obergerichtliche Rechtsprechung stützen, die es zu gebieten schien, die Lärmbetroffenen mit Lärmsanierungsansprüchen auf den Zivilrechtsweg zu verweisen[2].

2. Ausführungen des Bundesverwaltungsgerichts

Das Bundesverwaltungsgericht stellte fest, dass die Planfeststellungsbehörde nicht an einer Regelung des Schallschutzes im Planfeststellungsbeschluss zum Schutz des Eigentums und der Gesundheit rechtlich gehindert sei. „Aus der gesetzlich vorgeschriebenen Notwendigkeit einer Planfeststellung, also auch bei planfeststellungsbedürftigen Änderungen von Betriebsanlagen der Eisenbahn, die keine wesentlichen Änderungen im Sinne des § 41 BImSchG sind, ergibt sich die rechtliche Verpflichtung der Planfeststellungsbehörde, in eine neue Abwägung einzutreten, die tatsächliche oder plangegebene Vorbelastungen nicht von vornherein ausblendet, sondern in den Blick nimmt und bewertend berücksichtigt"[3].

Weiter führte das Bundesverwaltungsgericht aus, die Pflicht, auch die von der zu ändernden Anlage in ihrem bisherigen - tatsächlichen oder plangegebenen - Zustand ausgehenden Einwirkungen in die Abwägung einzubeziehen, führe zu der davon zu unterscheidenden Frage, welche Bedeutung den von solchen Vorbelastungen betroffenen Belangen in der Abwägung zuzuerkennen ist und welche objektive Gewichtigkeit diesen Belangen im Verhältnis zu entgegenstehenden anderen Belangen zukommt. Insoweit sei anerkannt, dass Schutzwürdigkeit und Schutzbedürftigkeit der von solchen Vorbelastungen betroffenen Belange grundsätzlich geringer sind, als bei nicht derart vorbelasteten Belangen. Die Grenze der Berücksichtigung der bisherigen planungsrechtlichen Situation als

---

[2] Bayerischer VGH, Urteil vom 5.3.1996 - 20 B 92.1055 -, NVwZ - RR 1997, 159; siehe auch Bayerischer VGH, Urteil vom 5.12.1997 - 20 B 94.2266 -, NVwZ - RR 1998, 639

schutzmindernde Vorbelastung ergebe sich aber jedenfalls dort, wo die zu erwartenden Beeinträchtigungen Eigentums- oder Gesundheitsbeeinträchtigungen darstellen[4].

Wann Eigentums- oder Gesundheitsbeeinträchtigungen vorliegen können, wird noch zu klären sein (siehe unter III.). Zunächst ist aber eine Abgrenzung zwischen Lärmvorsorge und Lärmsanierung vorzunehmen, damit die aus dem Urteil des Bundesverwaltungsgerichts zu ziehenden Schlussfolgerungen verständlich werden.

II. Abgrenzung von Lärmvorsorge und Lärmsanierung

1. Ansprüche auf Lärmvorsorge

Die gesetzliche Grundlage für den Verkehrslärmschutz wurde mit dem Bundes-Immissionsschutzgesetz- BImSchG - vom 15. März 1974 geschaffen. Neben der allgemeinen Vorschrift des § 50 BImSchG finden ausschließlich die §§ 41 bis 43 BImSchG Anwendung (vgl. § 2 Abs. 1 Nr. 4 BImSchG).
Ziel des Gesetzgebers war es, die Nachbarschaft vor schädlichen Umwelteinwirkungen durch Verkehrsgeräusche im Zusammenhang mit dem Neubau von Straßen und Schienenwegen bzw. im Zusammenhang mit einer wesentlichen Änderung dieser Verkehrswege zu schützen. Das Bundesverwaltungsgericht hat zum Zweck des § 41 BImSchG entschieden, die Regelung wolle „jene schädlichen Umwelteinwirkungen durch Verkehrsgeräusche regulieren, welche ihre eigentliche Ursache in einem, auch vermehrten Verkehrsaufkommen haben, das

---

[3] Fn. 1, a.a.O., S. 356 m.w.N.
[4] Fn. 1, a.a.O., S. 356f.

seinerseits durch staatliche eingreifende Maßnahmen ausgelöst oder erhöht wurde"[5].

Grundlage für die Lärmvorsorge ist § 41 Abs. 1 BImSchG in Verbindung mit der auf Grund des § 43 Abs. 1 Satz 1 Nr. 1 BImSchG erlassenen Verkehrslärmschutzverordnung - 16. BImSchV. Nach § 41 Abs. 1 BImSchG ist **bei dem Bau oder der wesentlichen Änderung** (u. a.) von Eisenbahnen sicherzustellen, dass durch diese keine schädlichen Umwelteinwirkungen durch Verkehrsgeräusche hervorgerufen werden können, die nach dem Stand der Technik vermeidbar sind. Aus § 41 Abs. 1 BImSchG folgt, dass Ansprüche auf Lärmvorsorge nur beim Bau oder der wesentlichen Änderung von Eisenbahnen entstehen können; Lärmsanierungsansprüche hat der Gesetzgeber damit, und zwar bewusst, von der Regelung ausgeschlossen[6].

Für die Abgrenzung von Lärmvorsorge und Lärmsanierung ist der Begriff der wesentlichen Änderung von Bedeutung.

Der „Bau" berührt das Problem der Abgrenzung von Lärmvorsorge und Lärmsanierung nicht, weil die Lärmsanierung die Verringerung einer Lärmbelastung an einem bestehenden Verkehrsweg zum Inhalt hat, der „Bau" hingegen im Sinne eines Neubaus an einer Stelle zu verstehen ist, wo bis dahin kein solcher Verkehrsweg vorhanden war[7].

Die weiteren Ausführungen beschränken sich deshalb auf den Begriff der **„wesentlichen Änderung"**.

---

[5] BVerwG, Urteil vom 9.2.1995 - 4 C 26.93 -, BVerwGE 97, 367 <372>
[6] Siehe auch Gesetzesmaterialien zur 16. BImSchV, Bundesrats - Drucksache 661/89, S. 1
[7] vgl. Jarass, BImSchG - Kommentar, 4. Aufl., § 41 Rdn. 18; Feldhaus - Czajka, BImSchR Bd. 1 Rdn. 34f.

Was unter einer **wesentlichen Änderung** im Sinne des § 41 Abs. 1 BImSchG zu verstehen ist, wird in der 16. BImSchV näher geregelt. § 1 Abs. 2 der 16. BImSchV beschreibt die wesentliche Änderung eines Verkehrsweges durch die Verwendung der Begriffe der **baulichen Erweiterung** (Satz 1 Nr. 1) bzw. des **erheblichen baulichen Eingriffs** (Satz 1 Nr. 2 und Satz 2). Eine wesentliche Änderung setzt somit zunächst eine **bauliche Änderung** voraus.

Änderungen betrieblicher Art scheiden aus, und zwar auch dann, wenn sie in gleichem Maße wie ein baulicher Eingriff zur Lärmsteigerung beitragen. Diese Einschränkung ist vom BImSchG gedeckt, was sich aus § 2 Abs. 1 Nr. 4 ergibt. Aus dieser Vorschrift folgt, dass der Begriff der wesentlichen Änderung im Sinne von § 41 Abs. 1 BImSchG nur bauliche Maßnahmen betreffen kann, denn das BImSchG gilt nur für den **Bau** öffentlicher Eisenbahnen nach Maßgabe der §§ 41 bis 43. Lärmsteigerungen, die ausschließlich auf Änderungen betrieblicher Art beruhen, führen somit nicht zu Lärmvorsorgeansprüchen aus § 41 BImSchG in Verbindung mit der 16. BImSchV[8].

Eine Abgrenzung zwischen Lärmvorsorge und Lärmsanierung ergibt sich nicht nur bei der Frage, ob ein baulicher Eingriff vorliegt, sondern es ist im Falle des Vorliegens eines baulichen Eingriffs weiter zu klären, ob der bauliche Eingriff auch erheblich ist.

Nach der Begründung der 16. BImSchV[9] ist ein baulicher Eingriff nur dann erheblich, wenn in die Substanz des Verkehrsweges eingegriffen wird. Ein erheblicher baulicher Eingriff liegt nicht vor bei Erhaltungs- und Unterhaltungsmaßnahmen sowie nur kleineren Baumaßnahmen, z.B. an Schienenwegen das Ver-

---

[8] Vgl. OVG Münster, Urteil vom 8.12.1994 - 20 A 1775/92 -, NWVBl. 1995, 256 <258>; Bayerischer VGH, Urteil vom 5.3.1996, Fn. 2, a.a.O., S. 161 (Einführung des neuen Zugsystems Pendolino als Maßnahme rein betrieblicher Art)
[9] Bundesrats - Drucksache 661/89, S. 32

setzen von Signalanlagen, das Auswechseln von Schwellen, der Einbau von Weichen oder das Ändern der Fahrleitung.

Die Rechtsprechung hat den in der Begründung der 16. BImSchV genannten Beispielen weitere hinzugefügt.

Danach ist **kein erheblicher baulicher Eingriff**:

- der Ausbau und das Versetzen von Weichen sowie die geringe Überhöhung der Schwellen und Gleise[10],
- der Einbau weiterer Signale und die Verlängerung oder Höherlegung eines vorhandenen Bahnsteigs[11] sowie
- der Bau eines Außenbahnsteigs mit Bahnsteigunterführung anstelle eines Mittelbahnsteigs[12].

Das Bundesverwaltungsgericht hat klargestellt, dass ein erheblicher baulicher Eingriff nur vorliegt, wenn in die **Substanz des Schienenweges im Sinne des Immissionsschutzrechts** eingegriffen wird[13]. Der immissionsschutzrechtliche Begriff sei nicht identisch mit dem vom Gesetzgeber in § 18 Abs. 1 Satz 1 AEG als Legaldefinition eingeführten Terminus „Betriebsanlagen der Eisenbahn". Zum Schienenweg im Sinne des Immissionsschutzrechts gehöre (nur) die Gleisanlage mit ihrem Unter - und Überbau einschließlich einer Oberleitung. Auszuscheiden seien dagegen weitere, zu den Betriebsanlagen der Eisenbahn

---

[10] Bayerischer VGH, Urteil vom 5.3.1996, Fn. 2, a.a.O. (entschieden für eine Überhöhung von ca. 10 mm in einem Kurvenbereich auf einer Länge von 200 m)
[11] VG Ansbach, Urteil vom 28.1.1992 - AN 20 K 91.000071 -, zitiert in: Vogel, Abgrenzung zwischen Änderung und Unterhaltung von Eisenbahnanlagen, in: Blümel/Kühlwetter, Aktuelle Probleme des Eisenbahnrechts, Speyerer Forschungsberichte 160, S. 111 <120>
[12] BVerwG, Urteil vom 20.5.1998 - 11 C 3.97 -, UPR 1998, 449
[13] Fn. 12, a.a.O.

zählende Einrichtungen wie Bahnsteige einschließlich der für den Zugang erforderlichen Anlagen.

Liegt ein erheblicher baulicher Eingriff im Sinne des Immissionsschutzrechts vor, so löst dieser Schutzansprüche der Lärmbetroffenen nur aus, wenn zu ihrem Nachteil eine relevante Erhöhung der Beurteilungspegel eintritt[14]. Der Verordnungsgeber bezeichnet eine Änderung nämlich nur dann als wesentlich, wenn der Beurteilungspegel des von dem zu ändernden Verkehrsweg ausgehenden Verkehrslärms „durch einen erheblichen baulichen Eingriff ... um mindestens 3 dB(A) oder auf mindestens 70 dB(A) am Tage oder mindestens 60 dB(A) in der Nacht erhöht wird" (§ 1 Abs. 2 Satz 1 Nr. 2 der 16. BImSchV). Außer in Gewerbegebieten ist darüber hinaus jede Erhöhung des Beurteilungspegels eine wesentliche Änderung wenn bereits ohne den erheblichen baulichen Eingriff 70 dB(A) am Tage oder 60 dB(A) in der Nacht erreicht waren (vgl. § 1 Abs. 2 Satz 2 der 16. BImSchV).

2. Lärmsanierungsansprüche

Eine einfach-gesetzliche Regelung für die Lärmsanierung - d. h. für die Verringerung einer vorhandenen Lärmbelastung an bestehenden Verkehrswegen, die nicht wesentlich geändert werden, fehlt[15]. Der Entwurf eines Verkehrslärmschutzgesetzes[16], der Regelungen für die Lärmvorsorge und für die Lärmsanierung enthielt, scheiterte im Jahre 1980 aus Kostengesichtspunkten[17]. Ein Anspruch auf Lärmsanierung sollte danach bei Überschreitung von 70 dB(A) tags

---

[14] Fn. 9, a.a.O.
[15] Zur freiwilligen Lärmsanierung an Straßen siehe Richtlinien für den Verkehrslärmschutz an Bundesfernstraßen in der Baulast des Bundes - Verkehrslärmschutzrichtlinien 1997 -, VkBl. 1997, 434 <444>; Strick, Lärmschutz an Straßen, Kapitel C Rdn. 127 ff.
[16] BT - Drucks. 8/3730 vom 28. Februar 1980

oder 60 dB(A) nachts in Wohngebieten und Kleinsiedlungsgebieten bzw. von 75 dB(A) tags oder 65 dB(A) nachts in Kerngebieten, Dorfgebieten, Mischgebieten, Gewerbegebieten und Industriegebieten bestehen. Die gesetzliche Regelung sollte nur für die Lärmsanierung an bestehenden Straßen gelten, bestehende Schienenwege waren ausgeklammert.

Da eine einfach-gesetzliche Regelung für die Lärmsanierung fehlt, wäre ein Anspruch auf Lärmsanierung unmittelbar aus dem Grundgesetz abzuleiten. Voraussetzung für einen solchen unmittelbar aus dem Grundgesetz abgeleiteten Anspruch auf Lärmsanierung ist, dass die Immissionen Gefahren für grundrechtlich geschützte Güter hervorrufen, die nur gegen einen entsprechenden Ausgleich hinzunehmen sind. Hierzu müssen die vorhandenen Immissionen einen Umfang annehmen, der nach objektiven Maßstäben zu Gesundheitsgefährdungen oder zu schweren und unerträglichen Beeinträchtigungen des Eigentums führt.

Zunächst soll deshalb geklärt werden, wann eine Lärmbelastung zu Gefahren für grundrechtlich geschützte Güter führen kann.

Ausgeschlossen werden können derartige Gefahren, wenn Lärmimmissionen die Grenzwerte des § 2 Abs. 1 der 16. BImSchV nicht überschreiten. Nach der Rechtsprechung des Bundesverwaltungsgerichts verstoßen weder die in § 2 Abs. 1 Nr. 2 der 16. BImSchV festgelegten Immissionsgrenzwerte, noch das in § 3 der 16. BImSchV vorgeschriebene Verfahren zur Berechnung des Beurteilungspegels für Schienenwege gegen Art. 2 Abs. 2 Satz 1 Grundgesetz[18].

Die Grenzwerte des § 2 Abs. 1 der 16. BImSchV beschreiben die planungsrechtliche Zumutbarkeitsschwelle, die nach § 3 Abs. 1 BImSchG bereits vor er-

---

[17] Zum Gesetzgebungsverfahren für ein Verkehrslärmschutzgesetz vgl. Hölder, Die Verordnung zum Schutz vor Verkehrslärm in: Koch (Hrsg.), Schutz vor Lärm, S. 171ff.; Feldhaus - Czajka, BImSchR Bd. 1 § 41 Rdn. 3f.; Landmann/Rohmer, UmweltR I, Nr. 1 § 41 Rdn. 13 ff.
[18] BVerwG, Urteil vom 5.3.1997 - 11 A 25.95 -, BVerwGE 104, 123<130>; zur Vereinbarkeit des in Anlage 2 zu § 3 der 16. BImSchV festgelegten Schienenbonus mit Art. 2 Abs. 2 Satz 1 GG siehe BVerwG, Urteil vom 18.3.1998 - 11 A 55.96 -, NVwZ 1998, 1071<1073f.> = BVerwGE 106, 241 <247 ff.>

heblichen Belästigungen schützt. Die Grenze an der eine erhebliche Belästigung beginnt, liegt deutlich unterhalb der Grenze an der eine Gefahr gesundheitlicher Beeinträchtigungen oder schwerer und unerträglicher Beeinträchtigungen des Eigentums einsetzt[19].

Einwendungen im Planfeststellungsverfahren mit denen behauptet wird, bereits die bloße Überschreitung der Grenzwerte der 16. BImSchV an einem Immissionsort erfordere Lärmsanierungsmaßnahmen sind deshalb unbegründet. Lärmsanierungsmaßnahmen können erst dann erforderlich werden, wenn die Immissionen nach objektiven Maßstäben an einem Immissionsort zu Gesundheitsgefährdungen oder schweren und unerträglichen Beeinträchtigungen des Eigentums führen. Nehmen Immissionen nicht dieses Ausmaß an, besteht keine Veranlassung, sich mit dem Problem der Lärmsanierung im Planfeststellungsverfahren auseinander zu setzen.

III. Bestimmung der „Lärmsanierungsschwelle"

1. Schwelle der Gesundheitsgefährdung

Die Auswertung der Rechtsprechung zeigt, dass hinreichende Gewissheit in bezug auf die Schwelle der Gesundheitsgefährdung bislang nicht besteht, dass aber gemittelte Außenschallpegel von 70 dB (A) tags oder 60 dB (A) nachts in bezug auf mögliche gesundheitliche Beeinträchtigungen noch für unbedenklich gehalten werden. Hier könnte die Schwelle der Gesundheitsgefährdung anzusetzen sein, solange keine gesicherten wissenschaftlichen Erkenntnisse vorliegen.

Liegt der Beurteilungspegel an einem Immissionsort oberhalb von 70 dB (A) tags oder 60 dB (A) nachts, kann eine Gefährdung der Gesundheit nicht von vornherein ausgeschlossen werden. Die Planfeststellungsbehörde muss in diesen

---

[19] Vgl. BVerwG, Urteil vom 23.5.1991 - 7 C 19.90 -, BVerwGE 88, 210<213>

Fällen eine Risikoabschätzung vornehmen. Hierzu kann es im Einzelfall geboten sein, den Rat medizinischer Sachverständiger einzuholen[20].

Der 4. Senat des Bundesverwaltungsgerichts hat festgestellt, dass bislang nicht hinreichend gewiss sei, bei welcher Schwelle die Grenze zur Gefährdung der menschlichen Gesundheit überschritten wird und dass auch der Gesundheitsbegriff selbst umstritten sei[21]. In dem vom 4. Senat zu entscheidenden Fall blieben die genannten Fragen unentschieden, weil der unter Einrechnung der Vorbelastung entstehende Gesamtbeurteilungspegel lediglich 61 dB(A) tags und 53 dB(A) nachts betrug und damit nach Auffassung des Senats nicht die Grenze erreichte, für die von einer Gesundheitsgefährdung auszugehen wäre.

Der 11. Senat des Bundesverwaltungsgerichts hat zur Frage der Gesundheitsgefährdung entschieden, dass ein Außenpegel von 60 dB (A) nicht das Maß dessen überschreitet, was den Anwohnern nach der in Art. 2 Abs. 2 Satz 1 Grundgesetz zum Ausdruck kommenden Wertentscheidung zugemutet werden darf. Es könne zwar davon ausgegangen werden, dass die Lärmwirkungsforschung Außenpegel von 60 dB (A) inzwischen auch kritischer beurteilt als früher, dennoch könne keine Rede davon sein, dass damit bereits ein anerkannter Schwellenwert für den Übergang zur Gesundheitsgefährdung im Sinne des Art. 2 Abs. 2 Satz 1 Grundgesetz überschritten wäre[22].

In seinem Urteil vom 28.10.1998[23] ist der 11. Senat bei einem Wohngebäude im Außenbereich davon ausgegangen, dass ein Außenpegel von 66 dB (A) nachts zu Gesundheitsbeeinträchtigungen führen kann.

---

[20] Vgl. Vallendar, Das Abwägungsgebot - ein alter Hut mit neuen Federn, UPR 1999, 121<125>
[21] BVerwG, Urteil vom 21.3.1996 - 4 C 9.95 -, BVerwGE 101, 1<11>
[22] BVerwG, Urteil vom 23.4.1997 - 11 A 17.96 -, Buchholz 316 § 75 VwVfG Nr. 13, S. 9
[23] Fn. 1, a.a.O., S. 357f.

Maßgebend für die Beurteilung einer konkreten Immissionssituation sind Mittelungspegel. Zu der Frage der Berücksichtigung von Maximalpegeln, die ebenfalls immer wieder Gegenstand von Einwendungen ist, hat das Bundesverwaltungsgericht entschieden, dass die Lärmwirkungsforschung bisher keine gesicherten Erkenntnisse erbracht habe, die unter dem Aspekt des Gesundheitsschutzes eine Änderung der Methodik, Stärke, Dauer und Häufigkeit der Schallereignisse über einen Mittelungspegel zu berücksichtigen erforderlich machen würden[24].

Auch für die unter dem Gesundheitsaspekt entscheidenden Innenraumpegel ist der Rechtsprechung ein konkreter Schwellenwert nicht zu entnehmen. Das Bundesverwaltungsgericht geht davon aus, dass bei Innenraumpegeln (gemittelt) von 40 dB(A) in Wohnräumen und von 30 dB(A) in Schlafräumen den Immissionsbetroffenen eine gegen unzumutbare Lärmbeeinträchtigung abgeschirmte Gebäudenutzung möglich ist[25]. Grundlage hierfür bilden Ergebnisse wissenschaftlicher Untersuchungen zu den Auswirkungen nächtlichen Verkehrslärms auf den Schlaf sowie Untersuchungen zu den Auswirkungen des Verkehrslärms auf die Kommunikation[26].

Ob bereits bei einem Mittelungspegel von 30 dB(A) in Schlafräumen eine Gefahrenschwelle liegt, scheint zweifelhaft, weil bei einem Außenpegel von 60 dB(A) bei Normalfenster geschlossen der Innenraumpegel 36 dB(A) beträgt. Erst an dieser Stelle setzt die theoretische Aufweckgrenze ein und es können langfristig nicht auszuschließende Gesundheitsgefährdungen auftreten[27]. Es wä-

---

[24] BVerwG, Urteil vom 3.3.1999 - 11 A 9.97 -, UA S. 35, in dem die bisherige Rechtsprechung bestätigt wurde
(BVerwG, Urteil vom 23.4.1997, Fn. 22, a.a.O. und Urteil vom 18.3.1998, Fn. 18, a.a.O.)
[25] BVerwG, Beschluss vom 17.5.1995 - 4 NB 30.94 -, Buchholz 406.11 § 1 BauGB Nr. 82; BVerwG, Urteil vom 23.4.1997, Fn. 22, a.a.O.
[26] Siehe hierzu BVerwG, Urteil vom 23.4.1997, Fn. 22, a.a.O., S. 10
[27] Siehe Bayerischer VGH, Urteil vom 5.3.1996, Fn. 2, a.a.O., S. 163

re deshalb konsequent, auch erst an dieser Stelle die Gefahrenschwelle anzusetzen.

2. „Enteignungsrechtliche" Zumutbarkeitsschwelle

Zur „enteignungsrechtlichen" Zumutbarkeitsschwelle liegt umfangreiche Rechtsprechung vor.

Der Bundesgerichtshof geht nach ständiger Rechtsprechung davon aus, dass in allgemeinen Wohngebieten bei Mittelungspegeln von 70 bis 75 dB(A) tags und von 60 bis 65 dB(A) nachts die „enteignungsrechtliche" Zumutbarkeitsschwelle überschritten ist[28].

Das Bundesverwaltungsgericht hat hierzu betont, dass sich eine Belastungsgrenze insoweit nicht festlegen lasse und insbesondere Voraussetzungen, unter welchen aus dem Vorhandensein einer Immissionsbelastung die Unzumutbarkeit des dauerhaften Bewohnens einer Wohnung folge, die Lärmimmissionen also als „schwer und unerträglich" im eigentumsrechtlichen Sinne anzusehen sind, sich nicht generell bestimmen ließen[29].

Auch die 16. BImSchV lässt Schlussfolgerungen auf eine „enteignungsrechtliche" Zumutbarkeitsschwelle zu. § 1 Abs. 2 Satz 2 der 16. BImSchV bestimmt, dass bei einem Beurteilungspegel von 70 dB(A) tags oder von 60 dB(A) nachts jegliche Pegelerhöhung einen Lärmschutzanspruch auslöst, weil mit derartigen

---

[28] BGH, Urteile vom 6.2.1986, BGHZ 97, 114; vom 17.4.1986, BGHZ 97, 361; vom 10.11.1987, NJW 1998, 900 und vom 16.3.1995, BGHZ 129, 124; siehe auch Boujong, Entschädigung für Verkehrslärmimmissionen, UPR 1987, 207ff.
[29] BVerwG, Urteil vom 23.8.1991, Buchholz 454.51 Nr. 17, S.13 und Beschluss vom 11.5.1994, Buchholz 454.51 Nr. 19, S. 22

Lärmbelastungen die „enteignungsrechtliche" Zumutbarkeitsschwelle erreicht bzw. überschritten sein kann[30].

Ebenso vermitteln Verwaltungsvorschriften des Bundes für die Lärmsanierung Hinweise auf die „enteignungsrechtliche" Zumutbarkeitsschwelle. Für die Lärmsanierung an Bundesfernstraßen sind in den Verkehrslärmschutzrichtlinien[31] folgende „Grenzwerte" im Sinne von Richtwerten genannt:

- in reinen und allgemeinen Wohngebieten sowie Kleinsiedlungsgebieten 70 dB(A) tags und 60 dB(A) nachts
- in Kerngebieten, Dorfgebieten, Mischgebieten 72 dB(A) tags und 62 dB(A) nachts
- in Gewerbegebieten 75 dB(A) tags und 65 dB(A) nachts.

Nach Auffassung des Bayerischen VGH haben sich diese Werte „verwaltungsintern zwischenzeitlich als eine allgemeine Grundlage zur Bestimmung der enteignungsrechtlichen Zumutbarkeitsgrenze etabliert, bei deren Überschreitung Lärmsanierungsansprüche einsetzen"[32].

Auch der Bundeshaushaltsplan, in den 1999 erstmalig Mittel für Maßnahmen zur Lärmsanierung an bestehenden Schienenwegen der Eisenbahnen des Bundes eingestellt wurden[33], orientiert sich an den in den Verkehrslärmschutzrichtlinien 1997 für die Lärmsanierung an Straßen genannten Werten.
Zu beachten ist, dass die im Bundeshaushaltsplan, in den Verkehrslärmschutzrichtlinien 1997 und in der Rechtsprechung als „Grenzwerte" bezeichneten Werte nur Richtwerte sind und deshalb nur orientierenden Charakter haben. Die

---

[30] Vgl. Bayerischer VGH, Urteil vom 5.3.1996, Fn. 2, a.a.O., S. 162
[31] Siehe Fn. 15, a.a.O. S. 434
[32] Siehe Bayerischer VGH, Urteil vom 5.3.1996, Fn. 2, a.a.O., S. 162; für die Lärmsanierung an Straßen - vgl. Strick, Fn. 15, a.a.O., Kapitel C, Rdn. 131
[33] Siehe Einzelplan 12, Kapitel 1222, Titel 891 05

Entscheidung ist immer unter Würdigung des konkreten Einzelfalles zu treffen[34].

Nach ständiger Rechtsprechung des BGH spielen dabei die **Art des Gebietes** in dem sich das lärmbelastete Grundstück befindet und die auf das Grundstück einwirkende **Lärmvorbelastung** eine wesentliche Rolle[35].

Die Gebietszuordnung erfolgt wie bei der Lärmvorsorge auf der Grundlage des jeweiligen Bebauungsplanes, oder wenn ein Bebauungsplan nicht vorliegt, nach der tatsächlichen Nutzung des betroffenen Grundstücks[36]. Einem Betroffenen im Außenbereich kann - dem Gebietscharakter entsprechend - im allgemeinen ein höheres Maß an (Verkehrs -) Immissionen zugemutet werden, als in einem Wohngebiet. Allerdings ist auch innerhalb des Außenbereichs nach den jeweils gegebenen tatsächlichen Verhältnissen, der „Situation" des betroffenen Grundstücks zu differenzieren[37]. Für ein Grundstück im Außenbereich können grundsätzlich die vom BGH für Mischgebiete entwickelten Annäherungswerte von 72 dB (A) tags/62 dB (A) nachts herangezogen werden. Es kann im Einzelfall gerechtfertigt sein, diese Werte wegen der Außenbereichslage um 2 bis 3 dB (A) zu erhöhen[38].

Bestehende Lärmvorbelastungen wirken sich schutzmindernd aus. Die Schutzminderung tritt jedoch nur insoweit ein, wie die Vorbelastungen nicht schon selbst unzumutbar sind. Überschreitet eine Vorbelastung die Grenze, oberhalb derer das Grundrecht auf körperliche Unversehrtheit (Art. 2 Abs. 2 GG) verletzt

---

[34] Vgl. Fn. 1, a.a.O., S.358; BGH, Urteil vom 25.3.1993, BGHZ 122, 76<80f.> m.w.N.
[35] BGHZ 122, 76<81>; 97, 114<122f.>; 97, 361<365>
[36] Für die Lärmsanierung an Straßen vgl. Strick, Fn. 15, a.a.O., Kapitel C, Rdn. 132
[37] BGHZ 122, 76<81> m.w.N.
[38] Fn. 1, a.a.O. S. 358

wird oder das Recht auf Nutzung des Eigentums (Art. 14 Abs. 1 Satz 1 GG) nur gegen Entschädigung eingeschränkt werden darf, ist sie insoweit unbeachtlich[39].

Für die Praxis hat das zur Folge, dass auch bei Verbesserungen der Lärmsituation infolge eines Bauvorhabens Ansprüche auf Lärmsanierung nicht von vornherein ausgeschlossen werden können. Liegt die Immissionsbelastung an einem Immissionsort vor der zu genehmigenden Baumaßnahme bereits oberhalb der „enteignungsrechtlichen" Zumutbarkeitsschwelle und vermindert sie sich infolge des Bauvorhabens, ohne die „enteignungsrechtliche" Zumutbarkeitsschwelle zu unterschreiten, kann der Immissionsbetroffene einen Anspruch auf Lärmsanierung haben, weil die Immissionsbelastung, die die „enteignungsrechtliche" Zumutbarkeitsschwelle ohne Durchführung des Bauvorhabens überschreitet, nicht von der Duldungspflicht des Immissionsbetroffenen erfasst wird.

Die Beurteilung einer Lärmvorbelastung hat grundsätzlich nur unter Berücksichtigung der Immissionen zu erfolgen, die von dem Verkehrsweg ausgehen, der geändert werden soll. Das heißt, es erfolgt grundsätzlich keine summierte Betrachtung der auf den Immissionsort einwirkenden Immissionen.

Nach der Rechtsprechung des Bundesverwaltungsgerichts kann eine Berechnung der Immissionen nach Maßgabe eines Summenpegels aber geboten sein, wenn der neue oder zu ändernde Verkehrsweg in Zusammenwirkung mit vorhandenen Vorbelastungen anderer Verkehrswege insgesamt zu einer Lärmbelastung führt, die mit Gesundheitsgefahren oder einem Eingriff in die Substanz des Eigentums verbunden ist. Dies ergebe sich daraus, dass der Staat durch seine Entscheidungen keine verkehrlichen Maßnahmen zulassen dürfe, die im Ergebnis einen nicht rechtfertigungsfähigen Eingriff in Leben, Gesundheit oder Ei-

---

[39] BVerwG, Urteil vom 22.3.1985, BVerwGE 71, 150<155>und Urteil vom 18.12.1990, Buchholz 406.11 § 1 BauGB Nr. 50, S. 25 <31>

gentum auslösen. Dies würden die in Art. 2 Abs. 2 Satz 1 oder Art. 14 Abs. 1 Satz 1 GG enthaltenen Gewährleistungen gebieten[40].

Die Immissionsbelastung ist für den jeweiligen Immissionsort zu berechnen. Zwar gilt das Berechnungsverfahren nach § 3 der 16. BImSchV bei einer Lärmsanierung nicht, es sind aber keine Gründe erkennbar, die dafür sprechen würden, für die Ermittlung eventuell die „enteignungrechtliche" Zumutbarkeitsgrenze überschreitender Lärmbelastungen von einem sonst eingeführten Rechenverfahren abzusehen[41]. Auch die Verkehrslärmschutzrichtlinien 1997 gehen von einer Berechnung des Beurteilungspegels bei der Lärmsanierung aus[42].

Im Einzelfall können sich auch Lärmvorbelastungen oberhalb der „enteignungsrechtlichen" Zumutbarkeitsschwelle schutzmindernd auswirken. Das ist nach der Rechtsprechung des BGH[43] dann der Fall, wenn ein Betroffener mit seinem Verhalten einen vorher noch nicht vorhandenen Interessenkonflikt aktiviert bzw. soweit er einen vorher so noch nicht vorhandenen Interessenkonflikt intensiviert.

Von der Intensivierung eines Interessenkonflikts ist auch bei baulichen Änderungen oder Nutzungsänderungen eines Gebäudes auszugehen. Der Bayerische VGH hat unter Verweis auf die Rechtsprechung des Bundesverwaltungsgerichts entschieden, dass ein Betroffener unter dem Gesichtspunkt des Gebots der Rücksichtnahme unter Umständen verpflichtet sei, bei Veränderungen an seinem Gebäude durch die Wahl der baulichen Gestaltung die eigene Lärmbelastung zu vermindern. Anderenfalls seien Beeinträchtigungen jenseits der „ent-

---

[40] Siehe BVerwG, Urteil vom 21.3.1996, BVerwGE 101, 1<9/10> und Urteil vom 20.5.1998 - 11 C 3.97 -, UA S. 15
[41] So auch Bayerischer VGH, Urteil vom 5.3.1996, Fn. 2, a.a.O., S. 163
[42] Siehe Verkehrslärmschutzrichtlinien 1997, Fn. 15, a.a.O., Ziff. 37.3 Abs. 1

eignungsrechtlichen" Zumutbarkeitsschwelle insoweit nicht ausgleichsfähig, Eigentumsrechte insoweit also nicht schutzfähig[44].

IV. Lärmsanierungsansprüche und Planfeststellung

1. Voraussetzungen für die Lärmsanierung aus Anlass der Planfeststellung

Es sollen nun mögliche Schlussfolgerungen gezogen werden, die sich für die Planfeststellungsbehörde ergeben können, wenn aus Anlass einer Planfeststellung erkennbar wird, dass die von dem Schienenweg bereits ausgehenden Immissionen ein Ausmaß annehmen, das zu Gesundheitsbeeinträchtigungen führen kann oder die „enteignungsrechtliche" Zumutbarkeitsschwelle überschreitet. Die Schlussfolgerungen ergeben sich aus dem Urteil des Bundesverwaltungsgerichts vom 28.10.1998[45] sowie aus der Rechtsprechung des Bundesverwaltungsgerichts in ähnlich gelagerten Fällen.

Nach dem in § 18 Abs. 1 Satz 2 AEG bestimmten Abwägungsgebot ist die Planfeststellungsbehörde verpflichtet, unter Beachtung gesetzlicher Wertungen alle von dem planfestgestellten Vorhaben berührten öffentlichen und privaten Belange gerecht gegen- und untereinander abzuwägen.

Für die Belange des Schallschutzes ergibt sich danach folgendes:

Der Ausgleich zwischen Eisenbahnverkehr und lärmbetroffener Nachbarschaft erfolgt zunächst auf der Grundlage des BImSchG in Verbindung mit der 16. BImSchV, das heißt zuerst ist zu prüfen, ob aufgrund des planfestzustellenden

---

[43] Vgl. BGH, Urteil vom 16.3.1995, NJW 1995, 1823<1824> - in dem entschiedenen Fall hatte der Kläger „freiwillig" in die Lärmschutzzone 1 des Lärmschutzbereichs für einen Flugplatz hineingebaut.
[44] Bayerischer VGH, Urteil vom 5.12.1997, Fn. 2, a.a.O. S. 640

Vorhabens Lärmvorsorgeansprüche bestehen. Ist dies der Fall, ist mit der Einhaltung der Grenzwerte des § 2 Abs. 1 der 16. BImSchV der Nutzungskonflikt zwischen Eisenbahnverkehr und lärmbetroffener Nachbarschaft in bezug auf den Schallschutz gelöst, weil die Immissionsgrenzwerte des § 2 Abs. 1 der 16. BImSchV auf einer generell - abstrakten Abwägung der widerstreitenden Interessen beruhen. Bei Einhaltung der Immissionsgrenzwerte ist deshalb ein weitergehender Interessenausgleich nicht geboten, denn „eine Abweichung von den normierten Maßstäben, wäre mit dem Normzweck, eine gleichmäßige Rechtsanwendung sicherzustellen unvereinbar"[46].

Auch für die Fälle, in denen die 16. BImSchV Lärmschutzansprüche versagt, hat das Bundesverwaltungsgericht entschieden, dass - jedenfalls zunächst - der zwischen Eisenbahnverkehr und lärmbetroffener Nachbarschaft bestehende Nutzungskonflikt in einer Weise gelöst ist, an der sich die Planfeststellungsbehörde bei Anwendung des Abwägungsgebotes orientieren dürfe. Die Planfeststellungsbehörde habe aber zu beachten, dass die durch die zugelassene Baumaßnahme zusätzlich verursachte Lärmbelastung zusammen mit der bereits bestehenden Vorbelastung nicht zu einer Gesamtlast führen darf, die eine Gesundheitsgefährdung darstellt[47].

In seinem Urteil vom 28.10.1998[48] sieht das Bundesverwaltungsgericht bei Gesundheitsgefährdungen oder Eigentumsbeeinträchtigungen, die der Planfeststellungsbehörde aus Anlass der Planfeststellung bekannt werden, eine Verpflichtung der Planfeststellungsbehörde, diesen entgegenzuwirken.

---

[45] Fn 1, a.a.O.
[46] So entschieden vom Bundesverwaltungsgericht zu den Immissionsrichtwerten der 18. BImSchV, BVerwG, Beschluss vom 8.11.1994, UPR 1995, 108
[47] BVerwG, Urteil vom 20.5.1998, Fn. 40, a.a.O.
[48] Fn. 1, a.a.O.

Nicht ausreichend deutlich wird in der Entscheidung, bei welchen planfeststellungsbedürftigen Änderungen eine Verpflichtung der Planfeststellungsbehörde bestehen soll, die Immissionsvorbelastungen in den Blick zu nehmen und bewertend zu berücksichtigen. Es wäre zu klären, ob eine solche Verpflichtung der Planfeststellungsbehörde bei jeder planfeststellungsbedürftigen Änderung bestehen soll oder ob bestimmte Voraussetzungen hierzu vorliegen müssen.

Betrachtet man weitere Entscheidungen des Bundesverwaltungsgerichts, in denen eine Lärmsanierung aus Anlass der Planfeststellung angesprochen wurde[49], so ist festzustellen, dass in allen entschiedenen Fällen Gegenstand der Planfeststellung auch die Elektrifizierung des Schienenweges war und sich aus dem planfestzustellenden Bauvorhaben keine Ansprüche auf Lärmvorsorge nach dem BImSchG in Verbindung mit der 16. BImSchV ergaben, weil die Elektrifizierung nicht zu einer Veränderung der Immissionssituation führt.

Bei der Elektrifizierung handelt es sich aber um einen Eingriff in den Schienenweg im immissionsschutzrechtlichen Sinne[50] und damit um eine planfeststellungsbedürftige Änderung mit einem immissionsschutzrechtlichen Bezug. Es wäre also denkbar, dass das Bundesverwaltungsgericht für eine Lärmsanierung aus Anlass der Planfeststellung einen immissionsschutzrechtlichen Bezug der planfeststellungsbedürftigen Änderung verlangt. Dieser wäre immer dann zu bejahen, wenn die planfestzustellende Änderung einen Eingriff in die Substanz des Schienenweges im immissionsschutzrechtlichen Sinne zum Inhalt hat, das heißt wenn ein erheblicher baulicher Eingriff im Sinne der 16. BImSchV vorliegt.

Denkbar wäre aber auch, dass das Bundesverwaltungsgericht eine Verpflichtung zur Lärmsanierung aus Anlass der Planfeststellung nur dann annimmt, wenn ei-

---

[49] Vgl. BVerwG, Beschluss vom 26.8.1998, Buchholz 442.09 § 20 AEG Nr. 22 und Urteil vom 3.3.1999 - 11 A 9.97 -, U.A. S.34
[50] Vgl. BVerwG, Urteil vom 20.5.1998, Fn. 12, a.a.O.

ne tatsächliche Lärmvorbelastung fehlt, vom Schienenweg aber plangegebene Vorbelastungen ausgehen, die zu Gesundheitsgefährdungen führen können oder schwere und unerträgliche Eigentumsbeeinträchtigungen zur Folge haben. Auch diese Gemeinsamkeit weisen die Entscheidungen, in denen eine Lärmsanierung aus Anlass der Planfeststellung angesprochen wurde[51], auf.

Eine solche Unterscheidung von tatsächlichen und plangegebenen Vorbelastungen, erscheint jedoch zumindest in Fällen, in denen durch die Belastungen Grundrechte berührt werden, nicht überzeugend. Es ist nicht erkennbar, aus welchem Grunde ein Immissionsbetroffener, der nur wegen einer Einstellung des Eisenbahnbetriebes zum Zeitpunkt der Planfeststellung tatsächliche Vorbelastungen nicht mehr zu verzeichnen hatte, gegenüber einem Immissionsbetroffenen, bei dem tatsächliche und plangegebene Vorbelastungen vorliegen, bessergestellt werden sollte.

Eine weitere Betrachtungsmöglichkeit wäre, dass das Bundesverwaltungsgericht die Planfeststellungsbehörde bei jeder planfeststellungsbedürftigen Änderung, also auch bei planfeststellungsbedürftigen Änderungen ohne jeglichen immissionsschutzrechtlichen Bezug verpflichten wollte, eine Immissionsvorbelastung im Rahmen der Abwägung in den Blick zu nehmen. Diese Betrachtung scheidet aber schon deshalb aus, weil Gegenstand der Abwägung nur die von dem jeweiligen Vorhaben berührten öffentlichen und privaten Belange sind. Werden Belange des Immissionsschutzes durch ein Vorhaben überhaupt nicht berührt, sind diese bei der Abwägung auch nicht zu berücksichtigen.

---

[51] Siehe Nachweise unter Fn. 48 und 49

2. Inhalt und Umfang des Anspruchs auf Lärmsanierung

Der Anspruch auf Lärmsanierung richtet sich auf Unterschreitung der „enteignungsrechtlichen" Zumutbarkeitsschwelle bzw. der Schwelle der Gesundheitsgefährdung. Weil nach gegenwärtigem Kenntnisstand davon ausgegangen werden kann, dass die „enteignungsrechtliche" Zumutbarkeitsschwelle und die Schwelle der Gesundheitsgefährdung nicht wesentlich voneinander abweichen, scheint es gerechtfertigt, den konkreten Schutzanspruch an der in der Rechtsprechung und in Verwaltungsvorschriften deutlicher bestimmten „enteignungsrechtlichen" Zumutbarkeitsschwelle auszurichten.

Der Anspruch selbst beruht auf Art. 14 Abs. 1 GG. Die Planfeststellungsbehörde entscheidet auf der Grundlage des § 74 Abs. 2 Satz 2 Verwaltungsverfahrensgesetz (VwVfG) über die erforderlichen Schutzvorkehrungen. Die Anwendung des § 74 Abs. 2 Satz 2 VwVfG ist in diesem Fall nicht ausgeschlossen, weil es sich bei den erforderlichen Schutzvorkehrungen nicht um Lärmvorsorgemaßnahmen aufgrund des § 41 BImSchG, sondern um Lärmsanierungsmaßnahmen handelt, die nicht zum Regelungsgegenstand des § 41 BImSchG gehören[52].

Sind im Interesse privater Rechte Schutzmaßnahmen erforderlich, hat die Planfeststellungsbehörde Schutzauflagen anzuordnen, soweit sie nicht ausnahmsweise untunlich oder mit dem Vorhaben unvereinbar sind. Hinsichtlich des „Ob" der Schutzauflage steht der Planfeststellungsbehörde kein Entschließungsermessen zu. Die Planfeststellungsbehörde hat lediglich hinsichtlich des „Wie" der Schutzmaßnahmen ein Auswahlermessen. Welche von mehreren Schutzmaßnahmen zu ergreifen sind, unterliegt der planerischen Gestaltungsfreiheit[53]. In

---

[52] Vgl. BVerwG, Urteil vom 9.2.1995, Fn. 5, a.a.O., S. 371f.
[53] Siehe Obermayer, VwVfG - Kommentar § 74 Rdn. 90

Betracht kommen grundsätzlich alle Maßnahmen, die zur Erreichung des Schutzziels geeignet sind[54].

Art und Umfang der Maßnahmen bestimmen sich nach der konkreten Situation des betroffenen Grundstücks. Der maßgebende zu unterschreitende Schwellenwert ergibt sich aufgrund der Art des Gebietes, in dem das betroffene Grundstück liegt. Auch die Lage der zu schützenden Räume in einem Gebäude zum Verkehrsweg erlangt Bedeutung für den Anspruch auf Schutzvorkehrungen. Ist z.B. nur der Schwellenwert für die Nacht überschritten und sind die Schlafräume eines Gebäudes nicht zum Verkehrsweg ausgerichtet, besteht kein Anspruch auf Schutzvorkehrungen.

Ebenso ist ein Anspruch auf Schutzvorkehrungen ausgeschlossen, wenn ein Immissionsbetroffener zu einem Zeitpunkt, in dem die Immissionen die „enteignungsrechtliche" Zumutbarkeitsschwelle bereits überschritten hatten, sein Wohngebäude an den Schienenweg herangebaut oder die Funktion von Räumen verändert hat.

Die Erkennung solcher Fälle dürfte mit Schwierigkeiten verbunden sein. Sie erlangt eine herausragende Bedeutung aber nur in den Fällen, in denen eine Entschädigung für passive Schallschutzmaßnahmen festzusetzen ist.

3. Schlussfolgerungen für die Planfeststellungsbehörde

Abschließende Schlussfolgerungen aus dem Urteil des Bundesverwaltungsgerichts vom 28.10.1998[55] zu ziehen, wäre verfrüht, weil noch ein weiteres Verfahren beim 11. Senat des Bundesverwaltungsgerichts anhängig ist, das Lärmschutzmaßnahmen zur Vermeidung von Eingriffen in das Eigentum und die Ge-

---

[54] Vgl. Kopp, VwVfG - Kommentar, 6. Aufl. § 74 Rdn. 38 m.w.N.; Obermayer, Fn. 53 § 74, Rdn. 92
[55] Fn. 1, a.a.O.

sundheit zum Gegenstand hat. Es ist zu hoffen, dass die Tendenz in der Rechtsprechung mit dem Abschluss dieses Verfahrens deutlicher wird.

Sollte sich die Interpretation bestätigen, dass ein Anspruch auf Lärmsanierung aus Anlass der Planfeststellung besteht, wenn bestehende Vorbelastungen die „enteignungsrechtliche" Zumutbarkeitsschwelle überschreiten und die beantragte planfeststellungsbedürftige Änderung einen Eingriff in die Substanz des Schienenweges im immissionsschutzrechtlichen Sinne zum Inhalt hat, so würden sich für die Planfeststellungsbehörde folgende Schlussfolgerungen ergeben:

- **Umfang der Planunterlagen**

Vom Vorhabensträger wäre immer eine schalltechnische Untersuchung zu verlangen, wenn die beantragte planfeststellungsbedürftige Änderung einen immissionsschutzrechtlichen Bezug aufweist. Neu wäre damit eine schalltechnische Untersuchung z. B. bei „reinen" Elektrifizierungen, das heißt bei Elektrifizierungen ohne Veränderungen der Gleislage.

In der schalltechnischen Untersuchung wäre die plangegebene Lärmvorbelastung der betroffenen Grundstücke auszuweisen und mit der „enteignungsrechtlichen" Zumutbarkeitsschwelle zu vergleichen. In Fällen, in denen die Lärmvorbelastung die „enteignungsrechtliche" Zumutbarkeitsschwelle überschreitet, wären auf der Grundlage der schalltechnischen Untersuchung aktive oder passive Schutzmaßnahmen zur Unterschreitung dieser Schwelle vom Vorhabensträger vorzuschlagen.

- **Verfahrensart**

Wird mit planfeststellungsbedürftigen Änderungen in die Substanz des Schienenweges im immissionsschutzrechtlichen Sinne eingegriffen, ist ein Planfeststellungsverfahren durchzuführen, wenn Immissionsvorbelastungen über der „enteignungsrechtlichen" Zumutbarkeitsschwelle vorliegen. Ein Plangenehmigungsverfahren scheidet aus, weil Gegenstand des Planes subjektive Rechte dritter sind.

- **Lärmsanierung außerhalb der Planfeststellung**

Die bisherige Entscheidungspraxis, die Betroffenen hinsichtlich einer Lärmsanierung auf eine Auseinandersetzung mit dem Vorhabensträger im Rahmen des bürgerlich-rechtlichen Nachbarschaftsverhältnisses zu verweisen, kann die Planfeststellungsbehörde fortsetzen, soweit die beantragte planfeststellungsbedürftige Änderung keinen immissionsschutzrechtlichen Bezug aufweist (z. B. bei Einbau, Ausbau oder Versetzen von Weichen; bei Versetzen von Signalanlagen und geringfügigen Veränderungen der Gradiente sowie bei allen planfeststellungsbedürftigen Änderungen, die nicht den Schienenweg, sondern andere Betriebsanlagen der Eisenbahn im Sinne des § 18 Abs. 1 AEG betreffen).

V. Ausblick

Bemühungen um eine gesetzliche Regelung der Lärmsanierung; Richtlinien zur freiwilligen Lärmsanierung

Zu fordern ist eine gesetzliche Regelung der Lärmsanierung. Ein Antrag des Landes Nordrhein-Westfalen im Rahmen der Bundesratsberatung zur 24. BImSchV „durch eine Erweiterung des § 41 Bundes-Immissionsschutzgesetz dafür Sorge zu tragen, dass der Lärmschutz an bestehenden Straßen und Schienenwegen auf eine gesetzliche Grundlage gestellt wird", wurde abgelehnt[56].

Bemerkenswert ist, dass in dem von der unabhängigen Kommission beim Bundesministerium für Umwelt, Naturschutz und Reaktorsicherheit im September 1997 vorgelegten Entwurf eines Umweltgesetzbuches das Problem der Lärmsanierung an bestehenden Verkehrswegen wieder aufgegriffen wurde[57].

Mit einer kurzfristigen gesetzlichen Regelung ist aber kaum zu rechnen. Die Planfeststellungsbehörde wird deshalb ihre Entscheidungen zur Lärmsanierung noch eine längere Zeit auf die Rechtsprechung stützen müssen. Es wäre deshalb geboten, Schlussfolgerungen für die Verwaltungspraxis hinsichtlich der Lärmsanierung aus Anlass der Planfeststellung zu ziehen, sobald die Entscheidung des Bundesverwaltungsgerichts in dem derzeit noch anhängigen Verwaltungsstreitverfahren betreffend die Planfeststellungsabschnitte 21 bis 23 der Strecke Uelzen - Stendal vorliegt.

Auch für die freiwillige Lärmsanierung an bestehenden Schienenwegen der Eisenbahnen des Bundes auf der Grundlage des Bundeshaushaltsplanes muss eine einheitliche Verfahrensweise entwickelt werden. Dem Bundeshaushaltsplan sind zwar die Voraussetzungen für die Finanzierung von Investitionen zur Lärmminderung an bestehenden Schienenwegen der Eisenbahnen des Bundes zu entnehmen, es liegen aber bisher keine Regelungen zu Einzelheiten vor, wie sie etwa

---

[56] Vgl. BR-Drucks. 463/2/96 vom 7.11.1996
[57] UGB-KomE, Entwurf der Unabhängigen Sachverständigenkommission zum Umweltgesetzbuch beim Bundesministerium für Umwelt, Naturschutz und Reaktorsicherheit/Bundesministerium für Umwelt, Naturschutz und Reaktorsicherheit (Hrsg.) - Berlin: Duncker und Humblot, 1998 S. 1196 ff.; siehe hierzu auch Michler, Zum Entwurf eines Umweltgesetzbuches, DVBl. 1999, 816<824ff.>

in den Verkehrslärmschutzrichtlinien[58] enthalten sind. Für eine einheitliche Rechtsanwendung wären solche Regelungen dringend geboten.

---

[58] Siehe Fn. 15, a.a.O.

Thomas Krampitz, Eisenbahnbundesamt

Erschütterungen - ein Überblick zum derzeitigen Erkenntnisstand

I. Vorbemerkung

Ich bin mir bewusst, dass ich mich mit meinem Referatthema in einer unvergleichlich bequemeren Situation als mein Vorredner befinde. Herr Wilke musste die Auswirkungen neuer Gerichtsentscheidungen auf unsere künftige Arbeit einschätzen. Ich habe den Vorteil, dass ich mich bereits in meinem im Jahre 1996 in Speyer gehaltenen Referat[1] zu den juristischen Fragen, die im Zusammenhang mit Erschütterungsimmissionen in der Planfeststellung auftreten, geäußert habe. Glücklicherweise besteht kein Anlass, den Mantel des Schweigens über diese Ausführungen breiten zu müssen, denn es gibt weder eine Entscheidung des Gesetzgebers noch eine Gerichtsentscheidung, die mich zu einer Korrektur meiner Position veranlassen müsste. Gegenstand dieses Kurzreferats soll daher nur die Frage sein: In welche Richtung ist die Entwicklung seitdem gegangen, und was hat sich seitdem Neues ergeben?

II. Zusammenfassung des Referats in Speyer 1996

Zur Einführung in die Thematik erscheint es mir am zweckmäßigsten, hier kurz die wichtigsten Thesen meines Speyerer Referats zusammenzufassen. Erschütterungen sind mechanische Schwingungen, die durch den Schienenverkehr ange-

---

[1] Der Erschütterungsschutz in der eisenbahnrechtlichen Planfeststellung, in: *Blümel/ Kühlwetter*, Aktuelle Probleme des Eisenbahnrechts II, Speyerer Forschungsberichte Bd. 175, S. 139 ff.

regt und über den Untergrund in die Umgebung übertragen werden.[2] Durch das Rollen des Rades auf der Schiene entstehen in der Kontaktzone zwischen Rad und Schiene Schwingungen, die sich in der Schiene und im Rad ausbilden und sich einerseits über die Luft als Luftschall, sprich Verkehrsgeräusche, und andererseits über den Oberbau und den Boden als Erschütterungen in anliegende Gebäude ausbreiten. Abhängig von der Zusammensetzung des Bodens und der Höhe des Grundwasserstandes breiten sich die Erschütterungen entlang einer Eisenbahnstrecke aus und regen die Gebäudedecken zu Schwingungen an. Dieser Effekt ist besonders stark bei Holzbalkendecken. Bemerkt werden außerdem Sekundäreffekte wie das Klirren von Gläsern. Als weitere Auswirkung muss auch der sog. sekundäre Luftschall berücksichtigt werden. Dieser entsteht dadurch, dass die Raumbegrenzungslinien von Räumen angeregt werden, was einen hörbaren Luftschall, ein tieffrequentes Grollen hervorruft.

Die Gemeinsamkeit von Luftschall und Körperschall[3] besteht in ihrer gemeinsamen Ursache, dem Rollen des Rades auf der Schiene. Der Verkehrslärm wird jedoch durch ein homogenes Medium, die Luft, übertragen. Erschütterungen werden dagegen durch den Boden übertragen. Damit hängt ihre Stärke von viel mehr Variablen als der Luftschall ab. Diese Variablen sind u.a. der Oberbau, die Trassierung, der Untergrund, der Übertragungsweg (wichtig sind hier vor allem Grundwasser, Baugrubenabschlüsse und Erdanker) und dann vor allem die Eigenschaften des angeregten Gebäudes.

Erschütterungen werden in § 3 Abs. 2 BImSchG ausdrücklich bei der Begriffsbestimmung der Immissionen mit aufgeführt. Sie sind schädliche Umwelteinwirkungen, wenn sie nach Art, Maß und Dauer geeignet sind, erhebliche Belä-

---

[2] vgl. auch die Definition in der DIN 4150 Teil 2, Ziffer 3.1
[3] Körperschall ist der Oberbegriff für Erschütterungen und sekundären Luftschall

stigungen für die Nachbarschaft herbeizuführen. Die einzigen gesetzlich normierten Rechtsgrundlagen für den Erschütterungsschutz in der Planfeststellung bilden die §§ 74 Abs. 2 Satz 2 und 3 VwVfG. Der Körperschall einschließlich des sekundären Luftschalls unterfällt nicht der 16. BImSchV, das Lärmschutzsystem der §§ 41 ff. BImSchG stellt allein auf den (primären) Luftschall ab.[4] Weitere normierte Rechtsgrundlagen, insbesondere verbindliche Grenzwerte, gibt es nicht. Die Praxis behilft sich damit, Zumutbarkeitsgrenzen aus der DIN 4150 Teil 2[5] abzuleiten. Bemessen werden Erschütterungsimmissionen danach durch KB-Werte.[6] Zu beurteilen sind die Erschütterungsimmissionen sowohl nach der „maximalen bewerteten Schwingstärke (KB_{Fmax})", die auf Einzelereignisse abstellt, als auch nach der „Beurteilungsschwingstärke (KB_{FTr})", die auch die Häufigkeit der Einwirkungen berücksichtigt. In ihrer Tabelle 1 enthält die DIN 4150 Teil 2 von der Nutzungsart der Umgebung abhängige Anhaltswerte für die Beurteilung von Erschütterungsimmissionen in Wohnungen und vergleichbar genutzten Räumen. Durch die Formulierung „Anhaltswerte" soll zum Ausdruck gebracht werden, dass - anders als bei Grenzwerten - bei ihrer Überschreitung schädliche Umwelteinwirkungen nicht vorliegen müssen. Trotz dieses Beurteilungsspielraums werden bei Neubauvorhaben der Eisenbahn mangels anderer Erkenntnisquellen die Zumutbarkeitsgrenzen regelmäßig aus den Anhaltswerten der DIN 4150 Teil 2 abgeleitet.

Die Rechtsprechung ist diesem Ansatz gefolgt. Nach einem Urteil des VGH Baden-Württemberg[7] ist es nicht zu beanstanden, wenn sich die Planfeststellungs-

---

[4] Beschluss des Bundesverwaltungsgerichts vom 10.10.1995, Az. 11 B 100.95, BA S. 16; Dresdener Urteilssammlung Nr. 4/96; NVwZ-RR 1997, 336, 338
[5] Erschütterungen im Bauwesen; Teil 2: Einwirkungen auf Menschen in Gebäuden, Ausgabe vom Juni 1999 als Ersatz für die Ausgabe vom Dezember 1992
[6] KB ist die Abkürzung für „Körperschall-Bewertungsziffer"
[7] Urteil vom 19.12.1997, NVwZ 1998, 1086, 1087; Gegenstand des Verfahrens war ein Neubauabschnitt der Stuttgarter S-Bahn

behörde bei der Festlegung der Zumutbarkeitsgrenze im Sinne des § 74 Abs. 2 Satz 2 VwVfG an den Anhaltswerten der DIN 4150 Teil 2 orientiert, weil erwartet werden kann, dass erhebliche Belästigungen von Menschen in Wohnungen und vergleichbar genutzten Räumen in der Regel vermieden werden, wenn die Anforderungen und Anhaltswerte dieser DIN-Norm eingehalten werden.[8]

Größere Schwierigkeiten macht die Bestimmung der Zumutbarkeitsgrenze bei Ausbaustrecken der Eisenbahn. Die Maßstäbe für die Entscheidungspraxis des Eisenbahn-Bundesamtes und die Planer der Bahn wurden durch ein Urteil des Bayerischen VGH[9] sowie durch den dazu ergangenen (bereits erwähnten) Beschluss des Bundesverwaltungsgerichts vom 10.10.1995[10] gesetzt. Deren Kernaussagen lassen sich wie folgt zusammenfassen:

1. Die Zumutbarkeit von Körperschalleinwirkungen richtet sich nach den Grundsätzen der Rechtsprechung zum Verkehrslärm vor Inkrafttreten der 16. BImSchV. Danach bemisst sich die Schutzbedürftigkeit der betroffenen Nutzung nach dem Gebietscharakter und der planerischen und tatsächlichen Vorbelastung.[11]

2. Grundsätzlich bestehen bei Ausbaustrecken Ansprüche der Anwohner auf erschütterungsmindernde Maßnahmen nur, wenn sich die Vorbelastung in beachtlicher Weise erhöht und gerade in dieser Erhöhung eine unzumutbare Beeinträchtigung liegt.[12]

---

[8] so Ziffer 1 Satz 4 der DIN 4150 Teil 2
[9] Urteil vom 21.02.1995, Az. 20 A 93.40080 u.a., Dresdener Urteilssammlung Nr. 22/95
[10] Vgl. FN 4
[11] BVerwG, a.a.O., (FN 4), BA S. 16
[12] BayVGH, a.a.O., (FN 9), UA S. 89, unter Hinweis auf BVerwGE 51, 15, 32

3. Die Rechtsprechung zum Verkehrslärm vor Inkrafttreten der 16. BImSchV kannte jedoch Ausnahmen von diesem Grundsatz. Vorbelastungen durften sich nicht ausnahmslos schutzmindernd auswirken. Wenn die Erschütterungen daher bereits vor der beantragten Änderung das Maß des enteignungsrechtlich Zumutbaren überschritten haben, ist aus Anlass der Planfeststellung eine Schutzauflage anzuordnen.[13] Aus dem Referat von Herrn Wilke ist zu entnehmen, dass diese alte Rechtsprechung des Bundesverwaltungsgerichts nun auch beim Verkehrslärm wieder aktuell wird.

4. Zweite Ausnahme von dem Grundsatz zu 2.: Kommt es durch die planfeststellungsbedürftige Änderung der Strecke zu Erhöhungen der Immissionen auf ein bestehendes B-Plangebiet, so muss die Fachplanung auf die nach dem Bebauungsplan zulässige Nutzbarkeit der Grundstücke Rücksicht nehmen. Der Eigentümer in einem Bebauungsplangebiet soll darauf vertrauen können, dass eine heranrückende Fachplanung durch Vorkehrungen die erforderliche Rücksicht auf das schutzbedürftige Baugebiet nehmen wird.[14] In einem solchen Fall sind die Anhaltswerte der DIN 4150 Teil 2 wie bei Neubauvorhaben heranzuziehen.

5. Auch Antragsunterlagen für die Planfeststellung auch von Ausbaustrecken müssen eine erschütterungstechnische Untersuchung enthalten, mindestens wenn ein erheblicher baulicher Eingriff vorliegt, im Wesentlichen also bei Trassenverschiebungen.

---

[13] BVerwGE 59, 253, 265
[14] BVerwGE 71, 150, 158

III. Beachtliche Erhöhung der Vorbelastung

Nicht behandelt habe ich in meinem Referat 1996 die Frage, unter welchen Voraussetzungen eine Erhöhung der Vorbelastung „in beachtlicher Weise" anzunehmen ist. Ein Blick in die neue Ausgabe der DIN 4150 Teil 2 vom Juni 1999 lässt den Leser nun erstmals auch zu Ausbaustrecken fündig werden.[15] Aussagen, inwieweit die Anhaltswerte auch für Ausbaustrecken Anwendung finden sollen, sucht man jedoch vergebens. Es gibt auch keine Antwort auf die Frage, unter welchen Voraussetzungen die DIN 4150 von einer Erhöhung der Vorbelastung „in beachtlicher Weise" ausgeht, weil unter den Mitgliedern des Normausschusses keine Einigung über die genaue Höhe der Unterschiedsschwelle zustande gekommen ist.[16] Stattdessen verweist die neue DIN 4150 nur allgemein auf folgende Beurteilungskriterien:[17]

- historische Entwicklung der Belastungssituation
- Höhe und Häufigkeit der Anhaltswertüberschreitungen
- Vermeidbarkeit von Anhaltswertüberschreitungen (Einhaltung des Standes der Technik bei Gleisanlagen und Fahrzeugen)
- die Duldungspflichten nach dem Gebot der gegenseitigen Rücksichtnahme.

Im Ergebnis wiederholt die DIN damit nur die bereits von der Rechtsprechung für maßgeblich gehaltenen Entscheidungskriterien. Der Bayerische VGH hat die Zumutbarkeitsschwelle für Körperschallimmissionen bei Ausbaustrecken nicht aus der DIN 4150 Teil 2 abgeleitet, sondern er geht - offenbar mit Blick auf die

---

[15] Die Ausgabe der DIN 4150 Teil 2 vom Dezember 1992 wollte Aussagen ausdrücklich nur für den Neubau von Eisenbahnstrecken treffen, vgl. dort Ziffer 5.5.2.2 (S. 5)
[16] Schreiben der DB AG an das EBA, Außenstelle Berlin, vom 12.07.1999 - FTZ 81.FTZ 81 Gr -, S. 3
[17] vgl. S. 7 f., Ziffer 6.5.3.4

historisch überkommene Belastungssituation und die Rücksichtnahmeverpflichtung der Anwohner - von einer höheren zumutbaren Belastung aus. Er stützt sich dazu auf den Bericht eines gemeinsam vom Umweltbundesamt und vom Bundesbahn-Zentralamt beauftragten Forschungsvorhabens aus dem Jahre 1993.[18] Da dies zu dem Ergebnis kommt, bei einem energetisch über alle gemessenen Ereignisse gemittelten KB_{Fmax} sei KB = 0,4 diejenige Belastung, bei der sich 50% oder etwas mehr der Betroffenen durch Erschütterungseinwirkungen gestört fühlen, liege hier eine generelle Zumutbarkeitsschwelle für Ausbaustrecken. Komme es infolge baulicher Änderungen am Schienenweg zu einer Überschreitung dieser Schwelle um mindestens 0,1 KB, stelle dies eine erhebliche Änderung dar, weil der Anhaltswert KB = 0,1 die Wahrnehmbarkeitsschwelle beschreibe. Bei einer derartigen Steigerung bestünden grundsätzlich Ansprüche auf Schutzmaßnahmen.[19]

Die DB AG hat aus dem Urteil des Bayerischen VGH die generelle Schlussfolgerung abgeleitet, dass eine beachtliche Erhöhung der Vorbelastung erst ab einer Erhöhung der Vorbelastung um mindestens 25% vorliege. Die Zusatzbelastung muss danach proportional zur Grundbelastung ansteigen, um rechtlich erheblich zu sein. Eine derart weitgehende Schlussfolgerung dürfte aus dem Urteil des Bayerischen VGH wohl nicht ableitbar sein, zumal der VGH davon ausging, dass bei den Klägern voraussichtlich überhaupt keine Verschlechterung ihrer Situation eintreten werde.[20] Aus Anlass eines Einzelfalls hat die Außenstelle Berlin die DB AG um eine fachliche Begründung zur Erheblichkeitsschwelle

---

[18] *Zeichhart/Sinz/Schuemer/Schuemer-Kohrs*, Erschütterungseinwirkungen aus dem Schienenverkehr, 1993, S. 59 ff.; vgl. hierzu auch die beiden Artikel derselben Verfasser in der Zeitschrift für Lärmbekämpfung 41(1994), S. 43 - 51 u. 104 - 111
[19] BayVGH, a.a.O., (FN 9), UA S. 90
[20] vgl. UA, S. 91 (FN 9) sowie BVerwG, Beschluss vom 10.10.1995 (FN 4), BA S. 16 f.

gebeten. Dazu liegt als Antwort das Schreiben des Fachdienstes der DB AG[21] vor, das die Annahme dieses generellen Steigerungssatzes von 25% für gesichert hält. Die Aussage, dass die Fühlbarkeitsschwelle proportional zum Ausgangsreiz ansteigt, leitet sich nach Ansicht der DB AG aus den Ergebnissen der Wirkungsforschung ab, die sich mit dem Zusammenhang zwischen physikalischem Reiz und Wahrnehmbarkeit durch den Menschen beschäftigt. Eine maßgebende Rolle spielt hierbei das auf Ernst Heinrich Weber (1795 - 1878) zurückgehende Webersche Gesetz. Er fand 1834 bei Untersuchungen des Tastsinns heraus, dass die gefühlte Unterschiedsschwelle bei gehobenen Gewichten in einem annähernd konstanten Verhältnis zur Stärke des jeweiligen Ausgangsreizes steht. Diese Gesetzmäßigkeit der Wahrnehmung, nämlich die Vergröberung der Unterschiedsschwelle bei wachsendem Ausgangsreiz, ließ sich später auch bei anderen Sinneswahrnehmungen nachweisen.

Zur Höhe des Steigerungssatzes wird auf Ergebnisse eines von der DB AG in Auftrag gegebenen und noch nicht abgeschlossenen Forschungsprojekts zu dieser Frage verwiesen. Sitzende Versuchspersonen wurden Erschütterungssignalen unterschiedlicher Stärke ausgesetzt, die auf Geschossdecken bei Zugvorbeifahrten gemessen wurden. Die ersten Ergebnisse hätten gezeigt, dass eine Verstärkung der Signale um 20% noch nicht sicher unterscheidbar sei, was an der Pausenstruktur und der dadurch abgeschwächten Aufmerksamkeit liegen könne. Bei direkt aufeinander folgenden Ereignissen sei ein Reizunterschied von 25% als untere Grenze der Wahrnehmbarkeit des gesteigerten Reizes zu erkennen. Die Ergebnisse dieses Forschungsprojekts mit Darstellung einer Pausenstruktur sollen gegen Ende des Jahres vorliegen. Die Auswertung der Versuchsergebnisse wird nach Aussage der Bahn belegen, dass man mit der Annahme des Steigerungssatzes bei 25% auf der sicheren Seite liegt. Die Versuchsreihe belege, dass

---

[21] Schreiben vom 12.07.1999, Az. FTZ 81.FTZ 81 Gr

die Fühlbarkeitsschwelle tatsächlich eher in der Größenordnung um die 40% anzusiedeln sei.

Bestehen danach Ansprüche auf Schutzvorkehrungen nach § 74 Abs. 2 Satz 2 VwVfG, so ist grundsätzlich durch geeignete Maßnahmen der Körperschall auf die Schwelle der Vorbelastung zurückzuführen. Fraglich ist, anhand welches Betriebsprogramms die Vorbelastung zu ermitteln ist. Bei erheblichen baulichen Eingriffen im Sinne von § 1 Abs. 2 Satz 1 Nr. 2 der 16. BImSchV halte ich die Anlehnung an die 16. BImSchV für die naheliegendste Lösung. Das heißt, es ist ein Vergleich anzustellen zwischen den Auswirkungen der alten und der geänderten Trasse unter Verwendung der Betriebsprognose 2010 für beide Trassen. Ebenfalls noch nicht geklärt ist die Vorgehensweise bei der Erweiterung des Schienenweges um weitere Gleise. Hier kommt in Betracht, als tatsächliche Vorbelastung das aktuell gefahrene Betriebsprogramm zugrunde zu legen (so offenbar der Bayerische VGH). Möglich ist aber auch, im Hinblick auf § 75 Abs. 2 Satz 1 VwVfG hier die planerische Vorbelastung und damit die Vollauslastung der bestehenden Trasse anzusetzen.

IV. Enteignungsrechtliche Zumutbarkeitsschwelle

Auch die Frage, wie beim Körperschall die enteignungsrechtliche Zumutbarkeitsschwelle zu bestimmen ist, bedarf noch einer Beantwortung. Das bereits erwähnte Schreiben der DB AG vom 12.07.1999 äußert sich auch hierzu. Nach Auffassung der DB AG müsste die enteignungsrechtliche Zumutbarkeitsschwelle noch oberhalb der in der Tabelle 1 der DIN 4150 Teil 2 vorgesehenen oberen Anhaltswerte (A_o) liegen, die tagsüber abhängig von den Nutzungen zwischen KB = 3 und KB = 6 liegen, weil dieser Bereich den Rahmen der fachplanerischen Zumutbarkeit betreffe. Unzumutbar werde die weitere Nutzung aber dann, wenn die Bausubstanz durch die Verkehrsimmissionen erkennbare Veränderungen erfährt, die eine konkrete Gefahr für Leib, Leben oder Sachgüter darstellen. Bei einer Wohnnutzung müssten die Erschütterungen so stark sein, dass ein durchschnittlich disponierter Mensch jede Nacht mehrfach aus dem Schlaf gerissen wird, ein erholsamer Schlaf also ausgeschlossen ist.

Um zumindest annäherungsweise Werte zu ermitteln, wird auf die Erschütterungs-Richtlinie vom 28.09.1994[22] zurückgegriffen. Diese ist zwar auf Verkehrswege nicht anwendbar, sondern setzt Beurteilungsmaßstäbe für die Schädlichkeit von Erschütterungsimmissionen bei Anlagen im Sinne von § 3 Abs. 5 BImSchG. Dort ist vorgesehen, dass bei kurzzeitigen Einwirkungen auf ein Gebäude und bei Unterschreiten einer maximalen Schwinggeschwindigkeit von v_{max} = 20 mm/s Schäden an Gebäudeteilen wie Putzrisse oder Vergrößerungen vorhandener Risse nicht zu erwarten sind. Eine Schwinggeschwindigkeit von v_{max} = 20 mm/s entspreche umgerechnet einem gemittelten KB_{Fmax}-Wert von 11. Erst oberhalb dieses Wertes könne eine Beeinträchtigung der Nutzung eines Gebäudes angenommen werden.[23]

Meines Erachtens bleiben Zweifel bestehen, ob die enteignungsrechtliche Zumutbarkeitsschwelle tatsächlich so hoch angesetzt werden kann. Praktische Fälle für derart starke Einwirkungen durch den Eisenbahnbetrieb sind nicht bekannt. Es gibt Beispielsfälle für hohe Belastungen, die sich allerdings nur in einer Größenordnung eines mittleren KB_{Fmax} = 3,5 bewegen. Anders als bei Lärm bliebe die enteignungsrechtliche Zumutbarkeitsschwelle beim Körperschall oh-

---

[22] Messung, Beurteilung und Verminderung von Erschütterungsimmissionen, hrsg. vom Länderausschuß für Immissionsschutz, Berlin 1995; durch Rund-Erlass vom 07.11.1997 in Nordrhein-Westfalen verbindlich eingeführt, MBl. NW 1997, 1468
[23] Die Aussagen zur Gesundheitsgefährdung können hier vernachlässigt werden, weil nach Ansicht der DB AG die Werte noch höher als bei der Enteignungsschwelle liegen.

ne praktische Bedeutung, wenn dieser Argumentation der DB AG ohne Einschränkungen zu folgen wäre. Für die Ansicht der DB AG spricht aber jedenfalls in der Tendenz die Rechtsprechung zur Zweckentfremdung von Wohnraum. Das Bundesverwaltungsgericht geht davon aus, dass die Enteignungsschwelle überschritten ist, wenn ein Bewohnen der betroffenen Räume auf Dauer wegen der Verkehrsimmissionen unzulässig oder unzumutbar ist, weil die Wohnräume unbewohnbar sind; hieran werden ausdrücklich eher hohe als geringe Anforderungen gestellt. Eine zahlenmäßige Fixierung wird jedoch nicht vorgenommen, vielmehr soll es auf die Würdigung der Verhältnisse des Einzelfalls ankommen.[24]

V. Schutzmaßnahmen

Die Frage nach erschütterungsmindernden Maßnahmen wurde noch vor wenigen Jahren von der Bahn damit beantwortet, außerhalb von Tunnelbauwerken könne gar nichts getan werden, so dass die Anwohner nur entschädigt werden könnten. Heute steht eine breitere Palette von Möglichkeiten zur Verfügung, die ich hier nur kurz als Stichworte aufführen möchte.

1. Maßnahmen an der Immissionsquelle

Am einfachsten ist die Planung von Maßnahmen in Tunnelanlagen, weil durch die Tunnelgründung das Gegenlager für ein Masse-Feder-System vorhanden ist. In Betracht kommen:

- schwere bis leichte Masse-Feder-Systeme
- Wechsel der Schienenstützpunkte

---

[24] vgl. BVerwG, Beschluß vom 11.05.1994, Az. 8 B 50.94, Buchholz 454.51 Nr. 19 m.w.

- kontinuierliche Schienenlagerung
- Unterschottermatten.

Bei oberirdischen Strecken sind die Maßnahmen abhängig von der Bodenbeschaffenheit. Hier kommen in Betracht:

- Masse-Feder-Systeme, wenn ein Gegenlager z.B. durch Bohrpfähle oder Aufständerung erstellt wird
- bei stark verdichtetem Untergrund der Einbau von Unterschottermatten
- das System BSO/MK (Betonschwellenoberbau/Massekörper), ein eingespannter Schotteroberbau in einer Betonwanne, getrennt durch eine Unterschottermatte.

2. Maßnahmen am Übertragungsweg

Hier gibt es bisher nur eine Maßnahme, nämlich tiefgegründete und luftgefüllte Bodenschlitze. Sie haben den Nachteil, dass ihre Wirkungsbreite mit der Schlitztiefe identisch ist, so dass sie nur unmittelbar hinter dem Schlitz wirksam sind.

3. Maßnahmen am Immissionsort

Die erste Möglichkeit bildet die Komplettrennung des Hauses vom angeregten Erdreich und seiner Umgebung (Masse-Feder-System im Haus durch Stahlfedern oder Elastomere). Schon wegen des erheblichen finanziellen Aufwandes

Nachw.

wird dies an bestehenden Häusern kaum praktiziert und kommt eher bei hochwertigen Bauten in Frage.

In Zukunft zunehmende Bedeutung wird den passiven Maßnahmen in und an bestehenden Häusern zukommen. Bei der Planung solcher Maßnahmen muss insbesondere darauf geachtet werden, zwischen Häusern mit Betondecken und mit Holzbalkendecken zu unterscheiden. Wichtig ist diese Differenzierung wegen der unterschiedlichen Eigenfrequenzen der Decken. Eine Schutzmaßnahme, die bei einem bestimmten Gebäude erfolgreich ist, weil sie bei bestimmten Frequenzen wirksam wird, kann bei dem benachbarten Haus mit anderer Bauart u.U. zu einer Verschlechterung der Situation führen. Die Ausführungsformen der Schutzmaßnahmen werden daher vor allem durch die Bauart des einzelnen Gebäudes bestimmt.

Die Immissionsreduzierung wird erreicht durch eine gezielte Veränderung der Deckensteifigkeit und Materialdämpfung. Zur Auswahl und Dimensionierung der Maßnahme muss das Gebäude vorher untersucht werden. Die reinen Baukosten für solche Maßnahmen betragen nach bisherigen Erfahrungen ca. 200 - 900 DM/m².

In letzter Zeit kam es in Planfeststellungsverfahren mehrfach zu Einwendungen von Gewerbebetrieben, die befürchteten, dass hochempfindliche Produktionsmaschinen oder Gerätschaften (z.B. Operationssäle) durch Erschütterungen infolge des Eisenbahnbetriebes oder durch Baumaßnahmen gestört werden könnten. Bei Ausbaustrecken wird man hier zunächst die Frage stellen müssen, ob wegen der bestehenden Nachbarschaftssituation die Maschinen nicht bereits ausreichend gegen Erschütterungsimmissionen geschützt sind. Ist jedoch noch eine Maßnahme erforderlich, so wird hier eine sog. Einzelabfangung in Betracht kommen. Hierzu muss die Maschine auf besonderen Zwischenfundamenten befestigt werden.

Sind die festgesetzten Schutzmaßnahmen nicht ausreichend, um die unzumutbaren Beeinträchtigungen durch Körperschall auszugleichen, bleibt unter den Voraussetzungen des § 74 Abs. 2 Satz 3 VwVfG nur noch die Festsetzung einer Entschädigung.

Hierüber ist im Beschluss insoweit zu entscheiden, dass der Anspruch berechenbar ist.[25] Leider ist bisher eine derartige Entscheidung im Eisenbahn-Bundesamt noch nicht getroffen worden, so dass die Berechnungsgrundlagen der Entschädigung in solchen Fällen noch ungeklärt sind.

VI. Die Abwicklung des Erschütterungsschutzes in Planfeststellungsverfahren

Erschütterungstechnische Gutachten dienen vor allem dazu, der Planfeststellungsbehörde eine ordnungsgemäße Trassenabwägung zu ermöglichen. Da auch der Körperschall zu den abwägungserheblichen Belangen gehört, können sie die Planfeststellungsbehörde veranlassen, eine großräumige Alternativtrasse oder zumindest eine Trassenvariante (z.B. Troglage oder Tunnel statt oberirdischer Führung) zu prüfen. Bei Ausbaustrecken wird neben der Abwägung von Varianten vor allem die Frage zu entscheiden sein, ob eine erschütterungsmindernde Maßnahme an der Emissionsquelle, also am Gleisoberbau, vorzusehen ist. Meiner Ansicht nach werden wir hier die Abwägungskriterien des § 41 Abs. 2 BImSchG entsprechend anwenden müssen. Daher wird vor allem bei einer Vielzahl Anspruchsberechtigter entlang der Trasse (insbes. bei einer Trassenführung durch eine Großstadt) der Einsatz einer erschütterungsmindernden Maßnahme am Oberbau eingehend zu prüfen sein.

Sind nach diesen Kriterien keine Maßnahmen am Verkehrsweg erforderlich oder reichen diese nicht aus, um alle Anspruchsberechtigten zu schützen, so müsste der Planfeststellungsbeschluss über die noch möglichen sonstigen Maßnahmen oder auch über eine Entschädigung entscheiden. Die Praxis der Außenstelle Berlin geht dahin, diese Maßnahmen aufgrund der bestehenden Erkenntnisunsicherheiten beim Körperschall einer besonderen Entscheidung vorzubehalten. Es wird eine Nachmessung der Erschütterungsauswirkungen ein Jahr nach Inbetriebnahme der geänderten Trasse angeordnet, um eine reale und nicht nur eine prognostizierte Entscheidungsgrundlage zu haben. Diese Vorgehensweise unterscheidet sich vom Verfahren bei den Lärmvorsorgemaßnahmen, wo über den passiven Schallschutz bereits im Beschluss entschieden werden muss.

Es ist mir bewusst, dass gegen diese Verfahrensweise Einwände erhoben werden. Mit der Begründung, es sei noch zu klären, ob von dem Vorhaben tatsächlich unzumutbare Körperschallimmissionen ausgehen, muten wir den Betroffenen für einige Zeit möglicherweise von ihnen nicht zu duldende Erschütterungen zu. Bei den Lärmvorsorgemaßnahmen haben Anwohner bereits zum Zeitpunkt der Inbetriebnahme des geänderten Schienenweges einen Anspruch darauf, dass die Grenzwerte der 16. BImSchV eingehalten werden.[26] Ich halte es dennoch nicht für sachgerecht, im Beschluss lediglich aufgrund der Erschütterungstechnischen Gutachten über die Maßnahmen am Immissionsort zu ent-

---

[25] BVerwGE 71, 166, 174; RL 24 Abs. 2 der Richtlinien für die Planfeststellung nach dem Bundesfernstraßengesetz, VkBl. 1999, 512, 523

[26] BVerwG, Urteil vom 05.03.1997, Az. 11 A 25.95, UA S. 53, Dresdener Urteilssammlung Nr. 9/97

scheiden. Die Gutachten werden erarbeitet auf der Grundlage von Messungen an ausgesuchten Referenzobjekten, um daraus die künftigen Belastungen aller anliegenden Gebäude zu prognostizieren.[27] Die Gutachten enthalten außerdem Unsicherheiten über die tatsächliche künftige Immissionssituation jedes Objekts insb. wegen der Veränderungen der Übertragungsverhältnisse im Boden nach Abschluss der Baumaßnahmen oder wegen des vielleicht noch nicht geklärten Wirkungsgrades der festgesetzten Schutzmaßnahmen am Gleisoberbau. Hinzu kommen die Schwierigkeiten bei der Auswahl und der richtigen Dimensionierung der Maßnahmen. Das Bundesverwaltungsgericht sieht es als zulässig an, die Entscheidung über eine Schutzmaßnahme einer abschließenden Prüfung vorzubehalten, wenn sich bei Erlass des Planfeststellungsbeschlusses unzumutbare Beeinträchtigungen weder mit hinreichender Sicherheit voraussagen noch ausschließen lassen.[28] Der VGH Baden-Württemberg hat im Beschluss vom 24.09.1997[29] die hier beschriebene Verfahrensweise mit der Begründung gebilligt, angesichts der fachwissenschaftlichen Erkenntnisunsicherheit beim Körperschall halte er die Inbetriebnahme der Strecke für die beste Überprüfungsmöglichkeit, um festzustellen, ob tatsächlich nachteilige Wirkungen auf Rechte Dritter eingetreten seien.

Das Verfahren wird abgeschlossen, indem der Planfeststellungsbehörde die Ergebnisse der Messungen nach der Inbetriebnahme vorgelegt werden, Sie weisen aus, wem noch Schutzansprüche zustehen. Der Vorhabenträger schlägt für jeden Fall eine Maßnahme vor. Hierzu haben die Betroffenen die Möglichkeit, Einwendungen zu erheben. Danach ist durch Ergänzung des Planfeststellungsbeschlusses über die Maßnahmen zu entscheiden.

---

[27] zur Zulässigkeit einer solchen Vorgehensweise BayVGH, Urteil vom 21.02.1995 (FN 9), UA S. 93
[28] BVerwG, Urteil vom 14.05.1992, NVwZ 1993, 477, 480
[29] Az. 5 S 2298/97, BA S. 15; Dresdener Urteilssammlung Nr. 50/97

VII. Schlussbemerkung

In Speyer habe ich mein Referat mit einem Zitat eingeleitet, das leider nichts von seiner Aktualität eingebüßt hat. Zum Umgang der Juristen mit technischen Gutachten hat Vallendar ausgeführt:

„Es genügt nicht, dass Naturwissenschaftler in Genehmigungsverfahren ihre Immissionsprognosen selbst verstehen. Auch die Juristen müssen es können und verdienen etwas Hilfe dabei."[30]

Wenn man ein Erschütterungstechnisches Gutachten vor sich sieht, führt dies regelmäßig zu der Überlegung, ob diese Fragen unbedingt derart kompliziert sein müssen. Ein Blick über die nationalen Grenzen könnte da vielleicht Anregungen geben. So hat zum Beispiel die Republik Österreich eine noch strengere Norm für Erschütterungen, die nach den österreichischen Vorstellungen sogar europaweit eingeführt werden soll. Aber wenn ein Landeshauptmann dort zu der Ansicht gelangt ist, eine bestimmte Eisenbahnstrecke sei aus verkehrspolitischen Gründen für sein Bundesland wichtig, kann er einen Dispens erteilen. Natürlich wäre dies kein angemessener Beitrag zu einem wirksamen Immissionsschutz. Dennoch, gelegentlich drängt sich der Gedanke auf, andere Länder könnten vielleicht die Dinge sinnvoller geregelt haben.

---

[30] Immissionswerte der TA Luft - Von der Mühsal der Juristen beim Umgang mit Naturwissenschaft und Technik, UPR 1989, 213, 216

Cornelia Hauke

Umweltinformationsgesetz im Lichte der Rechtsprechung des EuGH
- neue Anforderungen an die Planfeststellungsbehörden -

I. Vorbetrachtung

Mein Vortrag soll die Richtlinie 90/313 EWG des Rates der Europäischen Gemeinschaft über den freien Umgang zu Umweltinformationen (UIRL)[1] und deren Umsetzung im deutschen Umweltinformationsgesetz[2] näher beleuchten und darüber informieren, welche Aufgaben sich für das Eisenbahn-Bundesamt aus der Verpflichtung zur Informationsgewährung insbesondere parallel zu laufenden Planfeststellungs- und Plangenehmigungsverfahren ergeben. Dabei soll auf einzelne Fragen des UIG eingegangen werden, etwa

- welche Verfahrensunterlagen der Planfeststellung können gleichzeitig Umweltinformationen nach dem UIG sein
- wie ist das Verfahren zur Informationsgewährung ausgestaltet
- welche Besonderheiten gelten bei Informationen, die nur der DB AG vorliegen
- wie stehen das Verfahren der Informationsgewährung und das Planfeststellungsverfahren zueinander.

---

[1] Richtlinie 90/313/EWG des Rates der europäischen Gemeinschaft vom 07.06.1990 über den freien Zugang zu Informationen über die Umwelt, in *Turiaux*, UIG Kommentar München 1995, 283
[2] Gesetz zur Umsetzung der Richtlinie 90/313/EWG des Rates vom 07.06.1990 über den freien Zugang zu Informationen über die Umwelt vom 08.07.1994 (BGBl I 734)

Ziel der UIRL ist es, allen natürlichen und juristischen Personen ohne Nachweis eines besonderen Interesses den freien Zugang zu umweltbezogenen Informationen, die bei Behörden vorhanden sind, zu ermöglichen. Durch Einbeziehung der Öffentlichkeit soll zur Verbesserung des Umweltschutzes und der Lebensqualität in den Staaten der Europäischen Union beigetragen werden.

II. Anwendungsbereich des UIG - Eisenbahn-Bundesamt als informationspflichtige Behörde

§ 2 UIG bestimmt den Anwendungsbereich. Danach gilt das Gesetz für Informationen über die Umwelt, die bei

- Behörden des Bundes, der Länder und der Gemeinden, die Aufgaben des Umweltschutzes wahrzunehmen haben, vorhanden sind.

Es gilt weiterhin für Informationen, die bei

- natürlichen und juristischen Personen des privaten Rechts vorhanden sind, die öffentlich-rechtliche Aufgaben im Bereich des Umweltschutzes wahrnehmen und die der Aufsicht von Behörden unterstellt sind.

Anfangs wurde die Frage diskutiert, ob das UIG für die Verkehrsverwaltung überhaupt einschlägig sei. Das UIG spricht dabei von Behörden, die Aufgaben des Umweltschutzes wahrzunehmen haben. Die Begründung des Gesetzentwurfes der Bundesregierung spricht von Behörden, deren Hauptaufgabe der Umweltschutz ist. Behörden wie die Verkehrsverwaltung und andere Fachplanungsbehörden, die Belange des Umweltschutzes bei der Erfüllung ihrer Hauptaufgabe lediglich zu berücksichtigen haben, würden dann der Informationspflicht nicht unterliegen. Da es sich bei dem UIG um ein Umsetzungsgesetz einer EG-RL handelt, ist dieses Ergebnis am Wortlaut und am Ziel der RL zu überprüfen. Nach Art. 2 Buchst. b der RL sollen **die** Behörden verpflichtet werden, die Aufgaben im Bereich der Umweltpflege wahrzunehmen haben. Eine ausschließliche oder überwiegende Beschäftigung mit Umweltfragen ist nach der RL gerade nicht gefordert.

Nach knapp einjähriger Diskussion und nach Einschaltung des federführenden Umweltausschusses des Bundestages musste dann anerkannt werden, dass auch Behörden, wie die Wasser- und Schifffahrtsdirektionen, Bergämter, Straßenbaubehörden und eben auch das Eisenbahn-Bundesamt[3] informationspflichtige Behörden i.S. der RL und des UIG sind. Ich formuliere das etwas zugespitzt, denn alle Behörden befürchteten, mit Informationsanforderungen überhäuft und in ihrer eigentlichen Arbeit behindert zu werden.

Nicht weniger umstritten ist die Frage, ob die DB AG in den Geltungsbereich fällt.

Das UIG bestimmt den Anwendungsbereich für die natürlichen und juristischen Personen des privaten Rechts, die **öffentlich-rechtliche** Aufgaben im Bereich des Umweltschutzes wahrzunehmen haben. Die RL spricht von **öffentlichen** Aufgaben im Bereich der Umweltpflege.

Dies führt zu unterschiedlichen Auslegungsergebnissen.

Fuck und *Theuer* als Verfechter einer ganz restriktiven Auslegung des Gesetzes vertreten die Auffassung, der Begriff der öffentlichen Aufgabe in der RL sei so unbestimmt, dass das nationale Verständnis des Begriffes der öffentlich-rechtlichen Aufgaben zugrunde gelegt werden könne, wobei öffentlich-rechtliche Aufgaben ausschließlich mit staatlichen Aufgaben gleichgesetzt wer-

---

[3] Schreiben BMV E 11/14.80.20/13 Vm a 95 (2) vom 27.04.1995

den. Dies führt konsequenterweise im Ergebnis dazu, dass nur Beliehene in den Geltungsbereich des § 2 Nr.2 fallen würden.[4]

Turiaux[5] kommentiert zum Anwendungsbereich des § 2 Nr. 2 UIG, dass Art. 6 der RL und das UIG dem Zweck dienen, jede in Erfüllung öffentlicher Aufgaben erfolgte umweltschützerische Tätigkeit zu erfassen, kommt aber unter Hinweis auf § 2 Abs. 2 AEG[6] zu dem Ergebnis, dass die alleinige Aufgabe privater Eisenbahnverwaltungen der Personen- und Güterverkehr ist, nicht aber der Umweltschutz. Sie würden nicht in den Geltungsbereich des § 2 UIG fallen. Ihnen seien keine öffentlichen Umweltaufgaben zugewiesen, sie müssten lediglich die allgemeinen Standards einhalten, und diesbezüglich wird ihre Tätigkeit behördlich überwacht.

Hingegen wird in der Kommentierung des UIG von *Schomerus* sowie einer Vielzahl weiterer Veröffentlichungen zum UIG die Auffassung vertreten, dass Flughafengesellschaften, Energieversorgungsunternehmen, private Forstverwaltungen und Verkehrsverwaltungen von § 2 Abs. 2 UIG erfasst werden[7].
Nach Sinn und Zweck der RL ist dieser Auffassung zu folgen. Die anderen, die DB AG ausschließenden Auslegungen werden der RL und dem UIG nicht gerecht.

Eine Reduzierung des Anwendungsbereiches des § 2 Nr. 2 UIG auf Beliehene unter Zugrundelegung einer äußerst restriktiven Auslegung des Begriffes „öf-

---

[4] *Fuck, Theuer,* GewArch 1995/96 mit Hinweisen auf weiteres Schrifttum
[5] *Turiaux,* UIG Kommentar München 1995, §§ 2, 3 Rn 114
[6] Allgemeines Eisenbahngesetz vom 27.12.1993 (BGBl I 2378), zuletzt geändert durch Gesetz vom 25.08.1998, (BGBl I 2431)
[7] *Schomerus* in Schomerus/Schrader/Wegener, Kommentar zum UIG Baden-Baden 1995 § 2 Rn 40, ebenso *Erbguth/Stollmann,* UPR 1994, 81, 83

fentlich-rechtlich" scheidet schon deshalb aus, weil das Gesetz zwar von öffentlich-rechtlichen Aufgaben spricht, nach der Begründung des Gesetzentwurfes jedoch der Kreis der Privaten erfasst werden soll, die **öffentliche** Aufgaben im Bereich der Umweltpflege im Sinne des Art. 6 UIG wahrnehmen. Der Gesetzgeber verwendet beide Begriffe synonym und meint die Erfüllung von Aufgaben mit Gemeinwohlbezug, d.h. Aufgaben, an deren Erfüllung ein öffentliches Interesse besteht. Dabei sind diejenigen der Daseinsvorsorge, zu denen u.a. auch der Bau und der Betrieb von Verkehrswegen gehören, zu nennen.

Bleibt die Frage zu beantworten, ob der Umweltschutz zu den von der DB AG zu erfüllenden Aufgaben gehört. Dies ist im Hinblick auf die Verpflichtungen beispielsweise aus dem Bundesimmissionsschutzgesetz, dem Umweltverträglichkeitsprüfungsgesetz und dem Bundesnaturschutzgesetz zu bejahen. Die Frage, ob die Privaten die Umweltpflege zur Hauptaufgabe haben oder ob sie lediglich Aufgaben im Umweltschutz wahrzunehmen haben, kann wohl nicht anders beantwortet werden als bei den vorhin betrachteten Behörden.

Der Begründung zu den vom Geltungsbereich erfassten Behörden folgend ist davon auszugehen, dass vor der Privatisierung der DB AG die Deutsche Bundesbahn unter den Behördenbegriff des Art. 2 b der RL fiel.[8] Nach der Privatisierung der Bahn und der Schaffung einer Aufsichtsbehörde kann hier nichts anderes gelten. Die Aufnahme der natürlichen und juristischen Personen des privaten Rechts i.S. des § 2 Nr. 2 UIG und des Art. 6 der RL in den Kreis der informationspflichtigen Stellen soll ja gerade sicherstellen, dass die Verlagerung öffentlicher Aufgaben auf nichtstaatliche Stellen kein Herausfallen aus dem

---

[8] *Schwanenflügel*, DÖV, 1993, 95, DVBl. 1993, 93

Geltungsbereich zur Folge hat und die angestrebte Transparenz der Umweltdaten gewährleistet bleibt.[9]

Die vom UIG geforderte Unterstellung der Privaten unter die Behördenaufsicht muss im Verhältnis EBA - DB AG nicht weiter diskutiert werden.

Im Ergebnis ist davon auszugehen, dass die DB AG vom Geltungsbereich des UIG erfasst ist.

III. Vorverfahren - verwaltungsbehördliches Verfahren

Die RL räumt die Möglichkeit ein, Anträge auf Informationszugang abzulehnen bei Sachen, die bei Gericht anhängig, Gegenstand eines Ermittlungsverfahrens oder eines **Vorverfahrens** sind.

Der deutsche Gesetzgeber legte den Begriff des Vorverfahrens so aus, dass darin jedes **verwaltungsbehördliche Verfahren** eingeschlossen ist.

In Umsetzung der RL enthält § 7 des UIG Ausschluss- und Beschränkungsregelungen des Informationsanspruches. Danach besteht ein Anspruch nicht während der Dauer eines Gerichtsverfahrens, eines strafrechtlichen Ermittlungsverfahrens sowie eines **verwaltungsbehördlichen Verfahrens** hinsichtlich derjenigen Daten, die der Behörde auf Grund des Verfahrens zugehen.

Der Hauptanwendungsfall für das Eisenbahn-Bundesamt, nämlich die Auskunftsgewährung über Umweltinformationen während laufender Planfeststellungsverfahren, schien damit ausgeschlossen.

Die Informationspflicht beschränkte sich für das EBA auf vorliegende Umweltinformationen aus dem Bereich der Unfalluntersuchungen, aus den Überwachungspflichten beispielsweise nach dem Gesetz über die Beförderung gefährlicher Güter, dem Chemikaliengesetz und dem Pflanzenschutzgesetz, also auf

---

[9] *Scherzberg,* UPR 1992, 48, DVBl. 1994, 733

Umweltinformationen, über die das EBA aufgrund seiner Zuständigkeit aus § 4 Abs. 2 AEG verfügt.

IV. Urteil der 6. Kammer des EuGH vom 17.6.1998 - C - 321/96 -

Mit der Entscheidung der 6. Kammer des EuGH[10], wird der Begriff des „Vorverfahrens" so auslegt, dass er nur im Zusammenhang mit strafrechtlich relevanten Tatbeständen zu sehen ist und sich nicht auf sämtliche Handlungen der Verwaltung, die mit einer Klage anfechtbar sind, bezieht. Durch die damit verbundenen neuen Informationspflichten könnte der Dornröschenschlaf für das EBA beendet sein.

Ausgangspunkt ist der Antrag eines Klägers an den Kreis Pinneberg, ihm die Kopie einer Stellungnahme zu überlassen, die die Landschaftspflegebehörde im Rahmen eines straßenrechtlichen Planfeststellungsverfahrens zum Bau der sog. „Westumfahrung" abgab. Der Kläger stützte seinen Antrag auf die UIRL. Das UIG war zu diesem Zeitpunkt noch nicht in Kraft.

Antrag, Widerspruchs- und erstinstanzliche Verfahren bleiben für den Kläger ohne Erfolg. Auf die Berufung des Klägers hat das OVG Schleswig dem EuGH zwei Fragen zur Auslegung der Begriffe „Umweltinformationen" und „Vorverfahren" zur Vorabentscheidung vorgelegt.[11]

Auf diesem Wege kann ein nationales Gericht zur europarechtskonformen Auslegung einer nationalen Vorschrift gelangen.

Im eingangs zitierten Urteil vom 17.6.1998 wurde die Frage zum hier vorerst interessierenden Begriff des Vorverfahrens wie folgt beantwortet:

---

[10] Urteil der 6. Kammer des EuGH vom 17.06.1998 -C-321/96, DVBl. 1998, 1176 mit Anmerkung DVBl. 1999, 226
[11] OVG Schleswig-Holstein, Beschluss vom 10.07.1996 -4 L 222/95 -, ZUR 1997, 43

Der Begriff „Vorverfahren" in Art. 3 Abs. 2 3. Gedankenstrich der RL ist so auszulegen, dass er ein Verwaltungsverfahren i.S. von § 7 Abs. 1 Nr. 2 UIG, **das lediglich eine Maßnahme der Verwaltung vorbereitet, nur dann umfasst, wenn es einem gerichtlichen oder quasigerichtlichen Verfahren unmittelbar vorausgeht und durchgeführt wird, um Beweise zu schaffen oder ein Ermittlungsverfahren durchzuführen, bevor das eigentliche Verfahren eröffnet wird.**

Es bleibt also festzuhalten, dass jedes andere verwaltungsbehördliche Verfahren nicht dem Ausnahmetatbestand unterliegt.

Nach ständiger Rechtsprechung des EuGH hat die Auslegung einer Vorschrift des nationalen Rechts, die - wie das UIG - speziell in Umsetzung einer EG-RL erlassen wurde, im Lichte des Wortlautes und des Zwecks der RL zu erfolgen, um deren erklärtes Ziel zu erreichen.

Das OVG Schleswig wird nun in dem ausgesetzten Berufungsverfahren das Urteil des Verwaltungsgerichtes aufheben und die Behörde dazu verpflichten müssen, dem Kläger die Stellungnahme der Landschaftspflegebehörde zu überlassen.

Alle Behörden, - so auch das EBA - werden künftig auch während eines Verwaltungsverfahrens den Zugang zu Umweltinformationen zu gewähren haben.

Dies sollte Anlass sein, sich mit seinen Regelungen zum Verfahren der Auskunftsgewährung und den Berührungspunkten zu Planfeststellungsverfahren zu beschäftigen.

V. Auskunftsersuchen nach dem UIG und förmliches Verwaltungsverfahren

1. Umweltinformationen

Die Definition der Umweltinformationen nach der EG-RL und dem UIG sind weitestgehend identisch. Nach § 3 Abs. 2 UIG sind Informationen über die Umwelt alle in Schrift, Bild oder auf sonstigen Informationsträgern vorliegenden Daten über

- den Zustand der Gewässer, des Bodens, der Luft, der Tier- und Pflanzenwelt und der natürlichen Lebensräume
- Tätigkeiten, einschließlich solcher, von denen Belästigungen wie beispielsweise Lärm ausgehen, oder Maßnahmen, die diesen Zustand beeinträchtigen oder beeinträchtigen können und
- verwaltungstechnische Maßnahmen und Programme zum Umweltschutz.

Mit der Definition sollen möglichst alle umweltrelevanten Tatsachen und Vorgänge erfasst werden.

Der Informationsbegriff ist dem Zweck der RL nach weit auszulegen, wie die vorliegenden gerichtlichen Entscheidungen zeigen.

Welche Planfeststellungsunterlagen nun gleichzeitig Umweltinformationen sein können, für die ein Zugangsanspruch i.S. des UIG besteht, soll beispielhaft unter Berücksichtigung der vorhandenen Rechtsprechung betrachtet werden.

1. Beispiel :Planunterlagen mit Umweltbezügen

Üblicherweise wird sich das Informationsbedürfnis auf die in den Planunterlagen enthaltenen Umweltverträglichkeitsuntersuchungen und landschaftspflegerischen Begleitpläne, Lärm- und Erschütterungsuntersuchungen oder Unterlagen zur elektromagnetischen Verträglichkeit konzentrieren. Für sie besteht zweifelsohne ein Informationsanspruch. Dazu gehört auch die Darstellung der angewandten Mess- und Bewertungsmethoden, wie sie in den Unterlagen zur UVP in der Regel enthalten sind, denn häufig sind einzelne Daten ohne Kenntnis der Messmethoden nicht verständlich.

Bei der Forderung nach Informationen zum Verkehrslärm ist grundsätzlich zu beachten, dass Lärm jedes als störend empfundene Geräusch ist und eine Erheblichkeitsschwelle nach dem UIG nicht besteht; d.h. eine Wertung darüber, ob die geforderten Unterlagen Lärmwerte ausweisen, durch die schädliche Umwelteinwirkungen i.S. des § 41 Abs. 1 BImSchG hervorgerufen werden können, ist nicht erforderlich. Die Gewährung des Informationsanspruches ist davon nicht abhängig zu machen.[12]

Inhalt der schalltechnischen Untersuchung ist die Ermittlung des Beurteilungspegels. Abschlägig zu bescheiden wäre die Forderung auf Mitteilung einzelner Emissionsmesswerte bei der Ermittlung des Beurteilungspegels. Da es hierbei rechtlich auf den nach einem bestimmten Verfahren zu ermittelnden Mittelwert ankommt, könnten die zugrunde liegenden Einzelmessungen als nicht aufbereitete Rohdaten zu qualifizieren sein. Es handelt sich hierbei zwar um Umweltdaten, ein Anspruch auf Herausgabe besteht jedoch nicht. Nach § 7 Abs. 2 UIG soll der Antrag abgelehnt werden, wenn er sich auf die Übermittlung nicht aufbereiteter Daten bezieht.[13]

2. Beispiel : Stellungnahmen der TÖB mit umweltrelevanten Bezügen im Planfeststellungsverfahren.

In dem eingangs zitierten Klageverfahren zum Informationsanspruch über die Stellungnahme der Landschaftspflegebehörde im straßenrechtlichen Planfest-

---

[12] *Röger,* UIG Kommentar Köln 1995, 3 Rn 35

stellungsverfahren legte das OVG Schleswig dem EuGH außerdem die Frage vor, ob eine solche Stellungnahme im Rahmen der Beteiligung der Träger öffentlicher Belange eine verwaltungstechnische Maßnahme zum Umweltschutz i.S. des Art. 2 Buchst. a der RL sei.[14]

Das OVG unterstellte, die RL sei so auszulegen, dass Tätigkeiten und Maßnahmen einerseits sowie verwaltungstechnische Maßnahmen und Programme zum Umweltschutz andererseits erfasst werden sollen.

Der EuGH entschied dazu, dass Art. 2 Buchst. a der RL so auszulegen sei, dass er auf eine Stellungnahme einer Landschaftspflegebehörde im Rahmen ihrer Beteiligung an einem Planfeststellungsverfahren Anwendung findet, wenn diese Stellungnahme geeignet ist, die Entscheidung über die Planfeststellung hinsichtlich der Belange des Umweltschutzes zu beeinflussen.[15]

Mit der Begründung wurde klargestellt, Umweltinformationen sind:

1. alle Informationen über den Zustand der in der RL genannten Umweltbereiche
2. Tätigkeiten und Maßnahmen, die den Zustand dieser Umweltbereiche beeinflussen können, einschließlich verwaltungstechnischer Maßnahmen und
3. Programme zum Umweltschutz

Die Aufnahme der verwaltungstechnischen Maßnahmen in die RL, als eine von vielen in Frage kommenden Tätigkeiten und Maßnahmen, soll nur klarstellen, dass zu den Handlungen, die unter die RL fallen, sämtliche Verwaltungstätigkeit zu zählen ist, soweit sie nicht den Beschränkungs- und Ausschlussregelungen unterliegt.

---

[13] *Turiaux*, UIG Kommentar a.a.O. §§ 2, 3
[14] OVG Schleswig-Holstein, Beschluss vom 10.07.1996 -4 L 222/95 -,ZUR 1997, 43

Verwaltungstechnische Maßnahmen zum Umweltschutz, wie sie das OVG Schleswig gesehen hat, gibt es in diesem Sinne nicht.

Es sei noch darauf hingewiesen, dass das Verwaltungsgericht in der 1.Instanz dieses Verfahrens das Klagebegehren mit der Begründung abwies, die Stellungnahme berühre die Vertraulichkeit der Beratungen von Behörden gemäß § 7 Abs. 1 3. Alt UIG.

Abs. 1 des § 7 besagt, der Anspruch auf Information besteht nicht, wenn das Bekannt werden der Information die internationalen Beziehungen, die Landesverteidigung oder die Vertraulichkeit von Beratungen berührt oder eine erhebliche Gefahr für die öffentliche Sicherheit verursachen kann. Das OVG Schleswig entschied dazu, dass es fraglich sei, ob die Stellungnahme einer Fachbehörde in einem Planfeststellungsverfahren überhaupt unter den Begriff der Beratungen falle, jedenfalls seien es aber nicht vertrauliche. Die Vertraulichkeit wird nur durch eine herausgehobene Bedeutung des Beratungsgegenstandes begründet. Die Informationserteilung müsste zu einer erheblichen Beeinträchtigung öffentlicher Belange führen können und die Funktions- und Handlungsfähigkeit des Staates berühren. Dies ergibt sich aus dem systematischen Zusammenhang der anderen in § 7 Abs. 1 UIG genannten Ausschlussgründe.

Nicht Gegenstand des Verfahrens, aber immerhin zu prüfen bliebe die Frage, ob die Stellungnahme ein noch nicht abgeschlossenes Schriftstück i.S. des § 7 Abs. 2 UIG sei, und ein Informationsantrag deshalb abzulehnen sei. Denn die Stellungnahme findet letztlich Eingang in einen Planfeststellungsbeschluss und vielleicht könne nur dieser als abgeschlossenes Schriftstück gelten. Dies ist nach herrschender Meinung nicht der Fall. Wenn Schriftstücke in andere eingearbeitet werden sollen, ist danach zu differenzieren, ob das einzuarbeitende Schriftstück seinerseits abgeschlossen und von selbständigem Gewicht ist und deshalb

---

[15] Urteil der 6. Kammer des EuGH vom 17.06.1998 -C-321/96, DVBl 1998, 1176 mit Anmer-

als eigenständig zu beurteilen ist. Dies ist bei Stellungnahmen der Naturschutzbehörde zweifelsohne der Fall, so dass die Stellungnahme nicht unter den Ausnahmetatbestand fällt[16] und für eine Ablehnung des Anspruches aus diesen Gründen kein Raum besteht.

Es bleibt festzuhalten, Stellungnahmen von Trägern öffentlicher Belange mit umweltrelevantem Inhalt, z.B.

zum Naturschutz

zum Immissionsschutz

zur Abfallentsorgung

zu Altlastenverdachtsflächen

zu wasserrechtlichen Fragen

werden von Auskunftsanspruch nach dem UIG erfasst.

Gleiches muss dann auch für die Stellungnahmen der nach § 29 BNatSchG anerkannten Naturschutzverbände gelten.

Stellungnahmen anderer Behörden, die keine Aufgaben des Umweltschutzes wahrnehmen, sich aber zu Umweltbelangen im Verfahren äußern, würde ich davon ausnehmen. Ihre Stellungnahmen sind in der Regel subjektive Wertungen, die bei der Entscheidung im Planfeststellungsbeschluss unberücksichtigt bleiben. Ein Informationsanspruch kann daher m.E. für solche Schriftstücke nicht bestehen. Gleiches gilt für Einwendungen Privater, die sich zu Umweltfragen äußern.

3. Beispiel: Kultur- und Sachgüter

Der Umweltbegriff des UIG ist enger gefasst als der des UVPG.

---

kung DVBl. 1999, 226

[16] *Schrader,* in Schomens/Schrader/Wegener, UIG, Kommentar a.a.O, § 7 Rn 27

Anders als in der UVP-Richtlinie und dem Umweltverträglichkeitsprüfungsgesetz werden Kultur- und Sachgüter vom Umweltinformationsbegriff der RL und dem UIG nicht ausdrücklich erfasst. Das hat für uns zur Folge, dass es einen Informationsanspruch nach dem UIG über den beantragten Abriss eines denkmalgeschützten Wasserturms oder den geplanten Umbau eines denkmalgeschützten Bahnhofsgebäudes nicht gibt.

2. Antragsteller

Entsprechend der Regelung in § 4 Abs. 1 S.1 UIG hat jede natürliche oder juristische Person des Privatrechts einen Informationsanspruch. Im Gegensatz zu den meisten bisher geregelten Zugangsrechten ist der Nachweis eines rechtlichen, wirtschaftlichen oder sonstigen Interesses nicht erforderlich. Auch ist der Anspruch verfahrensunabhängig, das heißt, der Antragsteller benötigt gegenüber der Behörde keine besondere Verfahrensstellung.

VI. Verhältnis von Verfahren zur Informationsgewährung nach dem UIG und Planfeststellungsverfahren

Auch für die Auskunft über Umweltinformationen, die Gegenstand eines laufenden Planfeststellungsverfahrens sind, gilt der Informationsanspruch eines jeden ohne Nachweis eines besonderen Interesses. Für das Auskunftsersuchen ist es also unbeachtlich, ob es sich um einen vom Plan Betroffenen i.S. des § 73 Abs. 4 VwVfG bzw. des § 18 Abs. 2 AEG handelt oder nicht. Denn beide Verfahren existieren unabhängig voneinander.

Der Anspruch kann dem Antragsteller deshalb auch nicht mit der Begründung versagt werden, die angeforderten Unterlagen hätten bereits öffentlich ausgelegen, selbst dann nicht, wenn es sich um einen Antragsteller einer Gemeinde handelt, in der die öffentliche Auslegung ortsüblich bekannt gemacht und durchgeführt wurde. Hier hat die Planfeststellungsbehörde lediglich die Anspruchsvoraussetzungen nach dem UIG zu prüfen, d.h. den Informationsanspruch nur dann abzulehnen, wenn es sich nicht um eine Umweltinformation i.S. des UIG handelt oder einer der Ausschluss- und Beschränkungstatbestände vorliegt.

Einem im Sinne des Planfeststellungsverfahrens Nichtbetroffenen verleiht die Informationsgewährung aber auch keine besondere Verfahrensstellung im Zulassungsverfahren, selbst wenn er sich im Ergebnis aufgrund der erhaltenen Informationen durch schriftliche Äußerungen sozusagen in das Verfahren „einmischt".

Ein vom Plan Betroffener, der zusätzliche Umweltinformationen für seine Einwendungen oder für weitergehende Einwendungen einholen will, muss berücksichtigen, dass die Behörde zwei Monate Zeit hat, über den Antrag zu entscheiden. Das heißt, wenn er die Informationen erst nach Ablauf der Einwendungsfrist erhält und danach seine Einwendungen erhebt, muss er sich wie jeder andere Einwender die Präklusionsvorschrift des § 20 Abs. 2 AEG entgegen halten lassen.

Ein vom Plan Betroffener, der sich zusätzliche Umweltinformationen einholt, kann diese in einer fristgerecht erhobenen Einwendung oder einer späteren Klageschrift zur qualifizierteren Argumentation durchaus verwenden. Die Planfeststellungsbehörde ist - soweit es sich um rechtzeitig erhobene Einwendungen handelt - verpflichtet, die Argumente in die Abwägung einzubeziehen. In letzter Konsequenz kann es sogar dazu führen, dass sie das Abwägungsergebnis beeinflussen.

VII. Auskunftsverpflichtung

Welche Behörden und Stellen sind zur Auskunft verpflichtet? Auskunftsersuchen können an das Eisenbahn-Bundesamt oder die DB AG gerichtet werden, wobei - wie noch darzulegen sein wird - aus § 9 Abs. 1 S.2 UIG abzuleiten ist, dass nur gegenüber dem EBA ein Anspruch besteht.

Ein an die Anhörungsbehörde gerichtetes Informationsbegehren über Umweltinformationen im Zusammenhang mit einem laufenden Planfeststellungsverfahren kann nicht zum Erfolg führen. Für sie besteht keine Pflicht zur Informationsgewährung, da sie weder Aufgaben im Bereich der Umweltpflege zu erfüllen hat noch aufsichtsführende Behörde eines Unternehmens ist, das öffentlich-rechtliche Aufgaben im Bereich des Umweltschutzes wahrzunehmen hat.

Wird das Informationsbegehren an die DB AG gerichtet und von ihr erfüllt, - egal ob in einem Planfeststellungsverfahren oder auf eine sonstige Umweltinformation bezogen - bedarf es keiner weiteren Erläuterungen.

Kommt sie dem Begehren nicht nach, ergibt sich folgende Rechtslage: Eine aus dem UIG abzuleitende Pflicht zur Herausgabe der Informationen an den Antragsteller besteht nicht.[17] Kommt die DB AG dem Begehren nicht nach, muss sich der Antragsteller an das EBA als aufsichtsausübende Behörde wenden. Das EBA muss sich die vom Antragsteller begehrten Informationen - soweit sie ihm nicht selbst vorliegen - von der DB AG beschaffen. Das bedeutet kein Abweichen vom Grundsatz, dass nur bei der Behörde vorhandene Informationen zugänglich zu machen sind und eine Beschaffungspflicht nicht besteht. Denn aus § 2 Nr. 2 und § 9 Abs. 1 Satz 2 UIG ist abzuleiten, dass die bei der Privatrechtsperson vorhandenen Informationen der zuständigen Behörde zuzurechnen sind.

---

[17] *Schomerus* in Schomerus/Schrader/Wegener, a.a.O. § 9 Rn 13

Zu einem anderen Ergebnis kann man mit Blick auf die RL nicht kommen. Die Präambel legt fest, „der Zugang zu umweltbezogenen Informationen im Besitz staatlich überwachter Stellen, welche Aufgaben im Bereich der Umweltpflege wahrnehmen, ist ebenfalls zu gewährleisten."

Die RL verpflichtet die Mitgliedsstaaten in Art. 6 sicherzustellen, dass natürliche oder juristische Personen des privaten Rechts, die öffentliche Aufgaben im Bereich der Umweltpflege wahrnehmen und die der Aufsicht von Behörden unterstellt sind, bei ihnen vorhandene Informationen über die zuständige Behörde oder selbst unmittelbar zugänglich zu machen.

Der deutsche Gesetzgeber hat sich mit § 9 Abs.1 Satz 2 UIG dafür entschieden, dass nur die aufsichtsausführenden Behörden informationspflichtige Stellen i.S. des UIG sind.

Das bedeutet, das EBA hat die bei der DB AG vorhandenen Informationen gegenüber dem Antragsteller unter den gleichen Bedingungen zugänglich zu machen wie die bei ihm selbst vorhandenen.

Das EBA hat die Pflicht, die gewünschten Informationen bei Vorliegen der Voraussetzungen dem Antragsteller zu gewähren; die DB AG trifft die Pflicht, die begehrten Informationen auf Anforderung an das EBA herauszugeben. Die letztgenannte Verpflichtung ergibt sich nicht unmittelbar aus dem UIG, sondern ist aus dem konkreten Aufsichtsverhältnis abzuleiten. Das EBA kann im Konfliktfall mit der DB AG mittels Verwaltungsakt entweder die Herausgabe der einschlägigen Unterlagen fordern oder die DB AG zur Duldung der Einsichtnahme der Unterlagen durch den Antragsteller verpflichten.

Da die Zuständigkeit für die Bearbeitung der Informationsanträge allein beim EBA liegt, hat die DB AG letztlich kein inhaltliches Prüfungsrecht. Sie soll ihre Auffassung dazu dem EBA mitteilen, ob sie den Informationsantrag für missbräuchlich hält und muss dem EBA auch Kenntnis darüber geben, ob die begehrten Informationen ihr Betriebs- und Geschäftsgeheimnis berühren. Denn beides sind Gründe, die zum Ausschluss des Informationsanspruches führen können. Die Beurteilung des Informationsantrages nach Kenntnisnahme der DB AG - Auffassung und die Entscheidung darüber gegenüber dem Antragsteller obliegt allein dem EBA als der für die Ausführung des Gesetzes zuständigen Aufsichtsbehörde. Sollte sich das EBA über die Bedenken der DB AG hinwegsetzen und eine als Betriebsgeheimnis gekennzeichnete Information weitergeben wollen, hat sie die DB AG nach § 8 Abs. 2 UIG zuvor anzuhören. Die DB AG kann sich auch gegebenenfalls mit einem Widerspruch gegen das Herausgabeverlangen wenden.

VIII. Antragstellung - Bescheidung von Anträgen

Gemäß § 5 UIG setzt die Gewährung des Informationszuganges einen hinreichend bestimmten Antrag voraus, der erkennen lässt, auf welche Informationen er gerichtet ist. Besondere Formerfordernisse, insbesondere Schriftform, werden nicht verlangt. Die Antragstellung ist demnach schriftlich, zur Niederschrift der Behörde, mündlich oder fernmündlich möglich. Dieser Antrag ist innerhalb von 2 Monaten zu bescheiden. Es ergeht ein Verwaltungsakt.
Zuvor ist zu prüfen, ob das Informationsbegehren tatsächlich auf Umweltinformationen i.S. des Gesetzes gerichtet ist, ob es sich um Informationen handelt, die tatsächlich vorhanden sind - in unserem Falle beim EBA oder der DB AG - , denn eine Pflicht zur Beschaffung von Dritten und zur Überprüfung der inhaltlichen Richtigkeit der Daten besteht nicht, und ob einer der Ausschlusstatbestände vorliegt. Wird das Informationsbegehren versagt, ergeht ein abschlägiger Bescheid, der zu begründen ist.
Dem Antragsteller steht dann der Rechtsweg offen. Er ist auf die allgemeinen Rechtsbehelfe der VwGO verwiesen.

IX. Art und Weise der Informationsgewährung

In Umsetzung der Richtlinie legt das UIG im § 4 fest, dass die Behörde Auskunft erteilen, Akteneinsicht gewähren oder Informationsträger in sonstiger Weise zur Verfügung stellen kann. Dies bedeutet jedoch nicht die uneingeschränkte Wahlmöglichkeit für die Behörde, sondern verpflichtet sie - wie in allen nicht gebundenen Entscheidungen - zur fehlerfreien Ermessensausübung. Der Antragsteller selbst hat keine Wahlmöglichkeit über die Art der Erfüllung seines Informationsanspruches.

Zu beachten hat die Behörde jedoch bei der Ermessensausübung, dass der Informationsanspruch materiell uneingeschränkt besteht, soweit nicht Ausschluss- oder Beschränkungstatbestände vorliegen.

Das bedeutet, das Auswahlermessen besteht nur zwischen solchen Informationsmitteln, die im Wesentlichen die gleiche Informationseignung besitzen. So darf der zu erwartende Verwaltungsaufwand nicht ins Feld geführt werden, wenn die weniger aufwendige Informationsgewährung den freien und umfassenden Zugang zu den vom Antragsteller begehrten Informationen nicht erreichen kann.

Den eben vorgetragenen, vom BVerwG entwickelten Grundsätzen liegt ein Verfahren zugrunde, in dem der Kläger begehrte, ihm die vollständigen Ergebnisse sämtlicher Wasseranalysen seines Hausbrunnens mitzuteilen.[18] Das VG gab dem Klagebegehren durch Akteneinsicht statt, lehnte aber die vom Kläger gewünschte schriftliche Auskunft durch die Behörde ab.

In der Berufung begründete der Kläger seine Forderung damit, dass eine bloße Einsichtnahme in die Akten angesichts der komplizierten Zusammenhänge noch „kein Verfügen" über die Informationen i.S. der UIRL ermögliche. Eine richtli-

---

[18] BVerkG Urt. vom 06.12.1996 -7 C 64.95 -, DVBl 1997, 438, BVerwGE 102, 282

nienkonforme Auslegung des § 4 Abs. 1 S.2 UIG führe hier zu einer Ermessensreduzierung der Behörde auf die Herausgabe der von ihm begehrten Informationen.

Im Revisionsverfahren verpflichtete das BVerwG die Beklagte zur schriftlichen Mitteilung der vollständigen Analyseergebnisse mit der Begründung, dass grundsätzlich die Behörde über die Art des Informationszuganges entscheidet.

Mit Blick auf den Zweck der Richtlinie komme aber den Wünschen des Antragstellers besondere Bedeutung bei der Ermessensausübung zu, sofern nicht der Missbrauchstatbestand greift oder gewichtige von der Behörde darzulegende Gründe - etwa deutlich höherer Verwaltungsaufwand - für eine andere Art des Zuganges sprechen.

Da die Behörde bereits zugestanden hatte, einen Erklärungshelfer bei der Einsichtnahme bereitzustellen, wird der Verwaltungsaufwand für die schriftliche Herausgabe im Verhältnis nicht höher bewertet.

Hier tut sich die nächste, im eben beschriebenen Verfahren aber nicht behandelte Frage auf. Inwieweit muss die Behörde die durch Akteneinsicht gewährte Information auf Befragen hin erläutern? Gehört dies auch zum von der Richtlinie bezweckten wirksamen Zugang? Eine Frage, die für das EBA und die DB AG im Zusammenhang mit Informationsanforderungen zu der unbestritten schwierigen Materie der Schall- und Erschütterungsdaten Bedeutung haben könnte.

Grundsätzlich bleibt trotz manch bürgerfreundlicher Kommentierung des UIG[19] festzuhalten, dass weder aus dem Akteneinsichtsrecht nach dem Verwaltungsverfahrensgesetz ein Anspruch auf weiterreichende Hilfestellungen durch die Behörde abzuleiten ist, noch das UIG einen Anspruch auf Erhalt der Informationen durch mehrere Informationsmittel gleichzeitig gewährt.

---

[19] *Wegener* in Schomerus/Schrader/Wegener, a.a.O. § 4 Rn 21, ebenso *Röger,* a.a.O.§ 4 Rn 22

Lediglich auf die Beratungspflicht aus § 25 VwVfG sei hingewiesen. Wenn die Behörde erkennt, dass dem Antragsteller mit der Wahl eines anderen Informationsmittels besser gedient ist, hat sie ihn darauf hinzuweisen. Der Zugänglichmachung für den Antragsteller wertloser, weil unverständlicher Informationen, kann auch so vorgebeugt werden. Weiterreichende Pflichten , insbesondere die Pflicht zur Aufklärung des Antragstellers über die Bedeutung der Informationen, können der Behörde nicht abverlangt werden.

Der Antragsteller hat immer noch die Möglichkeit, sich eines sachverständigen Dritten zu bedienen.

X. Offenbar missbräuchlich gestellte Anträge

§ 7 Abs. 3 UIG sieht vor, dass offensichtlich missbräuchlich gestellte Anträge abzulehnen sind. Die Aufnahme der Missbrauchsklausel stellt das Gegengewicht zum Wegfall des Zwecknachweises dar und soll die Möglichkeit eröffnen, querulatorische und ziellose Anfragen abzulehnen. Den Regelfall einer offensichtlich missbräuchlichen Antragstellung - nämlich die Tatsache, dass der Antragsteller über die Angaben bereits verfügt - hat der Gesetzgeber in § 7 Abs.3 S.2 UIG bereits aufgenommen.

Das VG München hat in einem Klageverfahren eines Mitarbeiters einer Landtagsfraktion festgestellt, dass ein Informationsbegehren auch dann offensichtlich missbräuchlich sein kann, wenn der Antragsteller die begehrten Daten unschwer und ohne unzumutbaren Aufwand auf andere Weise beschaffen kann, nämlich - wie hier - durch Rückgriff auf die bei der Fraktion bereits aus anderen Gründen vorhandenen Daten.[20]

---

[20] VG München, Urt. vom 26.09.1995 -M 16 K 93. 4444-, NVwZ 1996, 410

In gleicher Weise könnte die Rechtslage zu betrachten sein, wenn der Antragsteller die Einsicht in Unterlagen begehrt, die sich in einem Planfeststellungsverfahren gerade in der öffentlichen Auslegung befinden. Auch hier lässt sich in der Regel begründen, dass die öffentlich ausgelegten Unterlagen unschwer und ohne besonderen Aufwand zugänglich sind. Ein Informationsantrag könnte als offensichtlich missbräuchlich abgelehnt werden, wenn der Antragsteller bei der Planfeststellungsbehörde die Einsicht begehrt. Wünscht der Antragsteller jedoch die Übersendung von Kopien, hat die Behörde unter Berücksichtigung des richtigen Ermessensgebrauches zu entscheiden und wird möglicherweise zu dem Ergebnis kommen, dass eine Antragsabweisung wegen offensichtlichen Missbrauches nicht sachgerecht wäre.

Das inzwischen schon hinreichend oft zitierte OVG Schleswig hat zur Herausgabe der Stellungnahme der Landschaftspflegebehörde entschieden, dass ein Antrag auf Information nicht bereits deswegen unzulässig oder missbräuchlich i.S. des § 7 Abs. 3 UIG ist, wenn er bei zwei Behörden gleichzeitig gestellt ist, im vorliegenden Fall bei der Stadt und beim Kreis Pinneberg.[21] Als offensichtlich missbräuchlich hatte das vorinstanzliche Gericht den Antrag wegen der doppelten Antragstellung bewertet und die Klage auch deswegen abgewiesen. Das OVG führte zum Missbrauchstatbestand aus, dies wäre nur dann der Fall, wenn der Antragsteller die Information von der anderen Behörde bereits erhalten hätte.

In gleicher Weise wird wohl zu entscheiden sein, wenn ein Antragsteller eine umweltrelevante Stellungnahme zum einen bei der Planfeststellungsbehörde und zum anderen bei der herausgebenden Umweltbehörde verlangt.

Grundsätzlich ist der Missbrauchstatbestand erfüllt, wenn die erhaltenen Umweltdaten kommerziell genutzt werden sollen. Ungeachtet der Beweisschwie-

---

[21] OVG Schleswig-Holstein, Beschluss vom 10.07.1996 -4 L 222/95 -, ZUR 1997, 43

rigkeiten, die die Behörde hätte, wäre ein solcher Antrag abzulehnen. Da der Antrag ohne Nachweis eines Interesses gestellt werden kann, müsste die Behörde anderweitige Kenntnis darüber haben. Diese Kenntnisse müssen aber auch gesichert sein, damit der Tatbestand der **offensichtlichen** Missbräuchlichkeit gegeben ist.

Ob dies für uns ein theoretisches Problem darstellt oder aber bei der Gewährung des Netzzuganges an verschiedene Eisenbahnverkehrsunternehmen praktische Bedeutung erlangen kann, bleibt abzuwarten.

XI. Kosten

Das UIG sieht vor, dass für Amtshandlungen aufgrund dieses Gesetzes Gebühren und Auslagen erhoben werden.

Die entsprechende Verordnung[22] umfasst von der gebührenfreien mündlichen oder einfachen schriftlichen Auskunftserteilung die Erhebung von Gebühren bis zu 10 000 DM bei außergewöhnlich aufwendigen Maßnahmen zur Zusammenstellung von Unterlagen.

Ob es sich hierbei um eine richtlinienkonforme Umsetzung handelt, bleibt abzuwarten. Noch immer ist das Vertragsverletzungsverfahren der EU-Kommission gegen die Bundesrepublik Deutschland wegen unzureichender Umsetzung der RL anhängig. Nachdem sich der Klagegrund zu dem Ausnahmetatbestand des Vorverfahrens durch die EuGH-Entscheidung erledigt hat, stehen noch 4 weitere Klagegründe zur Entscheidung an, wobei die Kostenerhebung nach § 10 UIG der schwerwiegendste ist.[23]

---

[22] Vo über Gebühren für Amtshandlungen der Behörden des Bundes beim Vollzug des UIG vom 07.12.1994, BGBl. I 3732
[23] *Schrader*, NVwZ 1999, 40, 42

Einen Anhaltspunkt für die geforderte angemessene Höhe einer Gebühr bietet ein Beschluss der EU-Kommission über den Zugang der Öffentlichkeit zu den bei der Kommission vorliegenden Dokumenten aus dem Jahre 1994. Danach sind für Ablichtungen eines Dokumentes von über 30 Seiten eine Gebühr von 10 ECU und 0.036 ECU pro Blatt Papier zu erheben. Dokumente unter 30 Seiten sind kostenfrei zu übersenden.[24]

XII. Zusammenfassung

Zusammenfassend ist einzuschätzen, dass die Anwendung des UIG eine Menge Probleme in sich birgt. In Zweifelsfällen wird immer wieder auf die zugrunde liegende Richtlinie zurückzugreifen sein.

Die bisher in der Außenstelle Berlin während eines Planfeststellungsverfahrens erhobenen Informationsforderungen wurden von der DB AG insoweit erfüllt, wie sie tatsächlich auf den Zugang zu Umweltinformationen gerichtet waren. Der Antragsteller gab sich damit zufrieden.

Die Vielzahl der bisher erst- und zweitinstanzlichen Entscheidungen lässt aber erkennen, dass andere Verwaltungen mit dem UIG schon häufiger konfrontiert wurden. Den unterschiedlichen Auslegungsergebnissen, die sich in ihren Entscheidungen widerspiegeln, waren dabei kaum Grenzen gesetzt.

---

[24] *Schrader*, NVwZ 1999, 40, 42

Horst-Peter Heinrichs

Erfahrungen aus fünf Jahren aufsichtsbehördlicher Tätigkeit des EBA

Um über Erfahrungen aus dem Bereich der Eisenbahnaufsicht berichten zu können, scheint es angebracht, kurz auf den Beginn der Neuordnung des Eisenbahnwesens in der Bundesrepublik Deutschland und damit auf die Jahre 1993 und 1994 Bezug zu nehmen.

Zu einer Zeit, als der unüberhörbar laute Ruf nach einem schlanken Staat alle anderen Erwägungen - auch die sachlicher Art - übertönte, entstand völlig gegen den Zeitgeist im Rahmen der Neuordnung des Eisenbahnwesens das Eisenbahn-Bundesamt. Wie schon die Gründung des Eisenbahn-Bundesamtes überhaupt gegen den Trend verlief, entsprach auch die Ausstattung der Behörde mit rechtlich fundierten Ermächtigungsgrundlagen nicht ganz dem Trend, der durch Art. 20 Abs. 3 Grundgesetz und daraus abgeleiteten verfassungsrechtlichen Grundsätzen vorgegebenen ist.

Zwar sind an einigen Stellen des Allgemeinen Eisenbahngesetzes (AEG) Aufgabenzuweisungen an das EBA aufgeführt, aber in den gesetzlichen Bestimmungen im weiteren findet sich auch bei nachhaltigster Suche keine Bestimmung, die als Ermächtigungsgrundlage dienen könnte.

Auch bei einem Blick in das Gesetz über die Eisenbahnverkehrsverwaltung des Bundes, welches die Gründung des EBA vorsah, springt dem geneigten Leser keine Norm, die auf den ersten Blick als Ermächtigungsgrundlage erkennbar ist, ins Auge.

Wohl auch aus diesem Grund wurde - und insoweit hatten sich die zu überwachenden Eisenbahnunternehmen des Bundes doch recht zügig auf die neue Rechtslage eingestellt - zu Beginn der aufsichtsbehördlichen Tätigkeit des Eisenbahn-Bundesamts nahezu jede behördliche Handlung, insbesondere aufsichtsbehördliche Anordnungen die Kostenfolgen hatten, mit allen rechtlichen Mitteln angegriffen.

Einige verdeutlichende Beispiele:

Betrat die Behörde zum Beispiel zu Aufsichtszwecken etwa ein Stellwerk einer Eisenbahn, wurde schon dies als eklatanter Rechtsbruch gebrandmarkt. Da der Gesetzgeber dem Eisenbahn-Bundesamt kein entsprechendes Betretungsrecht für Betriebsanlagen eingeräumt habe, sei die Behörde gehalten, ihre aufsichtliche Tätigkeit auf eine Dokumentenprüfung zu reduzieren. Im übrigen wurde ergänzend vortragen, dass die Unternehmen auch nicht verpflichtet seien, über die Maßgaben des § 23 AEG hinaus überhaupt Auskunft zu geben, denn auch dafür habe der Gesetzgeber keine entsprechende Verpflichtung in das Gesetz hineingeschrieben.

Zudem wurde bestritten, dass die Behörde auf Zügen von Eisenbahnunternehmen zur Durchführung der Aufsicht kostenlos mitfahren dürfe, denn das habe der Gesetzgeber im Hinblick auf die Grundrechtsrelevanz einer solchen Maßnahme, nämlich einer entgangenen Fahrpreiseinnahme, doch ausdrücklich regeln müssen. Auch sollte die Behörde nicht verlangen können, dass sich auf einem Triebfahrzeug angetroffene Personen ihr gegenüber als zum Führen dieser Triebfahrzeuge berechtigt ausweisen müssten. Denn der Gesetzgeber habe eben den Eisenbahnunternehmern keine Pflicht zur Ausstellung und Vorhaltung solcher Ausweise auferlegt.

In diesem von gelegentlichen allgemeinen Orientierungsproblemen gekennzeichneten Zeitraum wurde - zumindest im EBA - die Entscheidung des Bundesverwaltungsgerichts aus dem Oktober 1994 (GeschZ: 7 VR 10/97) als wohltuende Klarstellung empfunden. Darin musste das Gericht über einen Antrag entscheiden, mit dem betroffene Anlieger vom Eisenbahn-Bundesamt die Anordnung von Lärmschutzmaßnahmen gegenüber einer recht großen Eisenbahn des Bundes begehrten. Das Gericht kam - bemerkenswerter Weise im Unterschied zum von Überwachungsmaßnahmen geplagten Eisenbahnunternehmen und auch des EBA - zu folgender Auffassung (Leitsatz):

Das EBA ist im Rahmen der ihm zugewiesenen Eisenbahnaufsicht befugt, gesetzmäßiges Handeln der Beigeladenen sicherzustellen.

In seiner Entscheidung wies das Gericht darauf hin, dass es auffällig sei, dass den in § 3 Abs. 2 des Gesetzes über die Eisenbahnverkehrsverwaltung des Bundes genannten Aufgaben (zu der u. a. die aufsichtsbehördliche Zuständigkeit des Eisenbahn-Bundesamtes im Bereich der Eisenbahnen des Bundes zählt) nicht in der selben Deutlichkeit entsprechende Befugnisse zugeordnet seien.

Lediglich in § 2 Abs. 4 der Eisenbahn-Bau- und Betriebsordnung sei für den Bereich der aufsichtsbehördlichen Tätigkeiten eine Ermächtigungsgrundlage geschaffen. Diese sei jedoch nur in beschränktem Maße anwendbar. Ihr Anwendungsbereich beschränke sich auf Sachverhalte, die sicherheitsrelevant seien.

Das Gericht kommt im übrigen zu der Überzeugung, dass sich aus § 3 Abs. 2 des Gesetzes über die Eisenbahnverkehrsverwaltung des Bundes, welcher zunächst augenfällig nur Zuständigkeiten und Aufgabenzuweisungen für die Behörde Eisenbahn-Bundesamt enthalte, auch eine Ermächtigung herleiten lasse. Denn mit der Verwendung des Begriffs „Eisenbahnaufsicht" habe der Gesetzgeber klargestellt, dass das Eisenbahn-Bundesamt auf der Ermächtigungsgrundlagenseite nicht mit leeren Händen stehen solle.

Im übrigen sei es Ziel der Eisenbahnneuordnung u. a. gewesen, alle hoheitlichen Aufgaben, die bisher in den beiden Sondervermögen Deutsche Bundesbahn und

Deutsche Reichsbahn wahrgenommen wurden auf das Eisenbahn-Bundesamt zu überführen. Die Behörde EBA trete umfassend an die Stellen der ehemaligen Behörden Deutsche Bundesbahn und Deutsche Reichsbahn.

I. Novellierung: Ermächtigungsgrundlage

Der eingangs erwähnte und auch vom BVerwG aufgezeigte Umstand, dass eine aufsichtsbehördliche Aufgabe nicht in der entsprechenden Deutlichkeit von Ermächtigungsgrundlagen flankiert ist, soll durch die Novelle relativiert werden, indem - entsprechend dem Stand der übrigen ordnungsbehördlichen Gesetzgebung - Ermächtigungsgrundlagen in Form einer Generalermächtigung und Einzelermächtigungen eingefügt werden sollen.

Danach würden die Eisenbahnaufsichtsbehörden ermächtigt sein, Anordnungen zu treffen, die erforderlich sind zur Abwehr von Gefahren, welche beim Betrieb der Eisenbahn entstehen oder von Bahnanlagen ausgehen.

Gleich mitgeregelt werden soll die Konkurrenz zwischen Maßnahmen der Vollzugspolizei und der Ordnungsbehörde. Danach sollen Maßnahmen des Eisenbahn-Bundesamtes im Rahmen der Eisenbahnaufsicht widersprechende Maßnahmen der Bahnpolizei ausschließen.

Erfreulicherweise klargestellt ist, dass die Eisenbahnaufsichtsbehörden zur Erfüllung hoheitlicher Aufgaben die erforderlichen unternehmerischen Liegenschaften und die Eisenbahnfahrzeuge betreten dürfen und auf letzteren zur Ausübung der Eisenbahnaufsicht unentgeltlich mitfahren können.

Klargestellt ist auch, dass durch die Aufsichtsbehörden in Geschäftsunterlagen der Unternehmer Einsicht genommen werden darf sowie die Unternehmen einschließlich der für sie tätigen Personen zur unentgeltlichen Erteilung von Auskünften verpflichtet sind.

Des weiteren soll das Eisenbahn-Bundesamt insbesondere zur Erfüllung seiner Unfalluntersuchungsaufgabe Gegenstände in amtliche Verwahrung nehmen können. Weitergehenden Anregungen aus der aufsichtsbehördlichen Praxis wurde bislang nicht Rechnung getragen.

Aus der aufsichtsbehördlichen Praxis hat sich in einer Mehrzahl von Fällen in der Vergangenheit eine Notwendigkeit ergeben, rechtmäßiger Weise auch gegenüber Dritten Anordnungen erlassen zu können, wenn von deren Verhalten Gefahren ausgehen, die sich auf den Eisenbahnbetrieb auswirken. In diesem Zusammenhang seien sowohl die in der Vergangenheit durchaus in zahlenmäßig relevanten Umfang stattfindenden Rockkonzerte auf Bahnanlagen als auch die in einigen Landeseisenbahngesetzen bereits geregelten Gefahren, die von Nachbargrundstücken ausgehen, erwähnt.

Durch die Tatsache, dass hier auf den dem Eisenverkehr gewidmeten Anlagen eine Sondernutzung stattfindet, wechselt nicht die aufsichtsbehördliche Zuständigkeit etwa zu einer Kommunalbehörde. Vielmehr verbleibt auch dieser Sachverhalt in der alleinigen Zuständigkeit der jeweiligen Eisenbahnaufsichtsbehörde des Bundes oder der Länder. Allein diese sind gehalten, durch entsprechende Anordnungen die Sicherheit des Eisenbahnverkehrs auch während der Durchführung der Sondernutzung zu gewährleisten. Dazu müsste den Eisenbahnaufsichtsbehörden die gesetzliche Möglichkeit eingeräumt werden, gegenüber Dritten Anordnungen zur Gewährleistung der Sicherheit des Eisenbahnverkehrs treffen zu können.

Neben der durch das Bundesverwaltungsgericht aufgezeigten Fragestellung haben sich im Rahmen der verwaltungsseitigen Ausführung der eisenbahnspezifischen Gesetze noch weitere Fragestellungen ergeben.

II. Zuständigkeiten gem. § 5 Abs. 1 AEG

§ 5 Abs. 1 des AEG legt fest, dass nichtbundeseigene Eisenbahnen mit Sitz in der Bundesrepublik Deutschland von dem Land, in dem sie ihren Sitz haben, beaufsichtigt werden. Frühzeitig stellte sich in der aufsichtsbehördlichen Praxis sämtlicher Eisenbahnaufsichtsbehörden heraus, dass diese Vorschrift zu tatsächlichen und rechtlichen Unstimmigkeiten führt. Sie bedingt einen Tourismus der Aufsichtsbehörden und kann bei „gemischten" Zügen zu widersprüchlichen hoheitlichen Anordnungen führen. Misst man darüber hinaus diese Vorschrift an den Maßgaben Art. 20 Abs. 1 GG, stellt sich die Frage, ob die einfach-gesetzliche Norm verfassungskonform ist. Art. 20 Abs. 1 GG legt eine föderale Ordnung innerhalb der Bundesrepublik Deutschland fest. Aus der Bestimmung, dass die Bundesrepublik Deutschland ein Bundesstaat ist, folgt zum einen dass sie kein Staatenbund der Länder ist, sondern selbst Staatscharakter besitzt. Zum anderen ergibt sich daraus, dass die Länder als Glieder der Bundesrepublik Staaten sind und zwar Staaten mit eigener, nicht vom Bund abgeleiteter, sondern von ihm anerkannter staatlicher Hoheitsmacht (vgl. Bundesverfassungsgericht Bd. 1, S. 34 ff). Die Bundesländer genießen damit untereinander territoriale Souveränität, wenngleich diese nicht den vollen Umfang der Souveränität des Gesamtstaates gegenüber Nachbarstaaten erreicht. Daraus folgt, dass sich die Ausübung hoheitlicher Macht - dazu gehört auch jede aufsichtsbehördliche Tätigkeit - auf das eigene Landesgebiet beschränken muss. Auf dem Gebiet eines anderen Bundeslandes sind sowohl die Polizeien der Länder als auch Ordnungsbehörden der Länder grundsätzlich unzuständig. An den Landesgrenzen endet die Hoheitsgewalt der Bundesländer.

Die aus § 5 Abs. 1 AEG in seiner derzeitigen Fassung folgende aufsichtsbehördliche Zuständigkeit, die sich am Sitz des zu beaufsichtigenden Unternehmens orientiert, führt aber dazu, dass eine Aufsichtsbehörde gegebenenfalls dem von ihr zu beaufsichtigenden Unternehmen nachreist und aufsichtsbehördliche Maßnahmen außerhalb des eigenen Staatsgebietes trifft.

Somit bestehen erhebliche Zweifel, ob der § 5 Abs. 1 AEG in seiner derzeitigen Fassung mit den verfassungsrechtlichen Vorgaben konform ist. Dieses Problem hat der Gesetzgeber wohl erkannt. Im Rahmen eines z. Zt. laufenden Novellierungsvorhabens wird eine Regelung angestrebt, die zwischen der Zuständigkeit als Genehmigungsbehörde und der Zuständigkeit als Aufsichtsbehörde unterscheidet.

Für die Eisenbahnaufsicht wird eine netzbezogene oder infrastrukturbezogene Aufsicht angestrebt. Die Behörde, die für die Aufsicht über eine bestimmte Eisenbahninfrastruktur zuständig ist, beaufsichtigt damit auch die Unternehmen, die die Infrastruktur nutzen. Die Eisenbahnaufsicht umfasst die Prüfung, ob das tatsächliche Verhalten eines Pflichtigen den durch Gesetz, Verordnung oder genehmigungsbehördlichen Verwaltungsakt gesetzten Vorgaben entspricht.

Dagegen bestimmt sich die genehmigungsbehördliche Zuständigkeit bei nichtbundeseigenen Eisenbahnen nach unterschiedlichen Maßstäben. Für Genehmigungstatbestände, die die Eisenbahninfrastruktur betreffen, ist die Lage der Infrastruktur maßgeblich. Bei anderen Genehmigungstatbeständen bestimmt sich die Zuständigkeit nach dem Sitz des Unternehmens.

III. Zwangsgeld

In der Vergangenheit hat die Erfahrung gezeigt, dass ein Zwangsgeld mit einer Höhe von bis zu 2.000,- DM, welches regelmäßig geeignet ist, einen durchschnittlichen Verwaltungsaktsadressaten zur Befolgung hoheitlicher Anordnungen zu motivieren, bei Unternehmen mit einer gewissen Marktstellung gerade diese Wirkung nicht erzielt. Hier schien oftmals eine unternehmerische Abwägung stattzufinden, die die Höhe eines möglichen Zwangsgeldes gegen einen zu erwartenden Unternehmensgewinn abwog und sich oftmals zu Gunsten des letzteren entschied. Diesem Umstand soll durch eine deutliche Erhöhung des Zwangsgeldes nunmehr Rechnung getragen werden.

IV. Auswahlermessen; Halter von Eisenbahnfahrzeugen

In der nunmehr vorliegenden Fassung der Novellierung ist auch beabsichtigt, dem Umstand Rechnung zu tragen, dass der Verkehrsträger „Eisenbahn" nicht nur durch Eisenbahnverkehrsunternehmer, Eisenbahninfrastrukturunternehmer und Aufsichtsbehörden geprägt wird, sondern auch Hersteller und Einsteller tatsächlich beteiligt sind.

Hersteller von Eisenbahnfahrzeugen sind wie auch bei anderen Verkehrsträgern darauf angewiesen, ihre Fahrzeuge testen zu können. Dies geschieht zu einem auf dafür besonders hergerichteten Anlagen, zum anderen geschieht die Erprobung jedoch zwangsläufig im sogenannten Produktionsnetz. Aus technischer Sicht unverzichtbar scheint die Durchführung von Probe- und Versuchsfahrten im Produktionsnetz, da nur hier tatsächliche, realistische Bedingungen angetroffen werden können, die eine spätere öffentlich-rechtliche Entscheidung (Abnahme gem. § 32 Abs. 1 EBO) tragfähig machen. Daher erscheint es angemessen, Herstellern auch subjektiv-öffentliche Rechte, etwa im Bereich des Netzzugangs, und Pflichten zuzuordnen.

Die Aufnahme von Einstellern in den Kreis der Träger von öffentlichen Rechten und Pflichten ist aus aufsichtsbehördlicher Sicht unverzichtbar, da nur diese in der Mehrzahl der Fälle aus Rechtsgründen in der Lage sind, Maßnahmen zur Beseitigung von Gefahren ergreifen zu können. Da sich die Einsteller (vielleicht aus guten Gründen) in den Einstellungsverträgen in einem weiten Maße die Entscheidung über die Durchführung von Reparaturen vorbehalten haben, ist es angemessen, sie durch ordnungsbehördliche Anweisungen unmittelbar ansprechen zu können.

V. Zulassung/ Anerkennung von Werkstätten

Die Zulassung von Werkstätten ist ein im intermodalen, zwischen den Verkehrsträgern und internationalen Vergleich übliches, sowie aus Sicht des Eisenbahn-Bundesamt nahezu unverzichtbares Element aufsichtsbehördlicher Überwachungstätigkeit. Hintergrund dieser Forderung ist der Gedanke, dass - an Stelle einer im Automobilsektor üblichen Begutachtung eines jeden Fahrzeuges durch den technische Überwachungsorganisationen - die Werkstätten, die Fahrzeuge instandhalten, auf ihre fachliche Qualifikation und ihre Betriebsorganisation hin untersucht werden, so dass bei positivem Begutachtungsergebnis davon ausgegangen werden kann, das Arbeitsergebnisse regelmäßig den Anforderungen an Sicherheit und Ordnung genügen.

Indes fand diese Forderung des Eisenbahn-Bundesamtes keinen Eingang in die Novelle des Allgemeinen Eisenbahngesetzes. Vielmehr sollen nach dem derzeitigen Entwurfsstand Eisenbahnunternehmer ein Instandhaltungskonzept aufstellen und dieses der zuständigen Eisenbahnaufsichtsbehörde vorlegen. Im Konzept soll festgelegt sein, nach welchen Grundsätzen der Unternehmer seine Fahrzeuge instandhalten will, um sicher zustellen, dass bei Durchführung der Instandhaltungsmaßnahmen die Fahrzeuge den gesetzlichen Vorgaben entsprechen.

VI. Pflicht und Pflichtiger

Ein rechtliches Problem, welches das EBA bereits seit seiner Gründung begleitet, ist in einer scheinbar unüberwindbaren gesetzgeberischen Abneigung begründet, im Eisenbahnrecht öffentlich-rechtliche Pflichten eindeutig - nämlich in der Norm selbst - den Pflichtigen zuzuordnen. Die generalklauselartige Formulierung des § 4 Abs. 1 AEG ist als Ausdruck eines Rechtsgedankens eine ausgezeichnete Hilfe für die Auslegung von Einzelnormen. Für die einzelne Verwaltungsentscheidung bietet die gesetzgeberische Willensäußerung mehr Hilfe nicht.

Bereits der schlichte Teilsatz: „Die Eisenbahnen sind verpflichtet, ihren Betrieb sicher zu führen" lässt offen, ob durch die Norm eine Art öffentlich-rechtlicher Gesamthandschuldnerschaft begründet wird, der Satz also als „alle Eisenbahnen sind gemeinsam verpflichtet, einen sicheren Betrieb zu führen" gelesen werden müsste. Andererseits könnte der Gesetzestext auch den im Gewerberecht üblichen Gedanken zum Ausdruck bringt, dass jeder Gewerbetreibende verpflichtet ist, <u>seinen</u> Gewerbebetrieb sicher zu führen.

Nimmt man verfassungsrechtlichen Vorgaben und im Rahmen der Neuordnung des Eisenbahnwesens angestellte gesetzgeberische Erwägungen bei der Auslegung zur Hilfe, kann § 4 Abs. 1 nur so gelesen werden. „Jeder Eisenbahnunternehmer ist verpflichtet, seinen Betrieb sicher zu führen."

So verstanden fügt sich die Norm in gängige ordnungsbehördliche Schemata ein. Aus ihr folgte, dass der Eisenbahninfrastrukturunternehmer den Betrieb seiner Infrastruktur sicher gestalten muss; entsprechendes gilt für den Eisenbahnverkehrsunternehmer für den Betrieb. Im Umkehrschluss bedeutet dies, dass den Infrastrukturunternehmer nicht die Pflicht trifft, den Betrieb seiner Kunden - der Eisenbahnverkehrsunternehmer - sicher zu führen.

Vor einer Verwaltungsentscheidung ist daher zu prüfen, wessen Betrieb ein bestimmter Lebenssachverhalt, in den mittels ordnungsbehördlicher Anordnung eingegriffen werden soll, zuzuordnen ist.

Schreibt zum Beispiel § 32 Abs. 1 EBO vor, dass neue Fahrzeuge vor ihrer Inbetriebnahme abzunehmen sind, ist dies eine öffentlich-rechtliche Verpflichtung, deren Erfüllung allein dem Fahrzeugbetreiber - letztlich dem Eisenbahnverkehrsunternehmer - obliegt.

Als nicht in dieses System passend erscheint eine Formulierung im weiteren. Danach werden Eisenbahnen nämlich u. a. verpflichtet, Eisenbahnfahrzeuge und Zubehör sicher zu bauen. Wenn jedoch - entsprechend der hier vertretenen Auffassung - die Grundregel des § 4 Abs. 1 AEG festsetzt, dass jeder Unternehmer seinen Betrieb sicher führen muss, kann die Verpflichtung zum sicheren Bau von Eisenbahnfahrzeugen kaum den Eisenbahnverkehrsunternehmer treffen. Denn der Bau von Eisenbahnfahrzeugen gehört nicht zu seinem Betrieb. Vielmehr darf er als Käufer von Eisenbahnfahrzeugen darauf vertrauen, dass ein behördlich abgenommenes Fahrzeug sicher gebaut wurden. Denn die Fahrzeuge dürfen eine Abnahme gem. § 32 Abs. 1 EBO nur erhalten, wenn sie die Grundforderung des § 2 Abs. 1 EBO erfüllen. Eine Klarstellung de lege ferenda wäre wünschenswert.

VII. Resümee

Die Neuordnung des Eisenbahnwesens wurde mit dem ENeuOG vom 27.12.1993 eingeleitet, seitdem hat sich in der Praxis herausgestellt, dass es vielleicht auch zur Sicherstellung des langfristigen Erfolges notwendig ist, die rechtlichen Rahmenbedingungen zu überarbeiten. Ein erster Schritt ist mit der z. Zt. Lfd. Novellierung getan.

Astrid Pöhle

Erfahrungen und Folgerungen aus fünf Jahren aufsichtsbehördlicher Tätigkeit des Eisenbahn-Bundesamtes im Bereich Netzzugang

Meine Damen und Herren,

„Erfahrungen und Folgerungen aus 5 Jahren aufsichtsbehördlicher Tätigkeit des Eisenbahn-Bundesamtes im Bereich Netzzugang". Mit diesem Vortrag möchte ich Ihnen ein Thema näher bringen, das hochaktuell ist:
Verschiedene Interessengruppen diskutieren darüber, ob die Schaffung einer starken Aufsichtsbehörde über den Netzzugang den Wettbewerb fördern würde.
Es gibt bereits erste Entwürfe des Gesetzgebers zur Stärkung der Position des Eisenbahn-Bundesamtes, die er in eine AEG-Novelle einbringen will.
Anhand einer Darstellung der jetzigen Rechtslage und den damit verbundenen Problemen in der Praxis werde ich aus Sicht der Behörde aufzeigen, dass eine Neuregelung des Netzzugangsrechtes notwendig ist:

1. Das Europarecht hat das deutsche Netzzugangsrecht maßgeblich geprägt

In Art. 10 der Richtlinie 91/440 EWG des Rates ist geregelt, dass internationale Gruppierungen und Eisenbahnunternehmen der Mitgliedstaaten im grenzüberschreitenden kombinierten Verkehr ein Recht auf diskriminierungsfreien Zugang haben. Dies bedeutet, dass beim einfachen grenzüberschreitenden Verkehr

oder bei einem Verkehr, der ausschließlich in einem anderen Mitgliedstaat stattfindet, kein Recht auf diskriminierungsfreien Zugang gewährt werden muss.
In der Richtlinie 95/19 EG des Rates vom 19 Juni 1995 ist geregelt, dass jeder Mitgliedstaat eine Stelle zu benennen hat, die für die Zuweisung von Fahrwegkapazität zuständig ist. Zuweisungsstelle kann die Behörde oder der Fahrwegbetreiber sein. Gegen Zuweisungsentscheidungen muss Beschwerde bei einer unabhängigen Stelle eingelegt werden können.

2. Nationale Umsetzung

Die Regelung des Zugangsrechtes der EWG-Richtlinie 91/440 ist national in § 14 Abs. 3 und 1 AEG und § 3 Abs. 1 der Eisenbahninfrastruktur-Benutzungsverordnung (EiBV) umgesetzt. Zusätzlich zu der Verpflichtung in der EWG-Richtlinie 91/440, internationalen Gruppierungen und Eisenbahnen im kombinierten grenzüberschreitenden Verkehr ein Zugangsrecht zu gewähren, wird ein Zugangsrecht für jeden Eisenbahnverkehrsunternehmer mit Sitz in der BRD, Eisenbahnen aus einem Mitgliedstaat bei Gegenseitigkeit des Zuganges und sonstige Eisenbahnen bei zwischenstaatlicher Vereinbarung geregelt.

Die Richtlinie 95/19 EWG des Rates hat man in Deutschland wie folgt umgesetzt:

Zuweisungsstelle wird nicht eine Behörde, sondern die Eisenbahninfrastrukturunternehmen; sie vergeben Trassen und gestalten Zugangsbedingungen selbst (§§ 3 Abs. 1, 4 und 5 EiBV).

Das Eisenbahn-Bundesamt wurde gem. § 14 Abs. 5 AEG zur Beschwerdeinstanz mit Regulierungsfunktion für Netzzugangsstreitigkeiten *auf bundeseigener und nichtbundeseigener öffentlicher Infrastruktur*. (Dass das Eisenbahn-Bundesamt in diesem Bereich ausnahmsweise auch für nichtbundeseigene öffentliche Infrastruktur zuständig ist, ist bei vielen Eisenbahnverkehrsunternehmen nicht bekannt).

Nach § 14 Abs. 5 i.V.m. Abs. 4 AEG entscheidet das Eisenbahn-Bundesamt *auf Antrag*, wenn Eisenbahninfrastrukturunternehmer und Eisenbahnverkehrsunternehmer sich nicht einigen können über :
- den Zugang überhaupt auf einer bestimmten Strecke zu einer bestimmten Zeit
- die Dauer der Nutzung
- das Entgelt der Nutzung (z. B. Trassen- und Stationspreis)
- technische sowie betriebliche Bedingungen

Damit hat der Gesetzgeber dem Eisenbahn-Bundesamt eine Regulierungsaufgabe und eine Eingriffsbefugnis im Einzelfall gegeben.

3. Das Bedürfnis nach Neuregelung des Bereiches Netzzugang ergibt sich u. a. aus folgender rechtlicher Konstellation

a. Der jeweilige Infrastrukturbetreiber ist Monopolist und häufig nicht unabhängig von einem Eisenbahnverkehrsunternehmen. Er ist z.T. entweder organisatorisch, rechtlich oder in seinen Entscheidungen von ihm abhängig.

b. Der Infrastrukturbetreiber entscheidet weitgehend frei über den Zugang zu seinem Netz und die Zugangsbedingungen.
Der Eisenbahninfrastrukturunternehmer entscheidet als Zuweisungsstelle nach §§ 3 Abs. 1, 4 und 5 EiBV, wer die Infrastruktur wann nutzen darf. Er gestaltet die Preise für die Nutzung weitgehend frei (§ 5 Abs. 1 EIBV). Verbindliche Vorgaben sind lediglich das Diskriminierungsverbot und das Verbot von pauschalen, streckenbezogenen Mengennachlässen. Die sonstigen Vorgaben in § 5 und § 6 EiBV sind lediglich Soll- bzw. Kann-Vorschriften.

Der Eisenbahninfrastrukturunternehmer stellt technische und betriebliche Zugangsbedingungen auf und hat lediglich die unbestimmte Vorgabe, diese auf das für einen sicheren Betrieb jeweils erforderliche Maß zu beschränken (§ 3 Abs. 1 Nr. 3 EiBV).

c. Die Zugangsbedingungen müssen nicht transparent gemacht werden. Entgeltverzeichnisse sind nicht zu veröffentlichen, nicht zu erläutern und nur zur Einsicht bereit zu halten. Technische und betriebliche Anforderungen sind weder allgemeingültig aufzustellen noch zu veröffentlichen. In die Fahrplangestaltung muss Wettbewerbern keine Einsicht gewährt werden.

d. Die Ausgestaltung der Aufsicht über den Netzzugang ist unzureichend.

Die vom Eisenbahninfrastrukturunternehmer konzipierten Zugangsbedingungen sind vor der Anwendung staatlicherseits nicht zu prüfen.

Das Bundeskartellamt führt nach eigenen Angaben nur eine ultima-ratio-Kontrolle durch. Es prüft nach GWB den Missbrauch einer Monopolstellung und hat so eine hohe Einstiegsschwelle für mögliche Eingriffe.

Das Eisenbahn-Bundesamt darf nach § 14 Abs. 5 AEG nur auf Antrag tätig werden und nur den Einzelfall entscheiden.

Weil die Befugnisse des Eisenbahn-Bundesamtes zur Durchführung der Regulierungsaufgabe in § 14 Abs. 5 AEG nicht ausdrücklich geregelt sind, können Netzzugangsstreitverfahren endlos in die Länge gezogen und erschwert werden. So wird in der Praxis von Eisenbahninfrastrukturunternehmen häufig eingewendet, das Eisenbahn-Bundesamt habe im Bereich Aufsicht über den Netzzugang kein Auskunftsrecht. Obwohl sich dieses Recht nach dem von meinem Vorredner zitierten Urteil des Bundesverwaltungsgerichtes aus der Eingriffsbefugnis ergibt, erschweren fehlende und nur schleppend erteilte Informationen die Entscheidungsfindung des Eisenbahn-

Bundesamtes. Die dem Eisenbahn-Bundesamt zur Verfügung stehenden Zwangsmittel zur Durchsetzung des Auskunftsrechtes oder der getroffenen Entscheidungen sind nicht ausreichend. Mangels einer besonderen Regelung beträgt die max. Höhe des Zwangsgeldes nach VwVG 2.000.- DM, das im Vergleich zu den Auswirkungen bei Befolgung der Anordnung als das geringere Übel erscheint.

Darüber hinaus machen die steigende Zahl der Netzzugangsstreitigkeiten, die Vielzahl der „inoffiziellen" Beschwerden und die Vielfalt der monierten Umstände deutlich, dass ein Bedürfnis nach der Vorgabe eines Rahmens für die Nutzungsbedingungen und nach verstärkter Regulierung besteht. Dadurch könnte der Wettbewerb auf der Schiene gefördert werden.

Aus diesen Gründen ist eine Diskussion um folgende Fragen entbrannt:

4. Soll das Eisenbahn-Bundesamt eine gut ausgestattete Regulierungsbehörde werden?

Dazu wird diskutiert, ob das Eisenbahn-Bundesamt :
- ein ausdrückliches Auskunftsrecht (ergänzt durch die Pflicht der Eisenbahninfrastrukturunternehmer, das Eisenbahn-Bundesamt ständig zu informieren),
- eine Generalermächtigung, ohne Antrag von Amts wegen eingreifen und mit Wirkung, die über den Einzelfall hinausgeht, Nutzungsbedingungen korrigieren zu können,
- das Recht zur Verhängung eines beträchtlichen Zwangsgeldes in der Verwaltungsvollstreckung,
- das Recht, Unterlagen insbesondere Verträge einzusehen oder mitzunehmen sowie Geschäftsräume zu betreten

erhalten soll.

5. Müssen Nutzungsbedingungen transparenter werden?

Es wird diskutiert, ob geregelt werden soll, dass
- Entgeltverzeichnisse zu veröffentlichen und gegen Selbstkostenpreis abzugeben sind.
- technische und betriebliche allgemeine Nutzungsbedingungen festzulegen und ebenfalls zu veröffentlichen oder gegen Selbstkostenpreis abzugeben sind.

6. Sollen den Infrastrukturunternehmen verbindliche Rahmenvorgaben für die Nutzungsbedingungen gemacht werden?

Sollen die Kann- und Soll-Bestimmungen verbindlich werden? Sind andere oder weitergehende Konkretisierungen erforderlich?

7. Europarechtliche Initiativen

Auch die EU-Kommission hat nach Analysen über den Stand des Wettbewerbs auf der Schiene in den Mitgliedstaaten und über Netzzugangsprobleme den Bedarf an weitergehender Reglementierung erkannt. Die Kommission hat ein „Infrastrukturpaket" vorgeschlagen, durch das :

- Die rechtliche Trennung zwischen Eisenbahninfrastruktur- und Eisenbahnverkehrsunternehmer verschärft werden soll (Änderung der Richtlinie 91/440).

- Das Netzzugangsrecht nicht nur im grenzüberschreitenden, kombinierten Verkehr sondern auch im sonstigen Verkehr gelten soll (Änderung der Richtlinie 95/18).
- Die Mitgliedstaaten verpflichtet werden, eine Regulierungsbehörde zu schaffen und Rahmenvorgaben für die Preisgestaltung der Eisenbahninfrastrukturunternehmen zu machen (neue Richtlinie).

Eine abschließende Entscheidung über diese europarechtlichen Vorschläge bleibt abzuwarten.

Meine Damen und Herren, ich hoffe, Sie auf eine Entwicklung aufmerksam gemacht zu haben, die interessante Neuerungen mit sich bringen und zum Wettbewerb auf der Schiene beitragen kann. Ich bedanke mich für Ihre Aufmerksamkeit!

Dr. Heike Delbanco

Ursprünge des europäischen Eisenbahnrechts

I. Einführung

In meinem letztjährigen Vortrag in Speyer hatte ich die Auffassung vertreten, dass die staatliche Verantwortung für die Eisenbahninfrastruktur trotz der Privatisierung der Deutschen Bahn fortbestehe. Nicht alle Teilnehmer waren meiner Meinung. Das war nun auch nicht weiter verwunderlich, denn die Reichweite der staatlichen Verantwortung für das Eisenbahnwesen und der Umfang des staatlichen Engagements sind seit Beginn des Eisenbahnzeitalters Gegenstand lebhafter Diskussionen.

Gründe für den Streit um den „Königsweg" bei der staatlichen Einflussnahme gab es viele. Fasst man sie zusammen, so lässt sich sagen: Vordergründig war die Eisenbahn ein neues Transportmittel, frühzeitig beherrschten aber bereits *politische* Motive die Diskussion[1]: Besondere Bedeutung kam *raumpolitischen* Zielen zu: Die Erschließung und Förderung schwach besiedelter Gebiete, die Hilfe für Grenz- und Notstandsgebiete, die Erschließung und Integration abseitiger (konkret des ostpreußischen) Wirtschaftsräume waren schon im 19. Jahrhundert wesentliche, für die Eisenbahn vorgebrachte Argumente. Darüber hinaus wurden *wirtschaftspolitische* Zielsetzungen verfolgt: Die Förderung einzelner Wirtschaftszweige konnte verstärkt werden, der Transport von Brenn- und

---

[1] *Wilhelmi*, Staat und Staatseisenbahn, Archiv für Eisenbahnwesen 73. Jg. (1963), S. 377, (378).

Rohstoffen sowie von Nahrungsmitteln wurde effizienter und kostengünstiger, damit verbunden war die Industrialisierungswirkung des 19. Jahrhunderts[2]. *Sozialpolitische* Ziele konnten mit der Tarifsetzung im Eisenbahnpersonenverkehr verwirklicht werden, die staatliche *Zoll- und Handelspolitik* wurde durch entsprechende Eisenbahnpolitik maßgeblich unterstützt. Nicht zuletzt sprachen *militärische* Erwägungen für das neue Transportmittel.

Diese politischen Erwägungen ließen die Frage aufkommen, wie sich die Staaten dieser umwälzenden Neuerung gegenüber verhalten sollten. Sie konnten sich - nach dem Vorbild der Manufakturen und Domänen - selbst als Unternehmer betätigen und den Bau und den Betrieb der Eisenbahnen in eigener Regie übernehmen. Sie konnten aber die Eisenbahnen auch privaten Personen oder Gesellschaften überlassen und sich lediglich die Aufsicht über den Bau und den Betrieb vorbehalten. Kern der Diskussion war also die Systemfrage - Staatsbahn oder Privatbahn. Um es vorwegzunehmen: Sie wurde in Deutschland unterschiedlich beantwortet. Einige Länder favorisierten zunächst Staatsbahnen, andere Privatbahnen, allerdings mit zum Teil gewichtigen staatlichen Einflüssen. Im Verlauf des 19. Jahrhunderts mischten sich die Systeme, bis sich Ende des 19. Jahrhunderts der Staatsbahngedanke durchsetzte. Im europäischen Ausland wie auch in Amerika fiel die Entscheidung überwiegend zugunsten privatrechtlicher Eisenbahnunternehmensformen aus, allerdings unter finanzieller Mitwirkung des Staates und damit einhergehenden, zum Teil weitreichenden staatlichen Aufsichtsbefugnissen.

---

[2] *List*, Über ein sächsisches Eisenbahnsystem als Grundlage eines allgemeinen deutschen Eisenbahnsystems und insbesondere über die Anlegung einer Eisenbahn von Leipzig nach Dresden, in: *Beckerath, E. v.u.a.* (Hrsg.), Schriften, Reden, Briefe, 3. Band, Teil 1, 1929, S. 157 ff.

II. Entwicklung in Deutschland

Im Deutschland des beginnenden 19. Jahrhunderts waren die Ausgangsbedingungen für das neue Verkehrsmittel nicht günstig. Politisch hinderte vor allem der verbreitete Partikularismus, die Kleinstaaterei souveräner Staaten des Deutschen Bundes den kontinuierlichen Aufbau eines Eisenbahnnetzes[3]. Auch wirtschaftlich bot die fehlende Industrie kaum Anreize zum Handeln. Der anfallende Verkehr zwischen den Handels- und Messeplätzen konnte mit dem vorhandenen Straßen- und Wasserstraßennetz bewältigt werden[4], zumal gerade Preußen in der nachnapoleonischen Ära die Chausseen stark ausgebaut hatte[5]. Von Beginn an hatte die neue Technik aber auch engagierte Fürsprecher, die die positiven politischen, wirtschaftlichen und sozialen Auswirkungen eines schnellen und effektiven Verkehrsmittels betonten[6]. Sie trugen maßgeblich dazu bei, dass sich die Staaten des Deutschen Bundes dem Eisenbahnbau widmeten und Deutschland so den Anschluss an eine weltweite Entwicklung nicht verlor.

---

[3] Vom Bau einer Linie von Berlin nach Hamburg wurden allein vier souveräne Staaten betroffen, einer von ihnen (Lauenburg) stand zudem unter dänischer Hoheit, *Seidenfus*, Eisenbahnwesen, in Jeserich/Pohl/v. Unruh, Deutsche Verwaltungsgeschichte, Band 2, 1983, S. 227 (233).
[4] *Wilhelmi*, Staat und Staatseisenbahn, Archiv für Eisenbahnwesen 73. Jg. (1963), S. 377 (380).
[5] Von 1816 bis 1831 stieg die Meilenzahl der Chausseen von 522 auf 1147.5 und bis zur Mitte der 40er Jahre verdoppelte sich diese Zahl noch einmal. Von 1820 bis 1834 wurden für die Straßenbauten 12 Mio Taler aufgewendet, vgl. *Paul*, Preußische Eisenbahnpolitik von 1835-1838, S. 18; *Kumpmann*, Die Entstehung der Rheinischen Eisenbahngesellschaft 1830 - 1844, 1910, S. 16; ausführlich *Herrmann*, Thurn und Taxis-Post und die Eisenbahnen, Vom Aufkommen der Eisenbahnen bis zur Aufhebung der Thurn und Taxis - Post im Jahre 1867, 1981, S. 32ff.
[6] *List*, Die Welt bewegt sich, Über die Auswirkungen der Dampfkraft und der neuen Transportmittel auf die Wirtschaft, das bürgerliche Leben, das soziale Gefüge und die Macht der Nationen, 1837, in: *Eugen Wendler* (Hrsg.), Die Welt bewegt sich, Göttingen 1985, passim; *Hansemann*, Die Eisenbahnen und deren Aktionäre in ihrem Verhältnis zum Staat, 1837, passim.

In den Ursprüngen lassen sich die Staaten einteilen in solche, die sich für das Staatsbahnsystem entschieden und solche, die zunächst auf private Eisenbahnunternehmen setzten.

1. Staaten, die sich für das Staatsbahnsystem entschieden

Staaten, die sich (zunächst) für das Staatsbahnsystem entschieden, waren Bayern, Braunschweig, Baden, Württemberg und Hannover.

a) Bayern

Mit der Strecke „Nürnberg-Fürth", die am 7. Dezember 1835 eingeweiht wurde, setzte sich Bayern an die Spitze der Entwicklung. Man favorisierte zunächst private Gesellschaften als Eisenbahnunternehmer, die allerdings ein vom König zu erteilendes Privilegium zum Bau und Betrieb der Bahn benötigten. Als die finanziellen Erfolge der Nürnberg-Fürther-Bahn weitere Bauvorhaben nach sich zogen, wurden sog. Fundamentalbestimmungen für sämtliche Eisenbahnstatuten erlassen[7]. Von allen folgenden Projekten wurde aber nur noch die Linie München-Augsburg im Jahre 1840 von einer privaten Gesellschaft fertiggestellt. In der Folgezeit ließ die unternehmerische Initiative stark nach, so dass Bayern vom Privatbahn- zum Staatsbahnsystem überschwenkte, das es für über ein Jahrzehnt - bis Mitte der fünfziger Jahre - beibehielt. 1855 entschloss sich Bayern aus finanziellen Erwägungen, den Bahnbau Privaten zu überlassen. Ab diesem Zeitpunkt kam es zu einem Nebeneinander von Privat- und Staatsbahnen, das in erbitterter Konkurrenz endete, bis sich Bayern 1875 zur Verstaatlichung entschloss.

---

[7]Vom 28. September 1836, in: *Döllinger*, Sammlung der im Königreich Bayern bestehenden Verordnungen, Band XXXI, S. 320. Die Statuten regelten das Verhältnis zwischen Staat und

b) Herzogtum Braunschweig

War Bayern der erste deutsche Staat, in dem überhaupt eine Eisenbahn gebaut wurde, so konnte das Herzogtum *Braunschweig* für sich in Anspruch nehmen, zuerst und ausschließlich das Staatsbahnsystem eingeführt zu haben. 1837 legte die Regierung den Ständen den Entwurf eines Gesetzes über den staatseigenen Bau einer Harzbahn vor. Zu seiner Begründung wurde ausgeführt: „Obgleich nun ohne Zweifel die nötigen Bausummen durch eine Aktieneröffnung leicht anzuschaffen sein würden, so erscheint es doch angemessener, dass die Bahn auf herzogliche Kosten vorgerichtet und verwaltet wird. Nur wenn sie in den unbeschränkten Händen der Staatsgewalt sich befindet, wird es möglich sein, die Hauptzwecke der Bahn vollkommen zu befördern, namentlich den Ertrag der Anlage durch Ermäßigung der Fracht- und Personengelder teilweise zur Erleichterung und Beförderung des Handels und Verkehrs zu benutzen und so dem betreffenden Landesteil selbst zukommen zu lassen."[8] Bereits am 1. Dezember 1838 konnte die erste Teilstrecke Braunschweig-Wolfenbüttel der Öffentlichkeit übergeben werden. Der braunschweigische Staat baute und betrieb auch alle weiteren Eisenbahnen des Landes und gab so ein frühes Beispiel des reinen Staatsbahnsystems.

Später ging Braunschweig allerdings den umgekehrten Weg. Als andere Länder die Verstaatlichung der Privatbahnen angingen, verkaufte Braunschweig 1870 die Staatsbahnen an die Bank für Handel und Industrie in Darmstadt. Der preußische Staat erwarb das Aktienkapital, die Linien der braunschweigischen Eisenbahn gingen 1885 im preußischen Staatsbahnnetz auf.

Eisenbahngesellschaft dahin, dass der Staat den Eisenbahnen seinen besonderen Schutz gewährte, sie aber vorher konzessionieren müsse und später beaufsichtigen werde.
[8]Zitiert bei *Gottfried Keller,* Der Staatsbahngedanke bei den verschiednen Völkern, Diss. Aarau 1897, S. 66.

c) Herzogtum Baden

Im Herzogtum Baden waren zunächst Privatleute im Eisenbahnwesen engagiert, ohne dass es allerdings zu einer Konzessionierung kam. Es folgten mehrere Jahre der Begutachtung und Beratung, ob das Staatsbahn- oder das Privatbahnsystem eingeführt werden sollte. Schließlich entschied sich Baden 1838 unter dem Druck der in den angrenzenden Staaten entstehenden Linien für das Staatseisenbahnbahnsystem, allerdings mit dem ausdrücklichen Vorbehalt, dass der Gedanke an private Unternehmer für den Betrieb der Hauptbahnen und die Anlage der Nebenbahnen nicht aufgegeben sei.

d) Königreich Hannover

Auch das Königreich Hannover zögerte zunächst, die an die Regierung herangetragenen privaten Vorhaben zu genehmigen, nicht zuletzt, weil man sich über die Linienführung der einzelnen geplanten Strecken nicht schlüssig werden konnte. 1842 konnte der König überzeugt werden, seine Einwilligung zum Bau der Strecke Hannover-Braunschweig-Celle-Hildesheim auf Staatskosten zu geben. Interessant ist auch hier die Begründung der Gesetzesvorlage: „Wenn es sich um ein reines Spekulationsgeschäft handelte, würde eine Übernahme auf die Staatskasse nicht empfehlenswert sein. Die Eisenbahnanlage geht jedoch weit über eine solche Art Unternehmung hinaus und wurzelt tief im Staatsleben. Solche Unternehmen dürfen nicht allein in Privathände gelegt werden, da diese bei der Größe des Unternehmens zu großen Einfluss auf die Staatsverwaltung bekommen. Langwierige Verhandlungen mit Privatunternehmen, Kollisionen mit der Polizei-, Steuer- und vor allem der Postverwaltung werden vermieden.

Bei einem Privatunternehmen hat der Staat geringen Einfluss auf die Transportpreise"[9].

e) Königreich Württemberg

Die Situation in Württemberg glich der in Baden. Auch hier zeigten private Gesellschaften Interesse, erhielten aber keine Konzession. Nach langen Verhandlungen und Beratungen entschied sich schließlich 1843 Württemberg für den Bau von Eisenbahnen auf Staatskosten.

2. Staaten, die zunächst das Privatbahnsystem favorisierten

Anders verlief die Entwicklung in Hessen, in der bayrischen Pfalz, in Sachsen und Preußen. Diese Staaten überließen zunächst privaten Unternehmen die Initiative und beschränkten sich auf Kontroll- und Aufsichtsbefugnisse. Später kam es zu verstärktem staatlichen Engagement, das von Zinsgarantien über unmittelbare Finanzierung bis hin zu staatlicher Verwaltung reichte. Nach einem erneuten Aufblühen der Privatbahnen in den 1860ern setzte sich der Staatsbahngedanke in den 70ern endgültig durch. Diese Entwicklung soll kurz für Preußen nachgezeichnet werden.

a) Beginn des Eisenbahnwesens in Preußen

Preußen nahm zunächst in der ersten Hälfte des 19. Jahrhunderts eine abwartende bis ablehnende Haltung gegenüber dem Eisenbahnbau ein, so dass private Initiative die erste Phase des Eisenbahnwesens in Preußen bis zum Erlass des Eisenbahngesetzes 1838 prägte. Obwohl Bau und Betrieb der ersten Eisenbah-

---

[9]*Wilhelmi*, Staat und Staatseisenbahn, Archiv für Eisenbahnwesen 73. Jg. (1963), S. 377 (385).

nen privaten Gesellschaften oblagen, gab der Staat seine Aufsichts- und Kontrollbefugnisse nicht aus der Hand. 1836 wurde die Bahnlinie zwischen Magdeburg und Leipzig wegen ihrer Bedeutung für den Handelsverkehr unter verschiedenen „Allgemeinen Bedingungen" konzessioniert[10]. Diese Konzessionsbedingungen bereiteten inhaltlich das Eisenbahngesetz von 1838 vor. Während die Verfechter des Staatsbahngedankens fehlendes staatliches Engagement vor allem in finanzieller Hinsicht bemängelten, gingen den Liberalen die staatlichen Einflussmöglichkeiten im Eisenbahngesetz von 1838 bereits zu weit[11].

b) Zunehmende staatliche Unterstützung 1838 - 1848

1842 hatte sich die Streckenlänge zwar gegenüber 1838 fast verzwanzigfacht[12], von einem Eisenbahn*netz* konnte jedoch nicht die Rede sein. Politisch und volkswirtschaftlich wichtige Linien - z.B. die Verbindung der beiden Eisenbahnzentren Köln und Berlin, die Erschließung Südschlesiens oder eine Bahn von Berlin nach Königsberg, eventuell bis zur russischen Grenze (Ostbahn) - standen aus. Das Interesse der privaten Unternehmer hatte wegen der mangelnden Rentabilitätserwartungen deutlich nachgelassen[13], so dass sich die Frage nach dem staatlichen Engagement erneut stellte. Die Meinungen über das staatliche Engagement gingen aber weit auseinander. Die Regierung lehnte den Bau

---

[10] Einen Überblick über die 14 „Allgemeinen Bedingungen" vom 14.2.1836 gibt *Bracht*, Bau der ersten Eisenbahnen in Preußen, Eine Untersuchung der rechtlichen Grundlagen und der bei der Gründung und dem Grunderwerb aufgetretenen Rechtsprobleme, 1998, S. 16ff.

[11] In der Rückschau mussten allerdings auch die Kritiker des Gesetzes zugeben, dass sich die Verwaltungspraxis „wohlwollender" verhielt, als das Gesetz es erwarten ließ, vgl. *Ottmann*, Die Eisenbahnen in ihrem Verhältnis zum Staat, Archiv für Eisenbahnwesen, 73. Jg. (1963), S. 276.

[12] Am Ende des Jahres 1838 betrug die Streckenlänge 34, 8 km, vgl. Statistische Nachrichten von den Preußischen Eisenbahnen, abgedruckt bei *Klee*, Preußische Eisenbahngeschichte, Anhang, 1982, S. 224.

[13] Vor allem für die Ostbahn, die militärisch erwünscht war, ließ sich privates Kapital wegen der mangelnden Renditeaussichten nicht finden, vgl. *Klee*, Preußische Eisenbahngeschichte, 1982, S. 106.

der Eisenbahnlinien auf Staatskosten unter Berufung auf die hohen Finanzierungskosten ausdrücklich ab. Die Gruppe der Staatsbahnanhänger, angeführt von dem späteren Handelsminister *August von der Heydt*, befürwortete ebenso ausdrücklich den staatlichen Eisenbahnbau[14]. Einigkeit herrschte allerdings darüber, dass ein Eisenbahnnetz, das auch militärischen und politischen Belangen Rechnung trug, nur mit staatlicher Förderung geschaffen werden könnte. Da das Staatsschuldengesetz von 1820 einer direkten Finanzierung durch Staatsanleihen weiterhin im Wege stand, der Staat außerdem auf die Beteiligung privater Kapitalgeber grundsätzlich nicht verzichten wollte, einigte sich die Versammlung auf eine indirekte Förderung des privaten Unternehmertums und hieß mit großer Mehrheit eine Zinsgarantie für das Aktienkapital in Höhe von 3½ % pro Aktie gut[15].

Mit dieser finanziellen Unterstützung sicherte sich der Staat weitere direkte Einflussmöglichkeiten auf die Eisenbahngesellschaften[16]: Der Staat konnte die Verwaltung solcher Gesellschaften, an die er infolge der Zinsgarantie in fünf aufeinanderfolgenden Jahren Zuschüsse leisten musste, solange übernehmen, bis die Gesellschaft wieder rentabel arbeitete[17]. Auch die Einflussnahme auf die Tarife und die Fahrpläne verdeutlichen, dass die Staatsregierung ihre Zurückhal-

---

[14] *Anonym*, Die Verhandlungen der Vereinigten ständischen Ausschüsse über die Eisenbahnfrage in Preußen im Jahre 1842, in: Archiv für Eisenbahnwesen, 4. Jg. (1881), S. 7, 16. Bei der Abstimmung über die Systemfrage unterlag die Gruppe der Staatsbahnanhänger knapp mit 47 zu 50 Stimmen.
[15] *Bracht*, Der Bau der ersten Eisenbahnen in Preußen, S. 87.
[16] *Seidenfus*, Eisenbahnwesen, in: Jeserich/Pohl/v.Unruh, Deutsche Verwaltungsgeschichte, Band 2, S. 240.
[17] Vgl. ausführlich zu den Statuten *Bracht*, Der Bau der ersten Eisenbahnen in Preußen, 1998, S. 87ff., insbes. 90ff.

tung aufgegeben und verstärkt Mitspracherechte bei der Verwaltung der Eisenbahnen in Anspruch nahm[18].

Die staatlichen Zinsgarantien trugen maßgeblich dazu bei, dass bis 1847 alle beantragten Eisenbahnlinien mit Ausnahme der Ostbahn fertiggestellt werden konnten. Gleichzeitig wuchs auch das unmittelbare staatliche Engagement durch die Überführung einer Reihe von Eisenbahnen in Staatseigentum. Finanziert wurde dies aus den Mitteln des 1843 mit einem Startkapital von 6 Mio. Talern gegründeten Eisenbahnfonds und des laufenden Fonds, dem seit 1843 jährlich 500.000 Taler aus Haushaltsüberschüssen zugeführt wurden.

c) 1848-1857: Eisenbahnbau auf Staatskosten

Die politischen Veränderungen des Jahres 1848 gaben dem Staatsbahngedanken zunächst neuen Auftrieb, verwirklicht wurde er allerdings nur in reduzierter Form. Da eine umfassende Verstaatlichung bestehender Eisenbahngesellschaften und ein zugleich stattfindender Ausbau des Netzes mit staatlichen Mitteln nicht zu finanzieren war, verlegte sich der zuständige Minister auf greifbarere Ziele. Zunächst wurde der Bau von dringend für notwendig erachteten Linien auf Staatskosten, insbesondere die noch immer nicht realisierte Ostbahn, forciert[19]. Des Weiteren wurden einige Privatbahnen vollständig in Staatseigentum über-

---

[18] *Seidenfus*, Eisenbahnwesen, in: Jeserich/Pohl/v.Unruh, Deutsche Verwaltungsgeschichte, Band 2, S. 241.
[19] Zu diesem Zweck stimmten bereits im Dezember 1848 die beiden Kammern dem Vorschlag des Ministers für Handel zu, eine Anleihe in Höhe von 21 Mio. Talern aufzunehmen. Art. 102 der oktroyierten Verfassung vom 5.12.1848 (GS 1848, S. 375) verlangte für die Aufnahme von Anleihen und die Übernahme von Garantien durch den Staat ein Gesetz. Die gesetzgebende Gewalt übten nach Art. 60 beide Kammern zusammen mit dem König aus. Die revidierte Verfassung vom 31.1.1850 änderte an dieser Verfassungslage nichts.
Weitere Anleihen, u.a. erneut für die Vollendung der Ostbahn, wurden in den Jahren 1855 und 1856 aufgelegt, vgl. im einzelnen *Bracht*, Der Bau der ersten Eisenbahnen in Preußen, S. 103.

nommen[20]. Zuletzt - und dies war die kostengünstigste Möglichkeit der unmittelbaren Einflussnahme - übernahm der Staat den Betrieb und die Verwaltung einzelner Privatbahnen[21]. Im Ergebnis blieb die Verstaatlichung der Eisenbahnen letztlich halbherzig, so dass 1858 das Verhältnis zwischen Staatsbahn bzw. unter staatlicher Verwaltung stehender Privatbahn und echter Privatbahn noch in etwa gleich groß war [22].

d) Rückgang des Staatsbaus nach 1858 und Blütezeit der Privatbahnen

Ab dem Jahr 1858 ist das staatliche Engagement im Eisenbahnbau erneut rückläufig. Maßgeblich sind zwei Faktoren: Zum einen beschränkten die internationale Wirtschaftkrise, die 1858 auch Deutschland erfasste, der Ausbruch des Krieges in Oberitalien und der um 1860 in den Vordergrund tretende preußische Verfassungskonflikt die finanziellen Handlungsmöglichkeiten des Staates. Zum anderen aber stand der Zeitgeist in Form des sich ausdehnenden Wirtschaftsliberalismus dem Staatsbahngedanken entgegen. Die insgesamt vorherrschende Stimmung, die den Einfluss des Staates in allen Bereichen der Wirtschaft zurückdrängen wollte, machte auch vor den Eisenbahnen nicht halt[23]. Zudem waren die preußischen Finanzen durch die Heeresreform ausreichend belastet. In der angespannten politischen Situation, ausgelöst durch den preußischen Verfassungskonflikt, war an die Bewilligung einer Anleihe zum Bau von Staatsbahnen

---

[20]Durch Gesetz vom 31.3.1852 (GS 1852, S. 89) wurde die Niederschlesisch-Märkische Bahn in staatliches Eigentum überführt.
[21]Die bekannteste ist die staatliche Verwaltung der „Bergisch-Märkischen-Eisenbahngesellschaft", vgl. hierzu *Seidenfus*, Eisenbahnwesen, in: Jeserich/Pohl/v.Unruh, Deutsche Verwaltungsgeschichte, Band 2, S. 242. Auch die „Aachen-Düsseldorfer Bahn", die „Ruhrort-Krefeld-Mönchengladbacher Bahn" und die „Münster-Hammer Bahn" wurden staatlich verwaltet. Die „Niederschlesisch-Märkische Bahn" hatte vor ihrer Übernahme ebenfalls unter staatlicher Verwaltung gestanden.
[22]1858 standen den 1292 km Staatsbahn und 1118 km unter staatlicher Verwaltung stehender Privatbahnen noch 2393 km unter eigener Verwaltung stehender Privatbahnen gegenüber.
[23]*Klee*, Preußische Eisenbahngeschichte, 1982, S. 132.

nicht zu denken[24]. Lediglich durch den Anschluss von Hannover, Kurhessen und Nassau - allesamt Länder mit Staatsbahnen - an das Königreich Preußen nach dem preußisch-österreichischen Krieg erreichten die Staatsbahnen in Preußen einen Zuwachs von circa 1000 Streckenkilometern.

Nachdem die Wirtschaft die Krise von 1858 bewältigt hatte, begann die Blütezeit der Privatbahnen, mit all ihren Vorteilen - insbesondere einem enormen Streckenzuwachs -, aber auch all ihren Nachteilen - Spekulationen, Zusammenbrüchen, unkoordinierten Betriebsverhältnissen und unübersichtlicher Tarifstruktur. Der schrittweise vollzogene Rückzug des Staates aus der Wirtschaftspolitik im allgemeinen und dem Eisenbahnwesen im besonderen wurde auch nach Ende des Krieges 1866 beibehalten. Die Verfassung des Norddeutschen Bundes von 1867 änderte daran nichts. Zwar wurde das Eisenbahnwesen im Interesse der Landesverteidigung und des allgemeinen Verkehrs der Aufsicht und der Gesetzgebung des Bundes unterstellt[25]. Die Einzelstaaten behielten aber alle bisherigen Aufsichts-, Gesetzgebungs- und Verwaltungsrechte, so dass die Verfassungsbestimmungen zu Recht als „Eisenbahn-Notgesetz" bezeichnet wurden[26]. Die Regelungen wurden fast wörtlich in die Reichsverfassung von 1871[27] übernommen und galten nun für das gesamte Deutsche Reich mit Ausnahme von Bayern[28]. Bis zur Errichtung des Reichseisenbahnamtes[29] 1873 fehlte aber eine zentrale Reichsbehörde, die die eisenbahnpolitischen Interessen des Reiches

---

[24]Es war vielmehr so, dass der Staat zur Finanzierung des deutsch-österreichischen Krieges Eisenbahnaktien verkaufte, staatliche Eisenbahngesellschaften also wieder privatisierte, vgl. *Klee*, Preußische Eisenbahngeschichte, 1982, S. 133.
[25]Vgl. Art. IV. Nr. 8 der Verfassung des Norddeutschen Bundes vom 16.4.1867 (Bundesgesetzblatt S. 2).
[26]*Laband*, Staatsrecht, 5. Auflage 1913, S. 112.
[27]Vgl. Art. 41 bis 47 der Verfassung des Deutschen Reiches vom 16.4.1871 (RGBl. S. 63).
[28]vgl. Art. 46 Abs. 2 und Abs. 3 der Reichsverfassung vom 16.4.1871.
[29]Gesetz betreffend die Errichtung eines Reichs-Eisenbahn-Amtes vom 27.6.1873, RGBl. S. 164.

hätte umsetzen können. Solange allerdings der Wirtschaftsliberalismus immer neue Eisenbahnstrecken produzierte und der Glaube an die Selbstregulierungskräfte der Wirtschaft auch das Eisenbahnwesen umfasste, solange gab es zwar mahnende Stimmen zu den Problemen des privaten Eisenbahnwesens[30], aber nur wenige Forderungen nach einem grundsätzlichen Wandel[31]. Erst mit der „großen Depression", die auf den Gründerboom 1871-1873 folgte[32], setzte erneut ein Umdenken ein.

e) Missstände im Eisenbahnwesen und Wiederaufleben des Staatsbahngedankens

In der Folge der großen Depression schien der ökonomische Liberalismus diskreditiert, freier Wettbewerb und freier Handel, eben noch gefeiert, stellten sich jetzt als Bedrohung dar. Nachdem die Selbstregulierungsmechanismen fragwürdig geworden waren, folgte unmittelbar der Ruf nach staatlicher Intervention,

---

[30]Vgl. zum Beispiel *Richter*, Das Transport-Unwesen auf den Eisenbahnen in Deutschland, 1872, passim.
[31]Erwähnenswert sind die Angriffe des nationalliberalen Abgeordneten *Eugen Lasker* vor dem preußischen Abgeordnetenhaus am 14.1.1873 wenige Monate vor Einsetzen der „großen Depression". Die Angriffe richteten sich vordergründig gegen den „Eisenbahnkönig" *Bethel Strousberg*, in Wahrheit sollten sie aber das Privatbahnsystem treffen. Sie schlossen mit der Forderung nach einer Verstaatlichung der Hauptbahnen und einer Übergabe der Nebenbahnen an die Kommunen, vgl. ausführlich *Klee*, Preußische Eisenbahngeschichte, 1982, S. 154ff. und *Kech*, Eisenbahnpolitik, 1911, S. 62. Die im gleichen Jahr eingesetzte parlamentarische Untersuchungskommission kam zu dem Ergebnis, dass „volkswirtschaftliche Gründe auf die Vereinigung aller Eisenbahnen in den Händen des Staates als letztes Ziel hinführen". Sie hielt aber eine Verstaatlichung zu diesem Zeitpunkt für verfrüht und empfahl stattdessen, die Eisenbahnwesen dem Reich zu übertragen, vgl. *Alberty*, Der Übergang zum Staatsbahnsystem, Seine Begründung, seine Durchführung und seine Folgen, 1911, S. 8.
[32]Infolge der französischen Reparationszahlen nach dem 1870er Krieg war Geld so billig geworden, dass in den Jahren 1871 bis 1873 mehr Kapital in neugegründete Aktiengesellschaften investiert wurde als in den zwanzig Jahren zuvor. Insgesamt wurden 843 Aktiengesellschaften gegründet, davon 25 Eisenbahngesellschaften, vgl. *Klee*, Preußische Eisenbahngeschichte, S. 157.

der bei der Regierung, auf fruchtbaren Boden fiel. Insbesondere Bismarck sah darin eine konsequente Fortsetzung seiner Schutzzollpolitik[33].

Zunächst standen allerdings die verfassungsrechtlichen Vorgaben einer reichseinheitlichen staatlichen Eisenbahnpolitik im Wege. Das 1873 gegründete Reichs-Eisenbahn-Amt konnte die Partikularinteressen der Länder nicht überwinden, da seine Kompetenzen nicht weiter gingen als die von Verfassungs wegen dem Reich zugebilligten[34]. Erst 1879 setzte die planmäßige „Verstaatlichung" der preußischen Privatbahnen ein[35]. Am 29. Oktober 1879 legte die Regierung dem Abgeordnetenhaus den „Entwurf eines Gesetzes, betreffend den Erwerb mehrerer Privateisenbahnen für den Staat"[36] vor. Die dem Gesetzesentwurf vorangestellte Begründung fasste nochmals alle Argumente für den Über-

---

[33]*Bismarck* hatte schon frühzeitig die Auffassung vertreten, dass die Pflege des Verkehrswesens aus volkswirtschaftlichen Gründen dem Staat und nicht Privaten obliege. Er wandte sich ausdrücklich gegen die Empfehlung von *Adam Smith*, der die Anlegung von Chausseen und Kanälen der Privatkonkurrenz überlassen wollte. Mit bemerkenswertem Blick für ökonomische Zusammenhänge führte *Bismarck* aus: „Die preußischen Chausseen kosten den Staat außer dem Anlagekapital jährlich 1 100 000 Taler, während sie nur 800 000 einbringen. Hätte man nun die Anlegung derselben auf die Unternehmungslust der Privatleute ankommen lassen, so würde der Bau von Chausseen ebenso Projekt sein wie der Eisenbahnen, und die Hemmungen des Verkehrs durch den teuern Transport würden dem Lande mehr gekostet haben als die vom Staate auf den Chausseebau verwendeten Summen". Zitiert nach *Brodnitz*, Bismarcks nationalökonomische Anschauungen, S. 84.
[34]Gemäß § 4 Abs. 1 des Gesetzes vom 27.6.1873 hatte das Reichs-Eisenbahn-Amt die Aufsicht über das Eisenbahnwesen „innerhalb der durch die Verfassung bestimmten Zuständigkeit des Reiches". Vgl. ausführlich zu den Aufgabenbereichen des Amtes *Albrecht*, Bismarcks Eisenbahngesetzgebung, Ein Beitrag zur „inneren" Reichsgründung in den Jahren 1871-1879, 1994; S. 9ff.
[35]Schon zuvor war eine Reihe von notleidend gewordenen Bahnen in Staatseigentum übergegangen, vgl. im einzelnen *Albrecht*, Bismarcks Eisenbahngesetzgebung, 1994, S. 99.
[36]Drucksachen des Abgeordnetenhauses, 1879/80, Nr. 5, S. 3ff.; der Entwurf betraf den Erwerb von vier wichtigen Hauptbahnen: die Berlin-Stettiner, die Magdeburg-Halberstädter, die Hannover-Altenbekener und die Köln-Mindener Eisenbahn von insgesamt mehr als 3000 km Länge. Das Gesetz trat am 20.12.1879 in Kraft, G.S. S. 635.

gang zum Staatsbahnsystem zusammen, die im Laufe der Jahrzehnte vorgebracht worden waren. Es hieß dort[37]:

„Die Missstände, welche der Privatbetrieb der Eisenbahnen durch eine große Anzahl verschiedener Unternehmungen von zweifelhafter Solidität und beschränkter Leistungsfähigkeit hervorgerufen hat, die Ausnutzung ihrer privilegierten Stellung durch die Unternehmer, der oft erfahrene Widerstand gegen gemeinnützige Reformen, die Komplikation um die meist willkürliche Verschiedenheit in den Verwaltungs- und Betriebseinrichtungen, die Verworrenheit des Tarifwesens, der Zank und die ungeheure Verschwendung, welche der erbitterte Konkurrenzkampf der zahlreichen Verwaltungen mit sich bringt, haben in weiten Kreisen die schwere Schädigung der öffentlichen Interessen erkennen lassen, welche mit einem ausgedehnten Privatbetriebe der Eisenbahnen unvermeidlich verbunden sind. ... Nur mit dem Staatsbahnsystem ist eine wirtschaftliche Verwendung des Nationalkapitals, welches durch die Anlage und den Betrieb der Eisenbahnen in so großem Maß in Anspruch genommen wird, möglich; nur in dieser Form bietet sich endlich die Möglichkeit einfacher, billiger und rationeller Transporttarife, die sichere Verhinderung schädigender Differentialtarife, eine gerechte, rasche und tüchtige, auf das allgemeine beste bedachte Verwaltung. Es muss daher

---

[37]Zitiert nach *Wilhelmi*, Staat und Staatseisenbahn, Archiv für Eisenbahnwesen, 73. Jg. (1963), S. 377 (401f.).

das Staatsbahnsystem als der Abschluss der Entwicklung des Eisenbahnwesens angesehen werden".

Die Verstaatlichung in Preußen, die 1879 begann, war bis 1888 im wesentlichen abgeschlossen[38]. In Preußen war damit die Systemfrage entschieden. In den anderen Ländern brachte das Nebeneinander von Staats- und Privatbahnen in den sechziger Jahren des 19. Jahrhunderts ähnliche Schwierigkeiten wie in Preußen. Die Reichseisenbahnpläne *Bismarcks* forcierten den Übergang zum Staatsbahnsystem, soweit die Länder es nicht schon von Anfang an praktizierten. Insbesondere in Bayern und Sachsen orientierte sich die Entwicklung stark an der Preußens[39]. Nach 1909 war im Deutschen Reich kein bedeutender Privatbahnkomplex mehr vorhanden[40].

Zwischenergebnis: Zu Beginn des Eisenbahnzeitalters setzten manche Staaten auf privaten Unternehmergeist, andere errichteten Staatsbahnen. Auch die Privatbahnen unterlagen jedoch von Anfang an staatlicher Kontrolle. Mit zunehmendem finanziellen Engagement der Staaten wuchsen ihre Einwirkungsmöglichkeiten auf die privaten Eisenbahngesellschaften.

---

[38]Existierten 1878 noch 12.880 km Privatbahnen gegenüber 4.800 km Staatsbahnen, so hatte sich das Verhältnis 1888 grundlegend gewandelt: Zu diesem Zeitpunkt standen 22.420 km Staatsbahnen nur noch 1.300 km Privatbahnen gegenüber, die sich zudem fast ausschließlich auf Nebenstrecken beschränkten. Bis 1908 wuchs das gesamte preußische Eisenbahnnetz auf mehr als 50.000 km, von denen nur noch 4.600 km auf Privatbahnen entfielen, vgl. *Huber*, Deutsche Verfassungsgeschichte seit 1789, Bd. 4, 2. Auflage, 1982, S. 1065.
[39]*Seidenfus*, Eisenbahnwesen, in: Jeserich/Pohl/v.Unruh, Deutsche Verwaltungsgeschichte, Band 3, S. 367.
[40]*Wilhelmi*, Staat und Staatseisenbahn, Archiv für Eisenbahnwesen, 73. Jg. (1963), S. 377 (403).

II. Entwicklung in Europa

Obwohl die Entwicklung in den europäischen Staaten im Detail unterschiedlich verlaufen ist, stimmen die großen Linien durchaus überein. Zunächst standen die politisch Verantwortlichen dem neuen Verkehrsmittel skeptisch bis ablehnend gegenüber, so dass die Aktivitäten in erster Linie privater Initiative überlassen blieben. Früher oder später musste jedoch der Staat zu direkter oder indirekter Förderung des Bahnbaus übergehen. Schließlich benötigte jedes Land Eisenbahnen, nicht nur für Handel und Wirtschaft sowie als Voraussetzung für industrielle Entwicklung, sondern auch für Truppentransporte, Aufmärsche und Nachschubsicherung. Nicht zuletzt diese militärischen Gesichtspunkte veranlassten viele Staaten zu einem verstärkten Engagement im Eisenbahnwesen.

1. England

England setzte von Beginn an mit großem Erfolg auf privaten Unternehmergeist. Bereits Mitte der dreißiger Jahre herrschte ein regelrechtes Eisenbahnfieber, bis 1843 umfasste das Eisenbahnnetz 3141 km. Ende der vierziger Jahre drohte der Konkurrenzkampf die zahlreichen kleinen Eisenbahngesellschaften zu ruinieren. Folge war eine Fusionswelle, an deren Ende schließlich 10 große Gesellschaften mehr als die Hälfte des Eisenbahnnetzes in der Hand hielten[41]. Trotz neuerlicher Fusionen im 20. Jahrhundert blieben die englischen Eisenbahnen bis nach dem 2. Weltkrieg in privater Hand. Die Verstaatlichung erfolgte zum 1. Januar 1948 mit der Bildung der *British Railways*.

---

[41]Vgl. *R. van der Borght*, Das Verkehrswesen, 1894, S. 284 ff.; *Rossberg*, Geschichte der Eisenbahn, 1977, S. 89; ausführliche Bibliographie zur Geschichte des Eisenbahnrechts in Großbritannien *van der Borght*, Das Verkehrswesen, 1894, S. 455 - 457.

2. Frankreich

Frankreich sah die Lokomotivbahnen anfangs als „englische Narretei" und stand ihnen entsprechend ablehnend gegenüber[42]. 1833 begann man mit intensiven Studien über den Verlauf eines Eisenbahnnetzes mit Paris als Mittelpunkt. Die Ausführung dieses Netzes scheiterte aber daran, dass in der Frage Staatsbahn oder Privatbahn keine Einigkeit erzielt werden konnte. Nur kleinere Linien, wie die Strecke Paris-St.Germain, wurden konzessioniert, eine umfassende private Tätigkeit kam nicht auf. 1838 erhielten zwar einige größere Gesellschaften Konzessionen. Sie konnten aber das nötige Kapital nicht aufbringen, so dass sich der Staat gezwungen sah, durch indirekte Hilfen einzugreifen. Seit 1840 wurden größere Gesellschaften subventioniert, so die Bahn Paris-Orleans. 1842 wurde die Errichtung des französischen Eisenbahnnetzes planvoll in die Wege geleitet, indem der Staat unter Beihilfe der Departements und Gemeinden den Unterbau und die Hochbauten herstellte, während die Privatgesellschaften den Oberbau und die Betriebsmittel beschafften und den Betrieb übernahmen. Zwischen 1844 und 1847 wurden wichtige Linien begonnen, andere konzessioniert. In der Krise 1848 musste die Regierung verschiedene Linien in Zwangsverwaltung nehmen und andere auf Staatskosten fertig bauen. Ab 1852 gelang es Napoleon III., durch systematische Zinsgarantien den privaten Unternehmergeist wieder zu beleben. Gleichzeitig förderte er die Fusion der zahlreichen kleineren Gesellschaften, so dass sich das Bahnnetz am Ende des Jahrzehnts in der Hand von sechs großen Gesellschaften befand. Unter fortdauernder indirekter Mitwirkung des Staates ist dann das Eisenbahnnetz weiter ausgebaut worden. Die Versuche, die mächtigen Privatgesellschaften unter staatliche Kontrolle zu bringen, waren

---

[42]Vgl. ausführlich *R. van der Borght*, Das Verkehrswesen, 1894, S. 288; siehe auch *v. Reden,* Die Eisenbahnen Frankreichs, Berlin 1864, S. VI; ausführliche Bibliographie zur Geschichte des französischen Eisenbahnwesens *van der Borght*, Das Verkehrswesen, 1894, S. 451 - 453

erst 1937 mit der Gründung der Société national chemin de fer français erfolgreich.

3. Belgien

Belgien setzte von Anfang an auf das Staatsbahnsystem und hebt sich so von den anderen europäischen Ländern ab[43]. Es errichtete planvoll ein dichtes Eisenbahnnetz, das bereits 1843 die geplante Ausdehnung von über 900 Kilometern erreichte. Danach erhielten auch Privatunternehmen die Gelegenheit zum Eisenbahnbau. Die privaten Strecken wurden allerdings in den 1880ern vom belgischen Staat erworben, so dass das Netz erneut in staatlicher Hand war.

III. Resümee

Der kurze Überblick hat gezeigt, dass die Entwicklung wellenförmig verlief: Der privaten Initiative folgte das staatliche Engagement, bei staatlicher Geldknappheit hingegen wurde der private Unternehmergeist forciert, bis der Ruf nach stärkerem politischen Einfluss erneut den Staat auf den Plan rief. Im Moment suchen wir das Heil im privaten Unternehmertum, aber der Blick ins 19. Jahrhundert macht deutlich, dass das letzte Wort noch nicht gesprochen ist.

---

[43]*Rossberg*, Geschichte der Eisenbahn, S. 89 ff.; ausführliche Bibliographie zur belgischen Entwicklung *van der Borght,* Das Verkehrswesen, 1894, S. 453, 454.

Alexander Schmid

Niederländisches und belgisches Eisenbahnwesen

- Entwicklung, Aufbau und Planungsrecht -

I. Einleitung

Eisenbahnen schaffen nicht nur Verbindungen zwischen Menschen verschiedener Staaten, sondern auch zwischen deren Rechtssystemen. Schon bald nach Entstehung der ersten grenzüberschreitenden Linien auf dem europäischen Kontinent entstand die Notwendigkeit zur grenzüberschreitenden Zusammenarbeit. Dies führte 1882 zur ersten Eisenbahnkonferenz, die sich mit der Einigung auf technische Standards befasste.[1] Dieser Prozess ist bis heute noch nicht abgeschlossen. Die Europäische Union ist auch gegenwärtig mit dem Angleichen der technischen Voraussetzungen für einen grenzüberschreitenden Schienenverkehr beschäftigt.[2] Die Förderung des Wettbewerbs auch auf der Schiene führte zudem zu europäischen Regelungen im Bereich der Organisation staatlicher Verkehrsunternehmen.[3] Allein der Bereich des Planungsrechts ist

---

[1] Berner Übereinkommen über die technische Einheit im Eisenbahnwesen, In Kraft getreten am 1.4.1887, siehe: *Werner Haustein,* Das internationale öffentliche Eisenbahnrecht, 1953, S. 11 ff.
[2] *Michael Ronellenfitsch,* in: Handbuch zum europäischen und deutschen Umweltrecht, 1998, Bd. II, § 84 (Umweltschutz und Verkehr), Rdnr. 87 ff, 150 ff, 182 ff; *Thomas Joachim Grohn,* Die Leistungsfähigkeit des deutschen Bahnsystems nach der Bahnreform, 1997, S. 88 ff.
[3] RL 91/440/EWG vom 21.7.1991; siehe auch den Vorschlag der Kommission zur Änderung dieser Richtlinie vom 25.11.1999, KOM (1999) 616, Vol. I (1998/0265 (COD)); sowie das Weißbuch „Eine Strategie zur Revitalisierung der Eisenbahn in der Gemeinschaft" vom 30.7.1996, COM(96)421 final.

noch vergleichsweise wenig direkt durch europäische Normsetzung beeinflusst. Aber auch in diesem Bereich ist deren Einfluss sehr wohl spürbar.[4]

Da europäische Normen maßgeblich durch Rechtsvorschriften einzelner Mitgliedstaaten beeinflusst werden, kommt der Rechtsvergleichung auf europäischer Ebene die weitere wichtige Funktion zu, das Verständnis für das eigene nationale Recht bei den anderen Mitgliedstaaten zu fördern. Dieses Werben um Verständnis und die Auseinandersetzung mit der fremden Rechtskultur ist gerade bei Nachbarstaaten besonders wichtig. Daher führt dieser Beitrag zunächst in die Entwicklung und gegenwärtige Struktur des niederländischen und belgischen Eisenbahnwesens ein. Grundelemente des jeweiligen Fachplanungsrechts sollen dabei ebenfalls dargestellt werden.

II. Eisenbahnwesen in den Niederlanden

1. Geschichte der Eisenbahnen in den Niederlanden

Bei der Finanzierung technischer Neuerungen stellte und stellt sich oft die Frage, ob dies durch den Staat oder durch private Investoren geschehen soll.[5] Die Anfänge des niederländischen Eisenbahnwesens mussten ohne staatliche Investitionen auskommen. Die ersten niederländischen Eisenbahnstrecken, die zwischen 1839 und 1857 gebaut wurden, sind in erheblichem Maße durch englische Investoren, aber vor allem durch das Privatvermögen des

---

[4] Art. 154 und 155 EG-Vertrag (ex-Art. 129b und c); siehe hierzu: *Ronellenfitsch,* aaO.; A. *Frohnmeyer* in: Grabitz/Hilf, Kommentar zur Europäischen Union, EL.9, Stand Okt. 1999, Art. 129 c.
[5] Siehe bspw. für die Entwicklung der Eisenbahn in Deutschland: *Michael Ronellenfitsch,* Privatisierung und Regulierung des Eisenbahnwesens, DÖV 1996, S. 1028 ff.; *Thomas Joachim Grohn,* aaO., S. 30.

niederländischen Königs Wilhelm I finanziert worden[6]. Zu nennen sind hier die Verbindungen zwischen Utrecht, Den Haag, Rotterdam und die erste Verbindung in den Niederlanden überhaupt, die 1839 eingeweihte Strecke zwischen Amsterdam und Haarlem.

Aber nicht nur die Regierung, auch niederländische Investoren hielten sich in dieser Zeit beim Eisenbahnbau sehr zurück. Im Zeitraum von 1845 bis 1857 wurden über 100 Konzessionen an Private zum Bau von Eisenbahnen erteilt, dennoch wurde keine einzige dieser Strecken verwirklicht. Bei den zuvor privat gebauten Eisenbahnstrecken zeigte sich sehr bald die fehlende Abstimmung. Diese waren nicht kompatibel. Die niederländische Regierung ergriff daher die weitere Initiative und beschloss 1860 den Bau eines staatlichen Eisenbahnnetzes. Hierfür wurden staatliche Investitionen bewilligt. Damit war jedoch kein umfassendes staatliches Eisenbahnwesen beabsichtigt, denn der Betrieb der Strecken wurde in private Hände gelegt. Allerdings konzentrierten sich die staatlichen Investitionen im Bereich der Infrastruktur nur in der Zeit von 1850 bis 1885 auf Eisenbahnstrecken. Danach floss bis 1910 der Großteil der für diesen Bereich zur Verfügung stehenden Gelder in den Bau und Ausbau von Wasserwegen.

Im Vergleich zur Entwicklung der Eisenbahn in Belgien[7] nimmt die Eisenbahn in den Niederlanden damit eine zögerliche Entwicklung. Der Grund hierfür liegt in der ganz besonderen Beziehung der Niederlande zum Wasser. Ein Teil des niederländischen Grundgebietes liegt unter der Meeresoberfläche, und die Erhaltung und der Schutz dieses Gebietes bedarf ständiger Sorge. Daher wurden in der ersten Hälfte des 19. Jahrhunderts Dampfmaschinen eher zur Trockenlegung

---

[6] Der geschichtliche Überblick wurde: *G.A. van der Knaap*, Spoorwegen en wegvervoer, Amsterdam 1993, entnommen. Andere Quellen sind ausdrücklich gekennzeichnet.
[7] Siehe unten Teil III, 1.

des Haarlemermeers eingesetzt als zu Transportzwecken.[8] Ein weiterer Grund für die zögerliche Entwicklung findet sich auch darin, dass in den Niederlanden ein leistungsfähiges System von Binnenwasserstraßen bestand. Es lag daher nahe, die erste Dampfmaschine zu Transportzwecken zunächst in der Binnenschifffahrt zu erproben.

Im Anschluss an die Initiative des Staates erreichte das Eisenbahnnetz in den Niederlanden 1870 eine Länge von 1.419 km. Zu diesem Zeitpunkt sind alle wesentlichen Städte in den Niederlanden miteinander verbunden. Eine Ausnahme bildete die Stadt Nijmegen, die nur einen Anschluss nach Deutschland besaß. Nach 1870 verdichtete sich das Netzwerk. Es erreichte 1915 eine Länge von 3.339 km. Der größte Umfang des Netzwerkes ist 1930 mit 3.677 km erreicht. Im Jahr 1943 bestehen schon 500 km weniger Strecke und die Dichte des Netzwerkes hat ebenfalls abgenommen. Im Jahr 1998 betrug die Länge des niederländischen Eisenbahnnetzes noch 2.808 km.[9]

In den Niederlanden spielen die Eisenbahnen ab 1930 im Vergleich zu anderen Transportmitteln keine bedeutende Rolle mehr. Ab diesem Zeitpunkt büßt die Eisenbahn ihre Position als drei- bis viermal günstigeres Transportmittel für längere Strecken ein. Alle anderen Transportmittel konnten dagegen ihr Transportaufkommen kontinuierlich erhöhen.

Besonders neidisch schaut man in diesem Zusammenhang in den Niederlanden nach Deutschland. Hier beträgt nach niederländischen Informationen der Anteil

---

[8] Auch heute noch gibt es Pläne, dem Meer neues Land abzuringen: Projekt Maasvlaakte, ROM Actief 25 (Oktober 1997), Siehe auch die Diskussion um den Bau eines Flughafens in der Nordsee; Nota „Toekomst van de nationale luchthaven" vom 17.12.1999 (Quelle: Rijksvoorlichtingsdienst, 17.12.1999, Persberichten).

[9] Jaarverslag Nederlandse Spoorwegen (NS), 1998, S. 65; siehe auch: http://nsr1.ns.nl/overns/.

der Bahn gegenüber Binnenschifffahrt und Straße am Frachttransport 12,5 %; in den Niederlanden dagegen nicht einmal 3 %. Unter anderem durch den Bau der Betuwelijn[10], einer Verbindung vom Rotterdamer Hafen zur deutschen Grenze bei Zevenaar, soll das Aufkommen an das deutsche Niveau angeglichen werden.[11]

2. Aufbau der Nederlandse Spoorwegen (Niederländische Eisenbahnen)

Die Nederlandse Spoorwegen (NS), die in Form einer Aktiengesellschaft geführt werden, bilden die Holding der NS Gruppe und dreier weiterer Aktiengesellschaften.[12] Weiter zu erwähnen ist auch NS Railinfratrust BV[13]. Diese Gesellschaft ist eine Tochtergesellschaft der NS; auf sie wurde das für die Eisenbahninfrastruktur benötigte Eigentum übertragen.[14] Zudem bestehen einige Beteiligungen der NS, insbesondere im Bereich der Telekommunikation.[15]

Die NS Gruppe umfaßt die Gesellschaften, die wirtschaftlich selbständig am Markt teilnehmen. Dies sind die NS Reizigers BV, die NS Cargo, die NS Stations BV und die NS Vastgoed BV. Übersetzen könnte man diese vier Gesellschaften mit NS-Personenverkehr, NS-Güterverkehr, NS-Bahnhöfe und NS-Immobilien. Die wirtschaftlichen Erfolge dieser Gesellschaften sind unterschiedlich. Als sehr positiv ist das Betriebsresultat 1998 im Bereich Personenverkehr zu bezeichnen, das mit 362 Millionen Gulden mehr als doppelt so hoch wie im Vorjahr[16] lag. Der Umsatz stieg um 9 %.[17] Es wurden 5 % mehr Züge eingesetzt. Der Güterverkehr

---

[10] Siehe zu diesem Projekt: http://www.betuweroute.nl/.
[11] Jaarverslag NS 1997, S. 51.
[12] NS Groep NV (Naamloze venootschap, entspricht am ehesten einer deutschen AG).
[13] BV, Besloten venootschap, entspricht am ehesten einer deutschen GmbH.
[14] Jaarverslag NS 1997, S. 32.
[15] Telfort jointventure von British Telecom (BT) und NS (Nederlandse Spoorwegen), aber auch: Strukton, Holland Railconsult; siehe Jaarverslag NS 1998, S. 4.
[16] Jaarverslag NS 1998, S.21: Betriebsresultat 1997: 158 Millionen Gulden.
[17] Jaarverslag NS 1998, S. 21.

konnte 1998 seinen Umsatz mit 4,5 % ebenfalls steigern. Es wurden 8 % mehr Güter als im Vorjahr transportiert. Das Betriebsresultat wurde von 6 Millionen auf 2 Millionen Gulden verbessert. Ab 1.1.2000 ist ein Zusammenschluss von NS Cargo und DB Cargo unter dem Namen Rail Cargo Europe geplant. Vor allem der mögliche Zeitgewinn von bis zu 24 Stunden pro Frachtstück spricht für diesen Zusammenschluss.[18] In den Niederlanden ist man dabei sehr sensibel für die unterschiedlichen Größenverhältnisse der beiden Partner. NS Cargo beschäftigt 1.605 Mitarbeiter und verarbeitet im Jahresdurchschnitt 3,8 Milliarden Tonnen Fracht pro km. Für DB Cargo arbeiten dagegen 43.509 Mitarbeiter und es wird eine jährliche Leistung von 73,3 Milliarden Tonnen pro km erzielt. Grundsätzlich wird der Zusammenschluss der beiden Unternehmen in der niederländischen Presse positiv gesehen, man hat jedoch Angst, dass die deutsche Sprache zukünftig zur alleinigen Geschäftssprache werden könnte.[19]

---

[18] Zahlen aus: NRC Handelsblad, 23. Juni 1999: „Bij NS Cargo mag Duits niet de voertaal worden."
[19] Zahlen aus: NRC Handelsblad, 23. Juni 1999: „Bij NS Cargo mag Duits niet de voertaal worden."

Struktur der Nederlandse Spoorwegen (NS)[20]

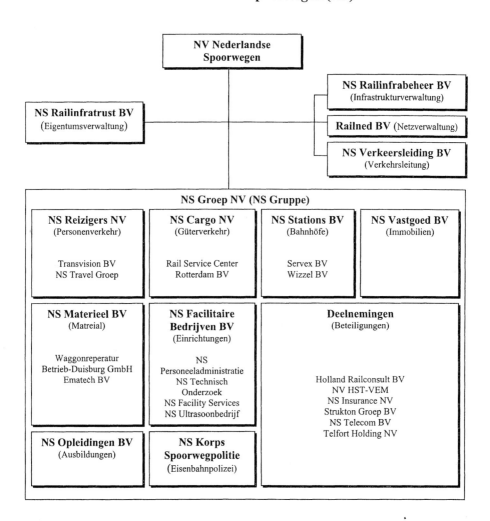

---

[20] Diese Struktur wurde dem Jaarverslag 1998, S. 4, NV Nederlandse Spoorwegen, Utrecht 1999 entnommen. Teilweise wurde die Hauptfunktion der einzelnen Gesellschaften in deutsch angegeben.

NS Bahnhöfe und NS Immobilien beschäftigen sich mit der wirtschaftlichen Nutzung von Bahnhöfen und Bahngelände. Alle Betriebsgebäude und -grundstücke der NS-Gruppe mit Ausnahme der Bahnhöfe werden von NS Immobilien verwaltet.[21] Hier sind umfangreiche Projekte geplant, so zum Beispiel das Utrecht Centrum Project, welches in Zusammenarbeit mit der Gemeinde die gesamte Umgebung des Bahnhofs in Utrecht neu gestaltet.[22]

In den Niederlanden stellt sich dabei nicht die aus dem deutschen Recht bekannte Problematik,[23] ob Fachplanungsrecht oder gemeindliche Bauleitplanung für bestimmte Grundstücke der Bahn Anwendung findet. Der Grund hierfür liegt im engeren Zuschnitt des niederländischen Trassenverfahrens gegenüber dem umfassenderen deutschen Planfeststellungsverfahren, so dass hier die allgemeinen bauplanungsrechtlichen Regelungen Anwendung finden.

Schließlich sind noch drei weitere Gesellschaften zu erwähnen. Dies sind NS Railinfrabeheer BV, NS Verkeerleiding BV[24] und Railned BV[25]. Diese nehmen die hoheitliche Verwaltung des Eisenbahnwesens wahr. So hat NS Railinfrabeheer den Bau, den Unterhalt und die Verwaltung der Infrastruktur der NS zur Aufgabe. Diese Gesellschaft beschäftigt sich daher auch mit der Planung der niederländischen Hochgeschwindigkeitszüge und der Betuweroute.[26] Diese privatrechtlichen Gesellschaften mit beschränkter Haftung werden vollständig

---

[21] Jaarverslag NS 97, S. 27.
[22] Jaarverslag NS 97, S. 27.
[23] *Michael Ronellenfitsch*, Bahnhof 2000, in: Aktuelle Probleme des Eisenbahnrechts II, Speyerer Forschungsberichte 175, S. 203 ff.
[24] NS Verkehrsleitung.
[25] Railned BV ist für die Kapazitätsverwaltung zuständig.
[26] Jaarverslag NS 1998, S. 59.

durch die öffentliche Hand finanziert. Finanzielle Querverbindungen zu den marktorientierten Gesellschaften der NS Gruppe bestehen nicht.[27]

Eine besondere Stellung nimmt im Moment noch die Bahnpolizei ein, die organisatorisch unter das Dach der Nederlandse Spoorwegen fällt. Diese wird jedoch zum 1.1.2000 als selbständige Verwaltung geführt werden. Für die weitere Zukunft ist auch an eine Ausgliederung der eben genannten Gesellschaften genannt, die die hoheitliche Verwaltung der Eisenbahn wahrnehmen.[28]

Kurz zu nennen sind zudem die Mitbewerber der NS, die ebenfalls innerhalb des niederländischen Netzes Strecken betreiben. So ist die Gesellschaft Lovers Rail auf zwei Strecken tätig. Dies ist zum einen die Strecke Amsterdam - Haarlem, die an allen Wochentagen zweimal stündlich bedient wird. Zum anderen ist der Keukenhofexpress zu nennen, der allerdings nur von 25. März bis 19 Mai 1999 betrieben wurde. Weitere Mitbewerber betreiben Gütertransport auf kürzeren Strecken.

3. Grundzüge der Eisenbahnplanung

Planung wird in den Niederlanden grundsätzlich auf drei Ebenen betrieben.[29] Eine Hierarchie von Planung auf Landes-, Provinz- und Gemeindeebene ist erst aufgrund neuerer Entwicklungen in den letzten Jahren im Entstehen.[30] Im

---

[27] Jaarverslag NS 1997, S. 32.
[28] Jaarverslag NS 1998, S.8.
[29] Siehe zum Planungsrecht der Niederlande: *Ch. Backes,* Juridische bescherming van ecologisch waardevolle gebieden, 1993, S. 105 ff; P.J.J. van Buuren, Ch. Backes, A.A.J. de Gier, Hoofdlijnen ruimtelijk bestuursrecht, 1996, S. 1 ff; J.Struiksma, Het systeem van het ruimtelijke ordeningsrecht, 1996, S. 43 ff; A.G. Bergman, Ruimtelijke plancoordinatie en projectbesluitvorming, 1999, S. 13 ff.
[30] *P.J.J. van Buuren, Ch. Backes, A.A.J. de Gier,* Hoofdlijnen ruimtelijk bestuursrecht, 1996, S. 9.

dezentralisierten Einheitsstaat der Niederlande wird die Selbstverwaltungshoheit von Provinzen und Gemeinden zwar nicht in dem Maße verfassungsrechtlich geschützt, wie das aufgrund Art. 28 GG in der Bundesrepublik der Fall ist, jedoch werden Provinzen und Gemeinden sehr früh und umfangreich an der staatlichen Planung beteiligt.[31] Die Niederlande kennen im Bereich des Gesamt- und des Fachplanungsrechts einige Rechtsfiguren, die dem deutschen Recht so nicht bekannt sind.

Zunächst ist die Figur der *planologischen kernbeslissing* (PKB) zu nennen, die mit planerischem Grundsatzbeschluss übersetzt werden kann. Diese wird von der Regierung unter Zustimmung des Parlamentes erlassen[32]. Es bestehen drei Formen des PKB, die unterschiedliche Funktionen wahrnehmen, aber alle aufgrund des genannten Zusammenspiels zwischen Regierung und Parlament erlassen werden. Erstens besteht ein PKB für die Gesamtplanung, der die Leitlinien vorgibt. Das niederländische Raumordnungsgesetz ist ein reines Verfahrensgesetz; inhaltliche Vorgaben in Form von Grundsätzen wie im deutschen ROG kennt es daher nicht. Diese sind daher ausschließlich in einem PKB zu finden. Dieser Gesamtplanungs-PKB wird zweitens durch weitere sektorale PKB ausgeformt. Zum Beispiel besteht ein sektoraler PKB für die Verkehrs- und Transportplanung. Grundsätzliche Streckenverläufe können darin bindend festgelegt werden. Drittens gibt es noch den konkreten Projekt-PKB, wie er für die Betuwelijn aufgestellt worden ist. Die Trasse ist hierin innerhalb einer gewissen Bandbreite verbindlich angegeben.[33]

---

[31] Siehe beispielsweise Art.2 a Abs. 3 Wet op de ruimtelijke ordening (WRO).
[32] Art. 2a WRO.
[33] Ein besonders anschauliches Projekt für die verschiedenen PKB ist die Hochgeschwindigkeitslinie Süd in den Niederlanden: siehe: http://www.hslzuid.nl/hsl/ An diesem Projekt sind private Investoren sehr umfassend beteiligt: http://www.hslzuid.nl/hsl/default.html.

Alle drei Formen eines PKB entstehen innerhalb eines einheitlichen Aufstellungsverfahrens. Dieses ist in vier Stufen unterteilt und sieht auf drei Stufen eine umfassende Beteiligung der Träger öffentlicher Belange (TÖB) und der Bürger vor. Der von Regierung unter Zustimmung des Parlamentes erlassene PKB ist von jedermann vor dem Raad van State, dem höchsten niederländischen Verwaltungsgericht, anfechtbar.[34]

Das nachfolgende Trassenverfahren ist ähnlich organisiert. Es formt die im PKB angegebene Trasse parzellenscharf aus und kennt ebenfalls ein mehrstufiges Aufstellungsverfahren, an dem die TÖB und die Bürger auf mehreren Stufen beteiligt sind. Auch gegen den Trassenbeschluss ist Rechtsschutz möglich, der grundsätzlich so ausgestaltet ist, dass er mit dem Rechtschutz gegen den konkreten PKB parallel läuft.[35]

Bis zu diesem Zeitpunkt ist dem niederländischen Fachplanungsrecht zu bescheinigen, dass es sehr gut aufeinander abgestimmt und sehr bürgerfreundlich ist. Die Probleme beginnen bei der Umsetzung des Trassenbeschlusses durch die Gemeinden, die grundsätzlich selbst dafür zuständig sind, die höheren Planungsentscheidungen in die eigenen Pläne umzusetzen.[36] Weiter sind die Gemeinden auch für eine Vielzahl von einzuholenden Genehmigungen zuständig. Da dem Trassenbeschluss keine Konzentrationswirkung zukommt, kann der zuständige Minister hier nur zeitraubend mit Weisungsrechten, die besonderen Voraussetzungen unterliegen, eingreifen. Im äußersten Notfall hat er ein Selbsteintrittsrecht.

---

[34] Art. 2a Abs. 10 WRO.
[35] Art. 15 Abs. 4 Tracéwet (Trassengesetz).

Rechtsschutz ist auch gegen Entscheidungen der Gemeinden möglich. Allerdings bestehen im gesamten Planungsrecht Präklusionsvorschriften. Was gegen den PKB nicht vorgebracht wurde, ist nachfolgend auch materiell präkludiert. Eine gleichlautende Vorschrift besteht auch für die Anfechtungsmöglichkeit des Trassenbeschlusses. Klagen gegen Genehmigungsentscheidungen der Gemeinden sind zwar auch in den Niederlanden für den Vorhabenträger zeitraubend und teuer, können aber den Bau der Trasse nicht dauerhaft verhindern. Eine Umweltverträglichkeitsprüfung (UVP) findet im Bereich der Fachplanung sowohl auf PKB-Ebene, als auch auf Trassenebene statt.[37]

III. Belgien

1. Geschichte der Eisenbahnen

Als der belgische Staat in den Jahren 1830/31 durch Abspaltung von den Niederlanden entstand, erachtete schon die vorläufige Regierung eine neue Verbindung zwischen Antwerpen und Deutschland für notwendig.[38] Grund hierfür war nicht zuletzt, dass die einzige Verbindung zwischen beiden Staaten in dieser Zeit im Wasserweg über die Schelde und den Rhein bestand. Diese Verbindung verlief über niederländisches Grundgebiet. Eine eigene Verbindung wurde daher als hochdringend angesehen. Nach einigen Diskussionen konnte sich hierfür das neuartige Transportmittel der Eisenbahn gegenüber dem Bau einer weiteren Wasserstraße durchsetzen.

---

[36] Hierzu: *P.J.J. van Buuren, Ch. Backes, A.A.J. de Gier,* Hoofdlijnen ruimtelijk bestuursrecht, 1996, S. 367.
[37] *Annelies Feriks,* Juridische bescherming van beeksystemen, Zwolle 1994, S. 381.

Mit königlichem Beschluss vom 1. Mai 1834, 26 Jahre früher als in den Niederlanden, wurde der Bau eines Netzes von staatlichen Eisenbahnverbindungen beschlossen.[39] Begonnen wurde mit einer 20 km langen Versuchsstrecke Brüssel-Mechelen. In weniger als zehn Jahren konnte dieses Netz mit einer Länge von 380 km fertiggestellt werden. Am 23. Oktober 1843 fand die Einweihung des zuletzt fertiggestellten Teilstücks Verviers-Preußische Grenze statt. Zentraler Punkt in diesem Netz war die Stadt Mechelen, die Außenpunkte bildeten Antwerpen, Oostende sowie Moeskroen und Quiéveran; die beiden zuletzt genannten waren wichtig für die Verbindung mit Frankreich. Ein weiterer Außenpunkt bestand in Verviers, womit die Verbindung zum Preußischen Königreich sicher gestellt werden sollte. Bereits 1838 konnte ein Fahrplan für die bis dahin fertiggestellten Strecken herausgegeben werden. Im selben Jahr wurde mit der Aufnahme von Gütertransporten begonnen. Zuvor fand nur Personenverkehr statt. Die Finanzierung der neuen Strecken geschah bis 1845 beinahe ausnahmslos durch den belgischen Staat, obwohl das Gesetz vom 19. Juli 1832 die Möglichkeit der Vergabe von Konzessionen mit einer Laufzeit von maximal 90 Jahren vorsah.

---

[38] D. Demonie, Geschiedenis van de exploitatie bij de belgische spoorwegen, deel 1, Het spoor 6/1985, S. 17 ff. Siehe zum folgenden auch: Vlaamse Vereiniging voor Industriele Archeologie, Spoorwegen in Belgie, 1985.
[39] *Pau Pastiels,* Het ontstaan van de belgische spoorweg, Het spoor 5/1985, S. 19 ff.

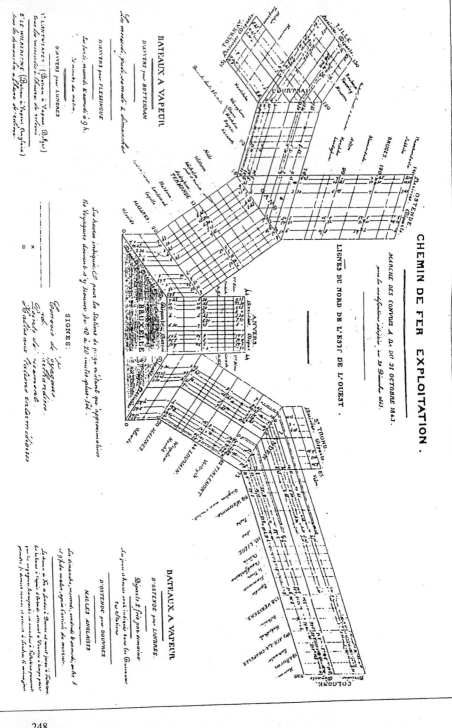

Zwar war am Anfang das Interesse an Konzessionen groß, Kapital war dagegen nicht vorhanden. Auf niederländisches Kapital sollte keinesfalls zurückgegriffen werden.[40] Schließlich hatte man sich eben erst die Unabhängigkeit gesichert. Die Planung und der Aufbau von Eisenbahnen geschahen durch eine besondere Abteilung des Ministeriums für öffentliche Einrichtung (Ministerie van Openbare Werken). Die staatliche Organisation des Eisenbahnverkehrs führte bald zum Erlass einer ministeriellen Verordnung über die ordentliche Verwaltung von Eisenbahnen aus dem Jahr 1837.[41] So fand sich beispielsweise in deren Art. 20 die Bestimmung, dass ein Zug nach Antwerpen abfahren konnte, falls der Zug aus Gent mit mehr als einer Stunde Verspätung in Mechelen ankommen sollte. Bereits ein Jahr später, im Jahr 1838, wird ein allgemeines Reglement der Eisenbahnen (Algemeen Reglement van de Spoorwegen) erlassen, das die organisatorische Trennung in drei Verwaltungseinheiten vorsah.[42] Die erste Einheit war für den Unterhalt und die polizeiliche Kontrolle zuständig, die zweite für das Gerät und die dritte für die Zusammenstellung der Züge und die Verwaltung der Einkünfte. In diesem Reglement fanden sich Bestimmungen über die Zusammenstellung der Züge, Einteilung der Bahnhöfe und des Personals, aber auch Vorschriften, wie diejenige, die den Verkauf von Fahrkarten nicht länger gestattete als bis eine halbe Stunde vor Abfahrt.

Um das Jahr 1843 entstanden auch außerhalb des ursprünglichen Netzplanes von 1834 Verbindungen, die einzelne Enden des Netzes miteinander und mit dritten Orten verbanden. 1845 hatte dieses Netz eine Länge von 560 km. Nachfolgend

---

[40] K. *Destoop,* De uitbouw van het belgisch spoorwegnet na 1835, Het spoor 5/1985, S. 45.
[41] D. *Demonie,* Geschiedenis van de exploitatie bij de belgische spoorwegen, deel 1, Het spoor 6/1985, S. 17.
[42] D. *Demonie,* Geschiedenis van de exploitatie bij de belgische spoorwegen, deel 1, Het spoor 6/1985, S. 17.

wurden Kohlegruben, Steinbrüche und vor allem Betriebe der Schwerindustrie an dieses Netz angeschlossen. [43]

Das Jahr 1845 stellt einen Umkehrpunkt in der Finanzierung der Eisenbahnstrecken dar. Hauptsächlich englisches Kapital fließt von diesem Zeitpunkt an so reichlich, dass der Staat in der Zeit zwischen 1845 und 1865 nur 200 km finanziert, die privaten Geldgeber erstellen dagegen 1.750 km. Die reichliche Beteiligung englischer Geldgeber veranlasste den damaligen Minister Nothomb zu der Aussage: „Wir sind Römer gewesen, haben zu Spanien gehört, waren Österreicher, Franzosen und Holländer. Nun sind wir Belgier und werden zu Engländern."[44]

Allerdings haben alle Konzessionen kaum Gewinn abgeworfen, so dass die Idee aufkam, eine Nationale Gesellschaft der belgischen Eisenbahnen zu gründen. An dieser sollte zwar der Staat beteiligt werden, jedoch sollte diese Gesellschaft finanziell selbständig tätig werden können, um einen rentablen Betrieb zu ermöglichen. Bis es 1926 zur Gründung der Nationalen Gesellschaft für belgische Eisenbahnen (NMBS) kommen konnte, musste jedoch noch einige Zeit vergehen.

So wünschenswert es war, dass durch die Beteiligung privater Geldgeber ein schneller Ausbau des belgischen Eisenbahnnetzes erfolgen konnte, so entstand durch die Vielzahl der Konzessionsnehmer eine unerwünschte Zersplitterung von Tarifen und Fahrplänen. 14 Konzessionsnehmer lieferten sich einen harten Wettbewerb. Allerdings führte dieser nicht zu akzeptablen Tarifen im Güterverkehr. Ein Problem wurde insbesondere darin gesehen, dass die Trans-

---

[43] K. Destoop, De uitbouw van het belgisch spoorwegnet na 1835, Het spoor 5/1985, S. 44 ff.
[44] Sinngemäße Übersetzung, zit. nach: K. Destoop, De uitbouw van het belgisch spoorwegnet na 1835, Het spoor 5/1985, S. 46.

portkosten den Verkaufswert mancher Waren überschritten. Der Staat reagierte hierauf 1861 mit der Einführung eines degressiven Tarifsystems, abhängig von der Länge des Transportweges. Teilweise waren aufgrund mangelnder staatlicher und privater Koordination die durch Konzession errichteten Strecken auch nicht mit den Spurweiten der anderen Stecken kompatibel.[45]

Zum 1.1.1866 bestanden 47 Konzessionen, von denen 32 ganz oder teilweise genutzt wurden. Im Rahmen dieser Konzessionen wurden 2.385 km betrieben und weitere 1.589 km befanden sich in Bau. Durch den Staat dagegen wurden nur 755 km betrieben und weitere 179 km geplant. Im folgenden griff der belgische Staat immer mehr in das Eisenbahnwesen ein, was zusammen mit der geringer werdenden Rentabilität dazu führte, dass immer weniger Konzessionen erteilt wurden und der Staat immer mehr Konzessionen übernahm. Bei der Vergabe der meisten Konzessionen hatte der Staat das Recht, diese nach 20 Jahren zu übernehmen.[46] Ein Beispiel für das Eingreifen des Staates stellt der ministerielle Beschluss vom 2.2.1866 dar, der die Mindestanzahl von Personenzügen festlegte, die der Konzessionshalter betreiben musste, sowie die anzuschließenden Industriegebiete, Tarife und die Unterhaltung der Anlagen betraf.[47] Des weiteren war auch die Übernahme von Konzessionen bei Konkurs geregelt. Dieses Eingreifen des Staates war zudem mit einem wieder stärker werdenden Engagement im Ausbau des Netzes verbunden, welches sich um 1866 dem der Konzessionshalter annähert (Staat 730 km, Konzessionshalter 750 km).

Ein Beispiel für den Aufbau des belgischen Netzes findet sich im Gesamtfahrplan von 1879. Darin wurden alle staatlich und privat betriebenen Linien sowie bereits

---

[45] *K. Destoop*, De uitbouw van het belgisch spoorwegnet na 1835, Het spoor 5/1985, S. 45.
[46] *K. Destoop*, De uitbouw van het belgisch spoorwegnet na 1835, Het spoor 5/1985, S. 48.

bestehende internationale Verbindungen aufgenommen. In diesem Fahrplan finden sich 720 Stationen und unterschiedliche Kategorien von Zügen. Einerseits werden diejenigen genannt, die an jeder Station Halt machen, andererseits diejenigen, die vor allem im internationalen Verkehr nur an größeren Stationen halten. Im Zeitraum zwischen 1880 und 1900 werden durch den Staat nochmals 500 km Gleise verlegt, so dass das belgische Netz damit beinahe vollständig ausgebaut ist. Die Zeit des privaten Kapitals ist damit vorbei. Dieses wird nur noch dafür eingesetzt, um einzelne Betriebe an das Eisenbahnnetz anzuschließen.

1884 wird die bisherige Abteilung im Ministerium für öffentliche Einrichtungen zu einem eigenen Ministerium ausgestaltet. Dessen Zuständigkeiten werden ausgeweitet, und es entsteht das Ministerium für Eisenbahnen, Post und Telegraphie. Das goldene Zeitalter der Eisenbahnen in Belgien bricht an. Die Entwicklung der Eisenbahn und der damit verbundenen neuen Möglichkeiten der Industrie führt dazu, dass die technische Ausstattung immer besser und komfortabler wird. In dieser Periode steigt das jährliche Passagieraufkommen um 6 %; für den Güterverkehr werden 3 % genannt. Belgien wird die Drehscheibe für den Eisenbahnverkehr zwischen den Niederlanden, England, Frankreich, Luxemburg und dem deutschen Kaiserreich. Die erste Eisenbahnkonferenz von 1882 mit der Einigung auf technische Standards hat hieran einen großen Anteil.[48]

Diese Entwicklung findet ihr jähes Ende durch den ersten Weltkrieg. Die Bedeutung der Eisenbahn in dieser Zeit ist bekannt. An dieser Stelle sei nur darauf hingewiesen, dass die deutsche Besatzungsmacht eine neue Linie von Aachen-Süd nach Tongeren angelegt hat. In dem nicht besetzten westlichen Teil wird die

---

[47] *D. Demonie,* Geschiedenis van de exploitatie bij de belgische spoorwegen, deel 1, Het spoor 6/1985, S. 19.

Verbindung De Panne - Poperinge angelegt. Nach dem ersten Weltkrieg steht nicht mehr der Ausbau des Netzes im Vordergrund, sondern die Einführung neuer Verkehrsleitsysteme. Daneben sind noch die im Jahr 1923 eingeführten Eisenbahnfähren zwischen Belgien und England zu nennen. Wie schon erwähnt, wurde 1926 aus einer Vielzahl von Gesellschaften die Nationale Gesellschaft für belgische Eisenbahnen (Nationale Maatschappij der Belgische Spoorwegen, NMBS) gegründet.

Auch in Belgien wurde die Konkurrenz des Automobils immer stärker. Insbesondere im Frachtverkehr ist trotz erheblicher Anstrengung ein Rückgang zwischen 1929 und 1938 von beinahe 40 % zu verzeichnen.[49] In der Zeit zwischen den Weltkriegen wird auch auf einigen Strecken der elektrifizierte Verkehr eingeführt. Die Einweihung der ersten Strecke zwischen Brüssel-Nord und Antwerpen-Central geschah 1935. Die Zeit des zweiten Weltkrieges ist auch für die belgischen Eisenbahnen eine der Zerstörung. Die Nachkriegszeit ist auch in Belgien durch die Modernisierung der Infrastruktur und des rollenden Materials geprägt. Die internationale Zusammenarbeit nimmt erheblich zu. Dennoch ist das Passagieraufkommen ab dem Jahr 1968 rückläufig. Eine Ausnahme bildet das Aufkommen in Richtung Brüssel und zurück, welches jährlich konstant um 2 % weiter anstieg. Das bisher höchste Frachtaufkommen wird in Belgien im Jahr 1974 mit 80 Millionen Tonnen Frachtgut erreicht.

---

[48] *D. Demonie*, Geschiedenis van de exploitatie bij de belgische spoorwegen, deel 1, Het spoor 6/1985, S. 21.
[49] *D. Demonie*, Geschiedenis van de exploitatie bij de belgische spoorwegen, deel 2, Het spoor 6/1985, S. 12.

2. Heutige Organisationsform der Eisenbahnunternehmen

Die Nationale Gesellschaft für belgische Eisenbahnen (NMBS) wird in öffentlich-rechtlicher Form betrieben. Allerdings können für diese Gesellschaft des öffentlichen Rechts die Vorschriften der Aktiengesellschaft für anwendbar erklärt werden. Dies ist im Fall der NMBS geschehen.[50]

Diese Gesellschaft wird seit der umfassenden Reform zum 1.1.1998 in verschiedene wirtschaftlich selbständig handelnde Betriebseinheiten unterteilt.[51] Zu nennen ist hier zunächst der Bereich Logistik. Die Einheit Netzwerk entscheidet über Investitionen im Bereich der Infrastruktur. Als weitere Aufgabe kommt dieser Einheit der Bereich Verkehrsleitung und Verkehrskapazität zu. Eine weitere Betriebseinheit verwaltet den Grundbesitz, während die Betriebseinheit Infrastruktur die Verwaltung der Trassen und Bauwerke des Fahrwegs übernimmt. Dies geschieht hauptsächlich im Auftrag der Betriebseinheit Netzwerk. Vier weitere Einheiten kümmern sich um die Instandhaltung der Infrastruktur und des rollenden Materials. Vier andere Betriebseinheiten beschäftigen sich mit der wirtschaftlichen Nutzung. Dies sind die Einheiten Nationaler Personenverkehr, Internationaler Personenverkehr, B-Cargo und ABX. B-Cargo übernimmt dabei den allgemeinen Güterverkehr, wohingegen sich ABX mit dem Stückgutverkehr beschäftigt. Des weiteren bestehen fünf Serviceeinheiten, die sich mit den Bereichen, Personal, Datenverarbeitung, Facility Management, Erwerbungen und Telekommunikation beschäftigen.

---

[50] Art. 1 § 4 und Art. 37 Wet van 21 maart 1991 betreffende de hervorming van sommige economische overheidsbedrijven. Siehe auch: Art. 3, K:B. van 14. Augustus 1992, B.S., 1 oktober 1992.
[51] Die folgenden Angaben sind dem Jahresbericht 1998 der NMBS entnommen, 1998 jaarverslag, Nationale Maatschappij der Belgische Spoorwegen.

Die eben genanten Einheiten werden durch das Direktorium verwaltet. Dieses wird wiederum durch mehrere zentrale und koordinierende Einheiten unterstützt und steht selbst unter der Kontrolle des Verwaltungsrates.

Aus dem Jahresbericht 1998 können einige Daten zu den einzelnen Betriebseinheiten genannt werden: Der nationale Personenverkehr blieb mit 133,9 Millionen Reisenden stabil, durch Erhöhung der Tarife konnte ein Umsatzplus von 1,6 % erreicht werden. Im Bereich des internationalen Personenverkehrs stieg die Anzahl der Reisenden von 10,3 Millionen um 16,4 % auf 11,4 Millionen. Dieser Erfolg ist hauptsächlich auf die Einführung neuer Hochgeschwindigkeitszüge zurückzuführen. B-Cargo konnte 1998 gegenüber dem Vorjahr 3,1 % mehr Güter transportieren. Die Einheit ABX steigerte den Stückgutverkehr um 11,6%.

Struktur der NMBS[52]

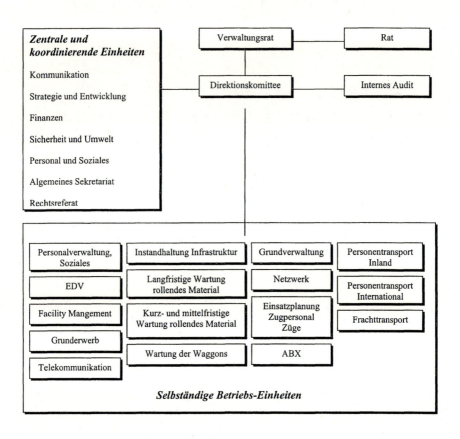

---

[52] Diese Struktur wurde dem Bericht „Conceptie en implementatie van een nieuwe structuur", NMBS 1997, unveröffentlicht, entnommen und durch den Autor übersetzt Diese Struktur soll bis zum Jahr 2005 eine weitere Veränderung erfahren.

3. Grundzüge der Eisenbahnplanung

Der föderale Staatsaufbau Belgiens[53] wirkt sich auch auf die Raumplanung aus. Die Struktur dieses besonderen bundesstaatlichen Modells ist nicht einfach zu verstehen und macht den belgischen Verwaltungen bei der internen Zusammenarbeit im Bundesstaat einige Probleme.[54]

Verwirrend ist zunächst das System des zweigegliederten Föderalismus in Belgien. Dieser zeigt sich darin, dass beispielsweise im niederländischsprachigen Flandern zwei Bundesstaaten auf ein- und demselben Staatsgebiet bestehen.[55] Dies findet seinen Grund darin, dass Belgien zum einen in drei Gemeinschaften aufgeteilt ist, die hauptsächlich für Kultur, Gesundheitssorge, Bildung und Umweltschutz zuständig sind. Eine solche Gemeinschaft besteht jeweils für das niederländischsprachige, das französischsprachige und das deutschsprachige Gebiet. Hinzu kommt noch der besondere Status des zweisprachigen Gebietes Brüssel. Zum anderen bestehen noch drei weitere bundesstaatliche Gebilde: das Gewest Brüssel und die Geweste Wallonien und Flandern. Diese Gebiete decken sich jedoch nicht vollständig mit dem Gebiet der entsprechenden Gemeinschaft. Beispielsweise liegt die deutschsprachige Gemeinschaft vollständig auf dem Gebiet des Gewestes Wallonien.

Grundsätzlich liegen die Kompetenzen für die Raumordnung bei den Gewesten. Besonders kompliziert wird es wie im Beispiel der Eisenbahnplanung, wenn die Zuständigkeiten aller bundesstaatlichen Gebilde und die des Bundesstaates selbst gegeben sind. Es gibt drei Raumordnungsgesetze für Belgien, die hier nicht tiefer

---

[53] *André Alan,* Handboek van het Belgisch Staatsrecht, S. 33 f.
[54] *André Alan,* Handboek van het Belgisch Staatsrecht, S. 385.
[55] *André Alan,* Treatise on Belgian constitutional law, 1992, S.1 ff.

dargestellt werden können.[56] In Flandern soll in nächster Zeit ein neues Raumordnungsgesetz in Kraft treten.[57] Die Eisenbahnplanung wird auf Bundesebene vorgenommen[58] und daher auch vom Bund finanziert.[59] Zur Finanzierung der geplanten Hochgeschwindigkeitsstrecken[60] wurde eine besondere Gesellschaft des öffentlichen Rechts (HST-Fin) gegründet.[61] Nach den Statuten dieser Gesellschaft ist eine Beteiligung von Privatanlegern möglich.[62] Bei den Verhandlungen zwischen Belgien und den Niederlanden über den Streckenverlauf der Hochgeschwindigkeitsstrecke von Antwerpen nach Rotterdam hat sich Belgien verpflichtet, eine von den Niederlanden bevorzugte Trasse zu verwirklichen.[63] Als Gegenleistung haben sich die Niederlande verpflichtet, einen Betrag von 823 Millionen niederländischen Gulden an Belgien zur Finanzierung dieser Strecke zu leisten.[64]

Zur Planung von Eisenbahnstrecken findet sich in Belgien kein spezielles Fachplanungsrecht. Die Entscheidung der bundesstaatlichen Regierung über die Trassenführung muss vielmehr in die von den Teilstaaten vorgenommene dreistufige Gesamtplanung aufgenommen werden. Die hierfür notwendige Zusammenarbeit zwischen Gesamt- und Teilstaaten geschieht in der Weise, dass

---

[56] *William Lambrechts,* Overzicht van het Belgisch Milieurecht, 3. Aufl., S. 329 ff; *Eric Brewaeys,* Stedenbouw in Brussel, 1998, S. 3 ff; *Bernhard Louveaux,* Le droit de l´urbanisme, 1999, S. 15 ff; *M. Boes,* in: K. Deketelaere (ED.), Milieurecht in Belgie, Ruimtelijke ordening en stedenbouw, S. 495 ff.
[57] Decreet van 18 mei 1999 houdende de organisatie van de ruimtelijke ordening, B.S. 8 juni 1999; hierzu: *Geert Debersaques,* Ruimtelijke ordening, T.B.P. 1999, S. 492 ff.
[58] Art. 6, § 1, X BWHI, hierzu siehe: *André Alan,* Handboek van het Belgisch Staatsrecht, S. 384.
[59] Siehe den Zehnjahresplan 1996-2005 zur Finanzierung von Eisenbahnprojekten vom 5. Juli 1996.
[60] Hierzu siehe: http://www.b-rail.be/press/N/hst/index.html.
[61] Wet van 17 maart 1997 over de financiering van het HST-project.
[62] Pressebericht vom 25.4.1997 (Ministerie van Finacien).
[63] Verdrag van 21 december 1996, goedgekeurd bij wet van 10 augustus 1998.
[64] K.B van 28 mei 1999 tot uitvoering van art. 15 van de wet van 17 maart 1997 betreffende de financiering van het HST-project, B.S. 1 juli 1999.

die auf gesamtstaatlicher Ebene erarbeiteten Vorschläge den Gewesten übermittelt werden und gemeinsam die günstigste Trassenführung erarbeitet wird.[65] Der Ministerrat auf Bundesebene entscheidet nach Abstimmung mit den betroffenen Gewesten über die Trasse.[66] Im Bereich der Streckenplanung für die Hochgeschwindigkeitszüge von Brüssel nach Frankreich sowie von Brüssel in die Niederlande und nach Deutschland wurde zudem das erste Mal für ein solch großes Projekt eine UVP erstellt.[67]

Nach der genannten Entscheidung des Ministerrates ist es Aufgabe der betroffenen Geweste, die verschiedenen Pläne zu ändern und die notwendigen Genehmigungen zu erlassen.[68] Die Änderung der entsprechenden Pläne geht grundsätzlich so vor sich, dass zunächst ein Entwurf veröffentlicht wird. Auf dieser Planungsstufe können Anregungen und Bedenken geäußert werden. Hiernach wird der Plan erlassen und veröffentlicht. In engen Grenzen ist die Möglichkeit des Rechtsschutzes vor den Staatsrat gegeben.[69]

IV. Ausblick

Der kurze Überblick über die Geschichte der Eisenbahnen in den Niederlanden und in Belgien zeigt, dass die Überlegungen, inwieweit das Eisenbahnwesen in

---

[65] De inschakkeling van Belgie in het Europees snelspoorproject, NMBS, S. 1, 7 unveröffentlicht. Siehe auch: STAR 21, NMBS, unveröffentlicht.
[66] Entscheidung des Ministerrates vom 19.Juli 1991 über die belg. Hochgeschwindigkeitsstrecken.
[67] De inschakkeling van Belgie in het Europees snelspoorproject, NMBS, S. 4.
[68] Zur Baugenehmigung der Hochgeschwindigkeitsstrecke Brussel-Leuven und der vorzeitigen Besitzeinweisung: K.B. van 19 september 1999, waarbij de onmiddelijke inbezitneming van sommige percelen, gelegen op het grondgebied van de gemeente Zaventem van algemeen nut wordt verklaard, B.S. 12 december 1999.
[69] *William Lambrechts,* Overzicht van het Belgisch Milieurecht, 3. Aufl., S. 326; *Roeland Vekeman,* in: Hubeau/Vande Lanotte (eds.), Recente evoluties en knelpunten in de ruimtelije

private Hände gelegt werden kann, seit der Entstehung der Eisenbahnen aktuell sind. Trotz der genannten europarechtlichen Vorgaben werden die Wege der einzelnen Staaten in diesem ebenso wie in anderen Bereichen verschiedene sein. Eine kritische Überprüfung des einzelnen nationalen Systems am fremden bleibt daher auch in der Zukunft möglich und in Hinblick auf weitergehende europäische Rechtsangleichungen erforderlich. Dies gilt besonders für das Planungsrecht.

---

ordening en de stedebouw, 1997, Algemene ontwikkelingen, recente evoluties en knelpunten in het Vlaams Gewest, S. 3 ff; *Eric Brewaeys,* Stedenbouw in Brussel, 1998, S. 95 ff.

Mr. Andres A. Wedzinga
Railned, Abt. Eisenbahnsicherheit, Utrecht (Niederlande)

Beherrschung des sicheren Eisenbahnbetriebs

Der Text verweist auf die nachstehenden Folien.

Folie 1 Meine Damen und Herren! Nach den verschiedenen heutigen Referaten scheint der Zweck der Eisenbahn das Feststellen von Plänen zu sein. Man vergisst fast, dass die Bahn da ist, um Züge zu fahren, und diese auch sicher zu fahren. Ich möchte kurz erläutern, auf welche Weise Railned die Sicherheit des Schienenverkehrs in den Niederlanden zu beherrschen versucht.

Folie 2 Im Rahmen der Neuordnung des Eisenbahnverkehrs in den Niederlanden werde ich zuerst die allgemeinen Aufgaben von Railned andeuten und danach das Sicherheitsattest genauer besprechen.

Folie 3 Bei der Neuordnung 1994 wurde die Nederlandse Spoorwegen N.V. in etwa 20 Rechtspersonen aufgeteilt, die sich wiederum auf einen kommerziellen und einen behördlichen Bereich verteilen. Zum kommerziellen Bereich gehören die Hauptgeschäftszweige Personenverkehr, Cargo (bis vor kurzem), Bahnhöfe, Immobilien und unterstützende Betriebe wie Ausbildungsinstitut, Fahrzeugtechnik & Werkstätte, Baubetriebe usw. Zum behördlichen Bereich gehören drei GmbH's und später auch die Bahnpolizei.

Folie 4 Die drei behördlichen GmbH's sind:
- NS Verkeersleiding. Sie ist beauftragt mit Fahrdienstleitung, Zugleitung und Einsatzleitung bei Unfällen.

- NS Railinfrabeheer. Sie ist mit technischen Planungen, Bau und Instandhaltung der Infrastruktur beauftragt.
- Railned. Sie ist mit dem Kapazitätsmanagement und der Eisenbahnsicherheit beauftragt.

Diese drei GmbH's erfüllen zusammen die Aufgaben des Infrastrukturbetreibers gemäss EG/91/440 und EG/95/19.

Die Bahnpolizei wird am 1. Januar 2000 eine Abteilung der Nationalpolizei, neben den Abteilungen für Autobahnpolizei, Wasserpolizei und Luftfahrtpolizei.

Durch die Tatsache, dass die Verantwortung für die Infrastruktur dem Staat übertragen ist, unterscheiden sich die Niederlande von den meisten anderen Ländern, wo die Infrastruktur der Staatsbahn mehr oder weniger privatisiert wurde. Entscheidend war hier unter anderem, dass die Infrastruktur vollständig durch den Staat finanziert wird. Die am 1. Januar 2000 einzuführenden Trassenpreise decken nur einen beschränkten Teil der Kosten. Dagegen werden (im Gegensatz zur Situation in Deutschland) die EVU's fast nicht subventioniert. Da der Staat für die Infrastruktur aufkommt, verlangt dies auch deren Besitz und das Zukommen aller Entscheidungsbefugnisse.

Folie 5 Die drei behördlichen GmbH's erfüllen ihre Aufgaben seit 1995 aufgrund eines privaten Vertrages zwischen dem Verkehrsminister mit der Hauptverwaltung der NS und den GmbH's. Sie werden vollständig vom Verkehrsminister finanziert. Obwohl sie formell noch zum NS-Konzern gehören, haben sie für ihre behördlichen Arbeiten ausschließlich eine Verantwortung gegenüber dem Verkehrsminister. (Vermeintliche) Einflüsse der NS-Hauptverwaltung wurden vor kurzem noch durch den Rechnungshof gerügt.

Seit dem 1. Juli 1999 werden die GmbH's im Eisenbahngesetz als Behörde ernannt. Dies ist noch eine provisorische Regelung, weil das Gesetz sich auf das Implementieren der EU-Richtlinien 95/18 und 95/19 beschränkt.

Vorgesehen ist, dass kurz nach dem 1. Januar 2000 die Anteile der GmbH's an den Verkehrsminister übertragen werden, damit dann keine Bindung am NS-Konzern mehr besteht.

Es wird derzeit an einem neuen Eisenbahngesetz gearbeitet, das das bestehende Gesetz von 1875 (!) ersetzen soll. Etwa im Jahr 2005 sollen nochmals und dann definitiv die Rechtsform und der Aufgabenbereich der GmbH's beurteilt und festgelegt werden.

Folie 6 Eine Hauptaufgabe von Railned ist die Zuteilung von Trassen an die Eisenbahnverkehrsunternehmen (EVU's), sowohl für eine ganze Fahrplanperiode als auch für einzelne Züge. Railned schließt auch die Netzzugangsverträge ab, aufgrund durch den Verkehrsminister genehmigter Allgemeiner Bedingungen. Railned ist dabei Bevollmächtigter der beiden anderen GmbH's.

Der Ausbau oder (sehr selten) die Einschränkung der Netzkapazität (Neubau, Ausbau und Umbau) und die Einführung von innovativen Systemen (auf funktionellem Niveau) wird von Railned geplant. Die Entscheidungen dazu trifft jedoch der Verkehrsminister, einschließlich der Bereitstellung der Finanzen.

Die Eisenbahnsicherheit hat eine eigenständige Position innerhalb der Organisation von Railned.

Folie 7 Dafür, dass der Bereich der Eisenbahnsicherheit bei Railned angesiedelt wurde, gab es mehrere Gründe. Der Verkehrsprozess überschreitet die Grenzen der einzelnen Unternehmen und Organisationen. Die Schnittstellen zwischen den Organisationen fordern eine genaue Abstimmung, in der Technik, in der Kommunikation und in Verfahren. Daher ist eine übergeordnete Organisation mit ausreichender Autorität über das ganze Verkehrssystem notwendig. Unabhängigkeit und Objektivität, vor allem gegenüber den neuen Verkehrsunternehmen, sind dabei höchstes Gebot. Das Fehlen des Kürzels "NS" im Namen "Railned" zeugt davon, wie auch der Umzug in ein eigenes Bürogebäude außerhalb der NS-Verwaltungsgebäude.

Wichtig ist auch, dass der Leiter der Abteilung Eisenbahnsicherheit selbstständig über Sicherheitsfragen entscheidet und eine eigene Verantwortung gegenüber dem Verkehrsministerium innehat, ohne Einfluss des Direktors von Railned.

Ein weiterer Grund war, dass die bestehende, seit langem im Umfang sehr beschränkte Eisenbahnaufsicht beim Verkehrsministerium nicht in der Lage war, die vielen neuen Anforderungen eines geöffneten Bahnnetzes zu erfüllen. Dies galt übrigens genauso für das EBA in Deutschland und die Eisenbahninspektionen in den skandinavischen Ländern.

Folie 8 Bei der Gründung von Railned wurden die behördenähnlichen Befugnisse der NS, zum Beispiel das Feststellen der Signalordnung und der Fahrdienstvorschriften und die Zulassung von Fahrzeugen, an Railned übertragen.

Im Netzzugangsvertrag sind die Befugnisse hinsichtlich des offenen Netzzugangs im Moment noch privatrechtlich geregelt. Dies sind zum Beispiel das Erteilen des Sicherheitsattests und die allgemeinen Aufsichtsbefugnisse, wie das Auffordern, Einsehen und Kopieren von Informationen und Dokumenten, Zugang zu allen Anlagen und Fahrzeugen, das kostenlose Mitfahren und das Auferlegen von Zwangsgeldern. Diese Aufsichtsbefugnisse sind identisch mit der Regelung im "Allgemeinen Verwaltungsrechtsgesetz".

In diesen Monaten wird auch die Mandatierung der Befugnisse der Eisenbahnaufsicht an Railned im Verkehrsministerium vorbereitet. Dazu gehören unter anderem die Sicherheit an Bahnübergängen und das Erteilen von Ausnahmegenehmigungen. Dieser Übergang ist für den 1. Januar 2000 beabsichtigt. Später soll auch die Aufsicht über die regionalen Eisenbahnen und die Straßenbahnen an Railned übertragen werden.

Folie 9   Die Professionalisierung der Eisenbahnsicherheit ist bei Railned durch die systematischen Risiko-Analysen für neue Projekte, Techniken und Verfahren und das erstmalige Aufstellen eines Eisenbahnsicherheitsplans gekennzeichnet.

Die Fahrdienstvorschriften sind am 1. Mai dieses Jahres völlig modernisiert, im Umfang eingeschränkt und völlig an den offenen Netzzugang angepasst worden. Statt des alten Regelwerks gibt es Railned-Merkblätter für Fahrzeuge, Personal und Infrastruktur statt der früher nur in den Fachbereichen der NS enthaltenen Insider-Kenntnisse. In etwa einem Monat werden sie auf unserer Website erhältlich sein.

Das Auditieren von EVU's als Voraussetzung für das Erteilen des Sicherheitsattests und von Prüfungsinstituten für das Bahnpersonal geschieht unabhängig von den anderen Tätigkeiten.

Die Zulassung von Fahrzeugen und Werkstätten ist eine neue Aufgabe. Railned beabsichtigt nicht, eine "Angemeldete Stelle" zu werden und führt aus diesem Grund keine eigene Erprobungen und Untersuchungen durch.

Das Untersuchen von Unfällen und Unregelmäßigkeiten im Betrieb und die Aufsicht im Betrieb ist die Aufgabe der vier regionalen Zweigniederlassungen von Railned.

Mit diesen Aufgaben führt Railned die eigentliche staatliche Eisenbahnaufsicht durch.

Folie 10   Um die Eisenbahnsicherheit vor allem bei neuen EVU's gut in den Griff zu bekommen, hat Railned zusammen mit dem Verkehrsministerium entschieden, dass alle EVU's, auch wenn sie nur im Inlandverkehr tätig sind, über ein Sicherheitsattest verfügen müssen. Der Gedanke eines Sicherheitsattests stammt direkt aus der Richtlinie EG/91/440, die 1994 gerade in Kraft getreten war.

Die Einführung des Sicherheitsattests macht es möglich, den EVU's weitreichende eigene Verantwortung und Freiheit zu lassen. Möglichst viele zielorientierte

Vorschriften erlauben, dass ein EVU eine für seinen Betrieb passende (und sichere) Lösung an Railned vorlegt, statt ein umfangreiches Regelwerk, das ihm bis ins Detail seine Betriebsführung vorschreibt.
Zielbewusst gibt es darum auch keine Übernahme der bestehenden, oft starren NS-Vorschriften. Dies hat zum Beispiel zum (für Holland neuen) Ein-Mann-Rangierbetrieb im Güterverkehr geführt. Eine andere Neuerung war die direkte Steuerung einer vormals belgischen Diesellokomotive durch den Lokführer der führenden (niederländischen) Elektrolokomotive. Das dazu notwendige Steuerkästchen wurde vor vierzig Jahren entwickelt, um eine Diesellok von einer Dampflok aus zu steuern, und wurde anhand einiger kurzer Zeitschriftenartikel nachgebaut.

Folie 11 Die Zulassung von Fahrzeugen und Werkstätten und die Anerkennung von Instituten zur Prüfung der Eignung und Fachkenntnisse des Personals schließen nahtlos an das Sicherheitsattest an. Sie sind wie das Sicherheitsattest jetzt noch im Netzzugangsvertrag vorgeschrieben. Im neuen Eisenbahngesetz werden sie eigenständig geregelt. Nur die Examinierung des Personals wird von Railned überwacht. Gemäß dem Grundgesetz besteht Unterrichtsfreiheit.
Die Verantwortung für die Infrastruktur und die Beaufsichtigung der Bauunternehmen liegt bei NS Railinfrabeheer. Railned hat auf höherer Ebene die Sicherheitsaufsicht über NS Verkeersleiding und NS Railinfrabeheer.

Folie 12 Das neue Sicherheitsattest verlangte die Entwicklung eines geeigneten Verfahrens.
Ein Maßstab ist notwendig, um die Anforderungen an ein EVU eindeutig festzulegen.
Ein Messinstrumentarium ist notwendig, um zu erkunden, ob ein EVU die Anforderungen erfüllt.

Ein Messverfahren ist notwendig, um das Verfahren objektiv und transparent zu machen. Auch müssen die Sorgfaltsvorschriften des Allgemeinen Verwaltungsrechtsgesetzes erfüllt werden.

Folie 13 Als Vorbilder standen unter anderem die Englische "Safety Case", ISO-Normen und ISRS (Norsk Veritas) zur Verfügung. Nach weitgehenden Überlegungen entschied man sich für eine Anpassung der Norm ISO 14000 (für Umweltmanagement) als Maßstab und einen strukturierten Fragebogen als Messinstrumentarium.

Folie 14 Das Prinzip der Norm ist das integrierte Sicherheitsmanagement auf allen Ebenen einer EVU. Ich zitiere den Direktor einer deutschen privaten Bahn: "Wenn die Lok und die Lokführer geprüft sind, was soll ich ja dann noch mehr tun?". Beabsichtigt wird, dass (alte und neue) EVU's selbst gezwungen sind nachzudenken und vorzubeugen. Sie müssen schließlich vorab nachweisen, dass sie ihren Betrieb sicher führen können und werden.

Folie 15 Das Verfahren zur Erteilung des Sicherheitsattests ist in zwei Railned-Merkblättern festgelegt:

V-001: Anforderungen an das Sicherheitsmanagementsystem (SMS) eines EVU's (der Maßstab)

V-002: Beurteilungsprozedur und Kriterien (das Messinstrumentarium und das Messverfahren).

Beide Merkblätter sind im Aufbau sehr kurz und funktionell gehalten. Das EVU hat daher eine große Freiheit, sein eigenes SMS einzurichten.

Folie 16 Ziemlich unerwartet stellte sich heraus, dass eine Begleitung von neuen EVU's bei der Vorbereitung der Verkehrsteilnahme zweckmäßig ist. Sie müssen zum Beispiel über neue Anforderungen an das Sicherheitsmanagement im Bahnbetrieb informiert werden. Auch war es notwendig, allerhand Kontakte für sie zu knüpfen, damit sie für bestimmte Aufgaben die richtigen Personen bei anderen Organisationen ansprechen können oder praktische Probleme lösen konnten. Als problematisch erwies sich der Zugang neuer Unternehmen zu Fachkenntnissen. Seit je her sind diese in für Dritte nicht zugänglichen Betriebsdokumenten und Ausbildungsvorschriften enthalten, die allerdings das Ausbildungsinstitut nicht alle zur Ausbildung von Personal neuer EVU's brauchen dürfte.

Auch gab es vielerlei vergessene Aspekte des offenen Netzzugangs zu lösen. So stellte sich heraus, dass die örtlichen Rangierfunkanlagen im Besitz von NS Cargo waren. NS Cargo verweigerte es, die dazugehörigen Handgeräte an neue EVU's zur Verfügung zu stellen, obwohl der Rangierfunk wegen der Sicherung des Rangierbetriebs und bei Gefahrguttransporten vorgeschrieben ist. Nach mehreren Besprechungen konnte dieses Problem durch feste Anlagen gelöst werden, die an NS Railinfrabeheer übertragen werden (und auch die Jahreskosten von etwa 1 Million DM), da es sich um einen Teil der öffentlichen Infrastruktur gemäss der Anlage zur EG-Verordnung 2598/70 handelt.

Folie 17 Das SMS, das von einem EVU eingerichtet werden muss, enthält unterschiedliche Themen. Sie sind im Railned-Merkblatt V-001 beschrieben.

- Das EVU muss beschreiben, wie der Managementkreis eingerichtet wird: Zielsetzen, Planen, Realisieren, Auswerten und die Festlegung, wie die Eisenbahnsicherheit in diesem Kreis gewährleistet wird. Hierzu gehören unter anderem ein Jahresplan und ein Jahresbericht.

- Das EVU muss inventarisieren, welche Gesetze und Vorschriften bei der Verkehrsteilnahme eingehalten werden sollen und welchen Risiken es in welchem Umfang ausgesetzt ist. Es muss bei nicht akzeptablen Risiken geeignete vorbeugende Maßnahmen treffen. Besonders wichtig sind dabei die Schnittstellen mit anderen Organisationen wie NS Verkeersleiding und den Werkstätten. So muss verhindert werden, dass hier für die Sicherheit wichtige Informationen verloren gehen.

- Das EVU muss seine Organisation und seine Betriebsabläufe so einrichten, dass der sichere Betrieb so weit wie möglich gewährleistet wird, entsprechend den Besonderheiten seiner Verkehrsteilnahme, sowohl bei einem normalen Betriebsablauf als auch bei Störungen.

Das EVU muss über die erforderlichen Fachkenntnisse verfügen und Verfahren einrichten, um das Personal zu schulen und die Fahrzeuge in einwandfreiem Zustand zu erhalten. Dies umfasst zum Beispiel die Planung und Ausführung regelmäßiger Wiederholungskurse und das Untersuchen gefährlicher Störungen an den Fahrzeugen.

- Das EVU muss Maßnahmen treffen für das Vorgehen bei Unfällen usw., bei denen seine Züge betroffen sind. Dazu gehören zum Beispiel die permanente Erreichbarkeit der Betriebsleitung, das Auffangen von Reisenden und Personal, das Festlegen von Vorgaben für die Unfalluntersuchung (z.B. Fahrtenschreiber) und das Behandeln und Auswerten von Unregelmäßigkeiten beim Betrieb.

Folie 18 Das Verfahren zur Erteilung eines Sicherheitsattests ist im Merkblatt V-002 beschrieben. Das EVU beginnt mit der Erstellung der SMS-Dokumente. Oft ähneln diese einem Qualitätshandbuch, wie es für die ISO 9000-Zertifizierung erstellt wird.

Die Dokumente werden anschließend durch das Auditierungsbüro von Railned beurteilt. Der Beurteilungsbericht wird dem EVU vorgelegt, damit es das SMS - wenn nötig - anpassen kann.

Anschließend findet eine Managementvorführung statt, wobei die Direktion des EVU selbst präsentiert, in welcher Weise sie die Anforderungen an die Eisenbahnsicherheit erfüllt. Diese Vorführung ist der Anfangspunkt für die Auditierung, die von der Direktion bis zum ausführenden Personal alle Ebenen des Betriebs umfasst. Wichtige Anhaltspunkte sind dabei die Vollständigkeit der betrieblichen Regelungen und der Vergleich zwischen dem beschriebenen System und der Praxis.

Der Abschlussbericht des Auditors enthält eine Empfehlung, ob aufgrund der Resultate des Audits ein Sicherheitsattest abgegeben werden kann und ob dies ergänzende Bedingungen oder Einschränkungen enthalten soll. Das Sicherheitsattest wird dann vom Leiter der Abteilung Eisenbahnsicherheit von Railned unterzeichnet und ausgehändigt.

Folie 19 Seit mittlerweile zwei Jahren werden Sicherheitsatteste abgegeben. Die folgenden neuen EVU's besitzen ein Sicherheitsattest:
- ACTS betreibt Containerverkehr von Rotterdam in die nördlichen Provinzen Groningen und Friesland, unter anderem mit Elektrolokomotiven, die unter Drohung mit dem Kartellamt vom Schrottplatz zurückgeholt wurden. Shortlines betreibt zusammen mit der Hafen- und Güterverkehr Köln (HGK) Containerverkehr auf der Strecke Rotterdam - Limburg - Köln.
- CGEA Nederland betreibt eine kurze Strecke im Personennahverkehr, in Konkurrenz mit NS. Der Fortbestand dieser Verbindung ist unsicher.
- Syntus und Noordned betreiben einige Nebenstrecken im Osten bzw. Norden des Landes. Die NS und regionale Busbetriebe sind an diesen Unternehmen beteiligt. Fahrzeuge und Personal wurden von NS übernommen. Bei Syntus fahren auch zum Triebwagenführer ausgebildeten Busfahrer.
- Eine Besonderheit ist, dass die drei größten Gleisbauunternehmen auch als selbständige EVU's am Verkehr teilnehmen. Sie fahren landesweit mit Großdiesellokomotiven und schnellfahrenden Gleisbaumaschinen.
- Eine noch größere Besonderheit ist, dass der Werkstättendienst der NS ebenfalls ein EVU ist. Er beschäftigt sich vor allem mit Leerfahrten und Verschiebediensten für die Werkstätten und mit Probefahrten. Auch der Ultraschallmessdienst firmiert als EVU.

- Die erste Ergänzung könnte eine Hobby-Organisation mit historischen Fahrzeugen werden. Unter den gleichen Bedingungen wie für andere EVU's steht das Schienennetz auch für sie offen.

Folie 20 Nach zweijähriger Erfahrungen mit der Erteilung des Sicherheitsattests ist Verschiedenes deutlich geworden:
Die bereits erwähnte Begleitung neuer EVU's hat sich, obwohl zeitaufwendig, als notwendig für einen raschen Netzzugang erwiesen. Probleme wie das schon erwähnte Quasi-Monopol von NS, zum Beispiel hinsichtlich des Zugangs zu Fachkenntnissen, wurden schon genannt. Ein vollständiges Attestverfahren lässt sich - mit einer großen Anstrengung der betroffenen Railned-Mitarbeiter innerhalb der den EVU's versprochenen drei Monate durchführen. Sicherlich ist das Sicherheitsattest keine unüberwindbare Hürde. Auch für das kleinste EVU, den Ultraschallmessdienst, mit nur einem Triebwagen und drei Triebwagenführern, war es gut und ohne wirkliche Schwierigkeiten zu erlangen.

Folie 21 Das offene Bahnnetz führte vermehrt zu formellen Fragen, die früher nicht gestellt wurden, so zum Beispiel, ob eine bestimmte Fahrt innerhalb der Reichweite des Attests liegt. Ein weiteres Beispiel ist die Frage, ob eine einmalige Fahrt mit Personenwagen, besetzt mit Gästen und gezogen durch einen neuen Schienen-/Straßen-LKW, in den Geltungsbereich des Sicherheitsattests eines Gleisbauunternehmens fiel oder ob für diese Fahrt eine Sondergenehmigung notwendig war. Die wichtigste Frage soll aber sein, die Sicherheit gewährleistet ist, statt die Notwendigkeit eines bürokratischen Briefwechsels zu prüfen. Sicherheitsmanagement soll nicht zu Papiermanagement führen, das nicht zur Sicherheit beiträgt.
Damit hängt auch zusammen, dass die innere Kultur eines EVU und die Einstellung des Personals zum sicheren Eisenbahnbetrieb schwierig messbar sind. Der Antrieb, ein sicheres Fahren und Arbeiten zu gewährleisten, kann unmerkbar sein

oder alle Ebenen eines EVU's durchziehen. Die Motivation, die aus persönlichen Gesprächen entnommen werden kann, ist ein gutes Indiz, aber lässt sich nicht messen.

Folie 22 Unseres Erachtens hat das Sicherheitsattest seinen Zweck bisher gut erfüllt. Die Zahl und Art der Unregelmäßigkeiten bei den neuen EVU's weicht nicht wesentlich ab vom bestehenden Bild bei der "alten" NS.
Auffallend war, dass Busfahrer, die zum Triebwagenführer ausgebildet worden waren, einige Male trotz eines Haltesignals abfuhren, weil unbewusst eine Routine durchgeführt wurde, die sie sich als Busfahrer angewöhnt hatten. Durch eine Ergänzung in der Ausbildung wird jetzt gezielt auf eine andere Routine hingewirkt.
Wie "hart" die Konkurrenz sein kann, zeigte sich, als in einem Rotterdamer Containerbahnhof ein Zug von NS Cargo mit großer Wucht auf einen vor ihm fahrenden, planmäßig haltenden Zug von Shortlines auffuhr. Bei der Unfalluntersuchung stellte sich unter anderem heraus, dass dem Personal von NS Cargo die neuen örtlichen Bahnhofsvorschriften nicht bekannt waren, die gerade wegen der Nutzung durch den neuen Konkurrenten festgelegt worden waren. Zugleich zeigte sich dabei nochmals, dass die Durchführung von Änderungen bei bestehenden großen EVU's manchmal schwieriger und aufwendiger sind als bei neuen kleinen EVU's.

Folie 23 Zum Abschluss meines Referats möchte ich betonen, dass systematisches Sicherheitsmanagement zum professionellen Eisenbahnbetrieb gehört. Allerdings: Ohne gut motiviertes und ausgebildetes Management und Personal im Alltag gibt es keine Sicherheit! Letztendlich bleibt es überall die einzelne Person, die sich bei ihrem Einsatz im täglichem Betrieb immer wieder des Sicherheitsaspekts bewusst sein soll und sich bemühen muss, um diese unaufhörlich zu gewährleisten. Jedoch: Genau dafür zu sorgen ist die Aufgabe des Sicherheitsmanagements!

Gerne möchte ich darauf hinweisen, dass die von Railned ausgegebenen Vorschriften ("Reglement Railverkeer", ähnlich "Fahrdienstvorschriften" und "Seinenboek", ähnlich "Signalbuch") und Merkblätter ab etwa Mitte Oktober auf unserer Website: www.railned.nl zur Verfügung stehen werden. Die Merkblätter V-001 und V-002 mit den Anforderungen an das Sicherheitsmanagementsystem eines EVU sind dort neben der niederländischen auch in englischer Sprache erhältlich.

Folie 1

> Beherrschung des sicheren Eisenbahnbetriebs
> Mr. A.A. Wedzinga

Folie 2

> Inhalt
>   Neuordnung des Eisenbahnverkehrs
>   Aufgaben von Railned
>   Sicherheitsattest

Folie 3

> Neuordnung des Eisenbahnverkehrs
> 1994: Aufspaltung von NS:
>   Kommerzieller Bereich
>   Behördlicher Bereich
>   Bahnpolizei

Folie 4

> Neuordnung des Eisenbahnverkehrs
> Behördlicher Bereich: drei GmbH's
>   NS Railinfrabeheer
>   NS Verkeersleiding
>   Railned
>   *Zusammen: Infrastrukturbetreiber gemäss EU*
>
> Bahnpolizei: 1-1-2000 zur Nationalpolizei

Folie 5

> Neuordnung des Eisenbahnverkehrs
> GmbH's im behördlichen Bereich:
>   1995: finanziert und beauftragt vom Minister, rein formell im NS-Konzern
>   1999: vorläufige gesetzliche Regelung
>   2000/1: Aktien der GmbH's zur Minister
>   2001/2: neues Eisenbahngesetz
>   2004/5: Aufgabenbereich und Rechtsform definitiv

Folie 6

Aufgaben von Railned
Zuteilung von Kapazität (Trassen); Netzzugangsvertrag
Planung der Netzkapazität; Innovationen
Eisenbahnsicherheit

Folie 7

Aufgaben von Railned
Eisenbahnsicherheit bei Railned, weil:
Grenzen der Unternehmen überschritten
erfordert Abstimmung
Autorität über EVU und IB
Unabhängigkeit und Objektivität
frühere Aufsicht durch den Verkehrsminister genügt neuen Anforderungen nicht

Folie 8

Aufgaben von Railned
Übergang behördeähnlicher Befugnisse der NS an Railned
Neue Befugnisse am Moment wegen unzureichender Gesetzgebung privatrecht- lich im Netzzugangsvertrag
Übergang von Befugnissen der "alten" Eisenbahnaufsicht in Vorbereitung, auch für regionale Eisen- und Straßenbahnen

Folie 9

Aufgaben von Railned
Sicherheitspolitik, Risiko-Analysen
Verfassung von FV, SB, Regelwerk
Zertifizierung von EVU/ Sicherheitsattest
Fahrzeugzulassung, Werkstätten
Untersuchung von Unfällen und Vorfällen
De facto: staatliche Eisenbahnaufsicht über das nationale Eisenbahnnetz

Folie 10

> Sicherheitsattest
> Entliehen an EG/91/440 und EG/95/18
> Für alle EVU, auch im Innenverkehr
> Eigene Verantwortlichkeit des EVU's innerhalb zielorientierte Vorschriften
> Raum für neue Lösungen statt starrer Übernahme von NS-Vorschriften

Folie 11

> Sicherheitsattest
> Damit verbunden:
> - Betriebsmittel Fahrzeug
>   - Fahrzeugzulassung
>   - Anerkennung von Werkstätten
> - Betriebsmittel Personal
>   Anerkennung von Instituten zur Prüfung:
>   - der körperlichen und geistigen Eignung
>   - der Fachkenntnisse (Ausbildung ist frei)

Folie 12

> Sicherheitsattest
> Neu, aber wie denn?
>
> Notwendig:
>   Entwicklung einer Masstab
>   Entwicklung eines Messgeräts
>   Entwicklung einer Messprozedur

Folie 13

> Sicherheitsattest
> Vorbilder:
>   Safety Case (Railtrack)
>   ISO 9000
>   ISO 14000
>   BS 8800
>   ISRS
>   u.s.w.

Folie 14

Sicherheitsattest Integrales Sicherheitsmanagement auf allen Ebenen: Sicherheit ist mehr als nur "geprüfter Mann, geprüfte Lok" Zwingt (alte und neue) EVU's zum Nachdenken und Vorbeugen: EVU muss vorab zeigen, einen sicheren Eisenbahnbetrieb führen zu können

Folie 15

Sicherheitsattest Normblatt V-001: Anforderungen an das Sicherheitsmanagementsystem eines EVU's Normblatt V-002: Beurteilungsprozedur und Kriterien *Wer ISO 9001 besitzt, erfüllt schon etwa 80 % des V-001*

Folie 16

Sicherheitsattest
Begleitung von EVU's beim Verkehrszutritt:
   Informieren über allerhand Anforderungen
   Legen von Kontakten
   Lösungssuche bei praktischen Problemen
   Zugängigmachen von Fachkenntnissen
   Damit auch: Lösen aller vergessenen Aspekte des offenen Netzzugangs

Folie 17

Sicherheitsattest
SicherheitsManagementSystem
   Managementkreis: Zielsetzen, Planen, Realisieren, Auswerten
   Risiken, Gesetze, Vorschriften, Interfaces
   Organisation und Betriebsprozesse
   Betriebsmittel: Personal, Fahrzeuge
   Unerwünschte Ereignisse

Folie 18

Sicherheitsattest
Prozedur
   Aufstellen von SMS-Dokumenten durch EVU
   Beurteilung der Dokumente durch Railned
   Managementvorführung
   Auditierung auf allen Ebenen eines EVU, vom Direktor bis zum Betriebspersonal
   Erteilung des Sicherheitsattests

Folie 19

Sicherheitsattest
Neue EVU bis jetzt:
   2 x Güterverkehr: ACTS, Shortlines (/HGK)
   1 x Personenverkehr: CGEA (Lovers Rail)
   2 x Personenverkehr mit NS-Teilnahme: Noordned, Syntus
   3 x Gleisbau-Unternehmen
   NS Werkstättendienst, Ultraschallmesszug

Folie 20

Sicherheitsattest
   Durch Begleitung im Vorfeld werden viele Betriebsprobleme erkannt und gelöst
   Durchlaufzeit 3 Monate, kurz, aber tunlich
   Keine unüberwindbare Hürde (kleinste EVU: 1 Tw und 3 Lf, befährt gesamtes Netz)
   Zugang zu Fachkenntnissen ist ein Problem
   Probleme durch Quasi-Monopol von NS

Folie 21

Sicherheitsattest
   Kann zu Detailbemühungen führen
   Wachsam bleiben gegen Papiermassen ohne Sicherheitsnutzen
   Schwierig messbar: die innere Kultur eines EVU und Einstellung des Personals zur Gewährleistung eines sicheren Betriebs

Folie 22

Sicherheitsattest
Resultate bis jetzt:
Zahl und Art der Betriebsunregelmässigkeiten bei neuen EVU's weichen nicht ab
Auffallend: als Triebwagenführer ausgebildete Autobusfahrer überfuhren Haltsignal wegen "alter" Gewohnheiten
"Harte" Konkurrenz: Zug von NS Cargo fuhr auf stehenden Zug von Shortlines auf

Folie 23

Sicherheitsattest
Systematisches Sicherheitsmanagement gehört zum professionellen Eisenbahnbetrieb,
aber:
ohne gut motiviertes und ausgebildetes Management und Personal im Alltag gibt es keine Sicherheit!

Stefan Dernbach

Innerstaatliche Umsetzung der Interoperabilitätsrichtlinie

I. Einleitung - Ausgangssituation

1) Was ist die Interoperabilitätsrichtlinie, welches Ziel hat sie?
Diese Richtlinie dient dem Ziel, den Wettbewerb der Bahnindustrien innerhalb der Europäischen Gemeinschaft zu fördern und dadurch die Wettbewerbsfähigkeit der Eisenbahnen zu stärken; sie wurde im Oktober 1996 in Kraft gesetzt.

2) Wodurch soll dieses Ziel erreicht werden?
Durch einheitliche Anforderungen an „strukturelle Teilsysteme" und „Interoperabilitätskomponenten".
Dadurch wird ein weiteres, sekundäres Ziel erreicht: Eine gewisse Harmonisierung in der Eisenbahntechnik.

3) Grob skizzierter Inhalt der Richtlinie:

a) Fachgremien legen „Technische Spezifikationen Interoperabilität - TSI" fest, die von den Teilsystemen und Interoperabilitätskomponenten erfüllt werden müssen.

b) Die strukturellen Teilsysteme durchlaufen ein sogen. „EG-Prüfverfahren", welches die Übereinstimmung der Teilsysteme mit den TSI feststellen soll. Dieses Verfahren wird von sogen. „Benannten Stellen" durchgeführt.

c) Die Interoperabilitätskomponenten müssen eine Konformitätsbewertung erfahren. Diese wird, wenn die TSI dies vorsehen, ebenfalls von der Benannten Stelle, ansonsten vom Hersteller durchgeführt.

d) Die strukturellen Teilsysteme bedürfen zu ihrer Inbetriebnahme einer Genehmigung des Mitgliedstaates.

4) Zwei Faktoren kennzeichneten die Ausgangssituation:

a) Die Interoperabilitätsrichtlinie musste **bis 04/99 umgesetzt sein**. Die Kommission ließ einen weiteren Aufschub unter keinen Umständen zu.

b) Es ist der Wunsch der Kommission, der Bahnindustrie und der DB AG als den Hauptbeteiligten, pro Mitgliedsstaat **nur eine Benannte Stelle** zu haben.

Zunächst zur Umsetzung der Richtlinie in nationales Recht.
Etwas später kommen wir zum Thema „Benannte Stelle"

II. Auswirkungen der RiLi und der Eisenbahn-Interoperabilitäts-Verordnung auf das EBA

Die EIV überträgt dem EBA die hoheitlichen Aufgaben aus der Richtlinie
Dies sind:
1. Genehmigung zur Inbetriebnahme von Teilsystemen,
§ 2 Nr. 1 EIV (Art. 14 Abs. 2 IOR)
Ref. 21, 22, 31

2. Überwachung der Konformität und Gebrauchstauglichkeit von Interoperabilitätskomponenten, § 2 Nr. 2 EIV (Art. 8, Art. 10 Abs.1, Art. 12 Abs.1u.3, Art 12 Abs. 1u.3, Art. 13 Abs.5 b IOR)

Ref. 21, 22, 31

3. Überwachung der Anwendung und Einhaltung der TSI, § 2 Nr. 3 EIV (Art. 5 Abs. 2 IOR)

Ref. 21, 22, 31

4. Bearbeitung und Bewilligung von Ausnahmen zur Anwendung bestimmter TSI, § 2 Nr. 4 EIV (Art. 7 a u.d IOR).

Ref. 21, 22, 31

5. Anerkennung, Rücknahme, Widerruf und Überwachung benannter Stellen, § 2 Nr.5 EIV (Art. 2 i i.V.m. Art.20 IOR)

Abt. 1 (Anerkennungsstelle)

Mit dieser Umsetzung ist aber noch nicht entschieden, wer Benannte Stelle in Deutschland werden wird.

Es gibt derzeit **zwei Institutionen**, die einen Antrag auf Notifizierung gestellt haben; TÜV-EURO-RAIL und DIN-VSB-ZERT. Diese Institutionen verfügen jedoch nicht über die Kompetenz in der gesamten Bandbreite der Eisenbahntechnik. Dem Wunsch der EU-Kommission und der beteiligten Wirtschaft könnte durch die Notifizierung dieser Stellung also keine Rechnung getragen werden.

Das EBA hat keinen Antrag gestellt, verfügt jedoch über umfassendes know-how des Gesamtsystems Eisenbahn und führt derzeit alle Aufgaben der Abnahme, Zulassung und Genehmigung von Eisenbahnfahrzeugen und Infrastruktureinrichtungen durch. Hierbei bedient es sich in erheblichem Umfang externer Einrichtungen und Institutionen.

Das EBA wäre somit in der Lage, die Aufgaben einer Benannten Stelle zu übernehmen; das EBA erfüllt die hierfür erforderlichen Kriterien nach Anhang VII der RiLi.

Vor diesem Hintergrund sollte im EBA eine Stelle geschaffen werden, die zusammen mit den beiden Institutionen die Aufgabe einer Benannten Stelle erfüllt. Dies ist gelungen; zu den Einzelheiten der Zusammenarbeit komme ich später.

Über die Grob-Konzeption wurden mit der Europäischen Kommission in **Brüssel informelle Gespräche** geführt mit dem Ergebnis, dass keine generellen Einwände gegen das vorgesehene Strukturmodell bestehen. Die Vertreter der Kommission sehen im vorgesehenen Modell eine praktikable Lösung.

Bedenken bestünden nur dann, **wenn** der GNB von den übrigen Org.-Einheiten des EBA nicht ausreichend unabhängig ist. Die Unabhängigkeit lässt sich durch organisatorische Maßnahmen erreichen. Die Richtlinie fordert nur die Unabhängigkeit des Personals der Benannten Stelle von Planung, Herstellung und Betrieb von Eisenbahnmaterial.

Mögliche Bedenken der Europäischen Kommission könnten eventuell sein, dass
a) Stellen des EBA den GNB beaufsichtigen, dessen Mitarbeiter dem Präsidenten personell unterstehen.
b) Mitarbeiter des EBA Genehmigungen für die Inbetriebnahme von Teilsystemen erteilen, die von der Benannten Stelle bewertet und/oder geprüft wurden.

Um diese Bedenken auszuräumen erfolgt gem. § 3 Abs.5 Eisenbahn-Interoperabilitäts-Verordnung die Anerkennung einer Benannten Stelle und die Entziehung der Anerkennung nur mit Zustimmung des BMVBW.

Ferner wird die Fachaufsicht über die Benannte Stelle per Organisations-Erlass des BMVBW auf das BMVBW übertragen; Weisungen hinsichtlich der konkreten Aufgabenerfüllung dürfen der Benannten Stelle allerdings nicht erteilt werden.

Außerdem wird - wie bereits im Sachverständigenbereich praktiziert - im EBA sichergestellt, dass Mitarbeiter, die für die Benannte Stelle Prüfungs- und Bewertungsverfahren durchführen, nicht mit der Genehmigung zur Inbetriebnahme von Teilsystemen befasst werden.
Auch diese Details wurden in informellen Gesprächen mit der EU-Kommission abgestimmt.

III. Zusammenarbeit mit TÜV-EURO-RAIL und DIN-VSB-ZERT

Sowohl die **Bahnindustrie** (vertreten durch den VDB) als auch die Betreiber (vertreten durch die **DB AG**) sind an einer **Bündelung der in Deutschland vorhandenen Kompetenzen** und Fähigkeiten besonders interessiert, damit diese Kapazitäten effektiv genutzt und entsprechende Dienstleistungen zu akzeptablen Kosten erbracht werden können.

Vor dem Hintergrund dieser Konstellation hat das EBA deshalb mit diesen Institutionen und dem BMVBW Abstimmungsgespräche geführt mit dem Ziel einer Zusammenarbeit bei den Aufgaben, die die Benannte Stelle zu erfüllen hat.
Die Erörterungen der Thematik mit den Beteiligten kamen zu dem Ergebnis, dass in Zusammenhang mit der Umsetzung der Richtlinie 96/48/EG die Einsetzung einer Benannten Stelle in Deutschland als besondere Organisationseinheit

beim EBA in Kooperation mit TÜV-EURO-RAIL und DIN-VSB-ZERT beim aktuellen Stand die geeignete Lösung ist. Diese Benannte Stelle arbeitet mit TÜV-EURO-RAIL, DIN-VSB-ZERT und - wie bisher auch - mit anderen Sachverständigen, Prüfstellen etc. zusammen.

Im Detail soll die Zusammenarbeit wie folgt gestaltet werden:

1. Diese Benannte Stelle, "Benannte Stelle Interoperabilität" genannt, soll entsprechend Art. 20 der Richtlinie zur Notifizierung gemeldet werden. Nach außen wird die Benannte Stelle als Einheit auftreten. Die "Benannte Stelle Interoperabilität" ist ein besonderer Teil des EBA und untersteht organisatorisch dem Präsidenten. Der Leiter der "Benannte Stelle Interoperabilität" ist fachlich unabhängig und für die Geschäftsführung verantwortlich.

2. Das EBA will und muss über die gesamte Breite des eisenbahntechnischen know-hows seine Kenntnisse aufrechterhalten, um seine staatlichen Aufgaben erfüllen zu können. Deshalb muss in allen Bereichen - wie bisher - das EBA einen gewissen Anteil an Prüftätigkeiten selbst durchführen.

3. TÜV-EURO-RAIL und DIN-VSB-ZERT übernehmen in Abstimmung mit der "Benannte Stelle Interoperabilität" Aufgaben im Rahmen der Bewertung von Interoperabilitätskomponenten und Aufgaben im Rahmen der Durchführung von EG-Prüfverfahren für Teilsysteme.

4. TÜV und DIN möchten mit ihrem eigenen Namen so auftreten und Prüfleistungen akquirieren können, dass die Verbindung zur "Benannte Stelle Interoperabilität" deutlich wird.

Die Zusammenarbeit wird in einem Bestätigungsschreiben dokumentiert werden.

5. Es wird ein Beirat eingerichtet, in dem sich die beteiligten Kreise einbringen können und der die Benannte Stelle berät.

IV. Mittelfristige (< 5 Jahre) Entwicklung

In der Startphase wird durch einen Beirat sichergestellt, dass die Beteiligten und interessierten Kreise sich angemessen einbringen können.
Im Verlauf der weiteren Entwicklung könnten über einen Akkreditierungsausschuss (einstweiliger Arbeitstitel) die in den TSI und EN enthaltenen Aussagen/Anforderungen zu Prüfstellen und -verfahren über den GNB den „zuarbeitenden" SVen, SVOen eingeführt werden. Auf diese Weise würde das Zulassungsverfahren im Eisenbahnwesen auf europäischer Ebene den in anderen Wirtschaftsbereichen geltenden Regelungen angeglichen.

Unabhängig davon besteht die **Absicht**, dass sich die „Benannte Stelle Interoperabilität" so organisiert, dass sie auch formell den Anforderungen der EN 45.011 entspricht und somit einer **akkreditierten Stelle gleichgestellt** ist. Hierzu ist vor allem der Aufbau eines QS-Systems erforderlich. Dies gilt unabhängig von der Tatsache, dass zunächst die "Benannte Stelle Interoperabilität" wenig beschäftigt sein wird, da im Bereich der Hochgeschwindigkeitsinfrastruktur so gut wie keine und im Bereich der Hochgeschwindigkeitsfahrzeuge wenig Anträge zu erwarten sind.

Programm der Tagung „Aktuelle Probleme des Eisenbahnrechts V" vom 8.-10.9.1999 in Tübingen

Mittwoch, 8. September 1999

Begrüßung und Einführung

14.00 Uhr Begrüßung durch den Kanzler der Eberhard-Karls-Universität Tübingen
Prof. Dr. *Sandberger*, Tübingen

Begrüßungsworte des Präsidenten des Eisenbahn-Bundesamtes
Dipl.-Ing. *Stuchly*, Bonn

Begrüßung und Einführung durch den Leiter der Forschungsstelle für Planungs-, Verkehrs- und Technikrecht
Prof. Dr. *Ronellenfitsch*, Tübingen

Planung und Planfeststellung

14.30 Uhr Harmonisierungsprobleme zwischen Planungs- und Vergaberecht
Richter des BVerfG Dr. *Broß*, Karlsruhe

15.15 Uhr Diskussion

15.30 Uhr Zusammenwirken von Fachplanung und Raumordnung nach dem neuen Raumordnungsgesetz
Oberregierungsrat *Rieger*, EBA

16.15 Uhr Diskussion

16.30 Uhr *Kaffeepause*

17.00 Uhr Planfeststellungen und Denkmalschutz
Professor Dr. *Spannowsky*, Kaiserslautern

17.45 Uhr	Diskussion
19.30 Uhr	Gemütliches Beisammensein im Restaurant „Mauganeschtle"

Donnerstag, 9. September 1999

9.00 Uhr	Betriebsfestsetzungen in der Planfeststellung *Professor Dr. Ronellenfitsch*, Tübingen
9.45 Uhr	Diskussion
10.00 Uhr	Lärmsanierung und Gesundheitsgefährdung; Auswertung und Überblick nach dem Urteil des BVerwG 11 A 3.98 Regierungsrat *Wilke*, EBA
10.45 Uhr	Diskussion
11.00 Uhr	*Kaffeepause*
11.15 Uhr	Erschütterungen - ein Überblick zum derzeitigen Erkenntnisstand Kurzreferat; Regierungsdirektor *Krampitz*, EBA
11.45 Uhr	Umweltinformationsgesetz im Lichte der Rechtsprechung des EuGH - neue Anforderungen an die Planfeststellungsbehörden Oberregierungsrätin *Hauke*, EBA
12.30 Uhr	Fahrzeugtechnik mit anschließendem Mittagsimbiß; Ort: Hauptbahnhof Tübingen Firma *DaimlerChrysler Rail Systems (Deutschland)*

Novellierung eisenbahnrechtlicher Vorschriften

15.00 Uhr Erfahrungen und Folgerungen aus 5 Jahren
 aufsichtsbehördlicher Tätigkeit
 Oberregierungsrat *Heinrichs*, EBA
 Regierungsrätin z.A. *Pöhle*, EBA

15.45 Uhr Diskussion

16.00 Uhr *Kaffeepause*

Europäisches Eisenbahnrecht

16.15 Uhr Ursprünge des europäischen Eisenbahnrechts
 Kurzreferat, *Dr. Delbanco*, Tübingen

16.40 Uhr Länderbericht: Belgisches Eisenbahnwesen
 Kurzreferat; *Schmid,* Max-Planck-Institut, Heidelberg

 Länderbericht: Niederländisches Eisenbahnwesen
 Kurzreferat; *Wedzinga,* Rail Ned, Niederlande

17.25 Uhr innerstaatliche Umsetzung der Interoperabilitätsrichtlinie
 Sachstandsbericht, Oberregierungsrat *Dernbach,* EBA

17.45 Uhr Abschlußdiskussion

19.00 Uhr *Abendessen im Restaurant „Museum"*

Freitag, 10. September 1999

9.00 Uhr EBA-intern

13.00 Uhr vsl. Ende der Veranstaltung

Teilnehmerverzeichnis

Albrecht, Myriam	Magnetschnellbahn-Planungs-Gesellschaft mbH Berlin-Hamburg, Berlin
Barner, Ingrid	Planungsgesellschaft Bahnbau Deutsche Einheit mbH, Berlin
Berka, Frank	Regierungsrat z.A., Assessor jur., Eisenbahn-Bundesamt - Außenstelle München
Prof. em. Dr. Blümel, Willi	zuletzt Deutschen Hochschule für Verwaltungswissenschaften Speyer
Börner, Frank	Regierungsdirektor, Dipl.-Jurist, Eisenbahn-Bundesamt - Außenstelle Dresden
Dr. jur. Broß, Siegfried	Richter am Bundesverfassungsgericht, Karlsruhe
Burke, Thomas	Regierungsrat, Assessor jur., Eisenbahn-Bundesamt, Bonn
Dr. Calhoun, Astrid	Oberregierungsrätin, Assessorin jur., Eisenbahn-Bundesamt - Außenstelle Essen
Dr. jur. Clausen, Wolfgang	Rechtsanwalt, Kanzlei Gassner, Stockmann & Kollegen, Kiel
Clausen, Wulf	Rechtsanwalt, Kanzlei Gassner, Stockmann & Kollegen, Kiel

Teilnehmerverzeichnis

Dr. jur. Delbanco Heike	Wissenschaftliche Assistentin, Eberhard-Karls-Universität, Tübingen
Dernbach, Stefan	Oberregierungsrat, Assessor jur., Eisenbahn-Bundesamt, Bonn
Desmotier, Helene	DaimlerChrysler Rail System (Deutschland) GmbH, Hennigsdorf
Dr. jur. Durner, Wolfgang	Rechtsanwalt, Kanzlei Gassner, Stockmann & Kollegen, München
Eckhardt, Golo	Oberregierungsrat, Assessor jur., Eisenbahn-Bundesamt - Außenstelle Hamburg
Eckl, Jutta	DB Projekt GmbH Knoten Berlin, Berlin
Engelke, Daniel	Planungsgesellschaft Bahnbau Deutsche Einheit, Berlin
Fabian, Michael	Verband Deutscher Verkehrsunternehmen (VDV), Köln
Feit, Paul	Regierungsamtsrat, Dipl.-Verwaltungsbetriebswirt, Eisenbahn-Bundesamt, Bonn
Fiedler, Horst	Abteilungspräsident, Dipl.-Ing., Eisenbahn-Bundesamt, Bonn
Dr. jur. Fislake, Heribert	Rechtsanwalt, Frankfurt a.M.

Teilnehmerverzeichnis

Freystein, Hartmut	Baudirektor, Dipl.-Ing., Eisenbahn-Bundesamt, Bonn
Gehrke, Gert	Regierungsdirektor, Assessor jur., Eisenbahn-Bundesamt - Außenstelle München
Dr. jur. Geiger, Andreas	Rechtsanwalt, Kanzlei Gassner, Stockmann & Kollegen, München
Glaser, Oliver	DB AG, Forschungs- und Technologie-Zentrum, München
Hansum, Jürgen	DB-Projekt GmbH Stuttgart 21, Stuttgart
Hauke, Cornelia	Oberregierungsrätin, Dipl.-Juristin., Eisenbahn-Bundesamt - Außenstelle Berlin
Dr. jur. Häusler, Christoph	Bayerisches Staatsministerium für Wirtschaft, Verkehr und Technologie, München
Heinrichs, Maria T.	Magnetschnellbahn-Planungs-Gesellschaft mbH Berlin - Hamburg, Berlin
Heinrichs, Horst-Peter	Regierungsdirektor, Assessor jur., Eisenbahn-Bundesamt, Bonn
Heintz, Martin	Oberregierungsrat, Assessor jur., Eisenbahn-Bundesamt - Außenstelle Köln
Dr. jur. Heinze, Christian	Fachanwalt für Verwaltungsrecht, München

Teilnehmerverzeichnis

Hennes, Reinhard	Regierungsdirektor, Assessor jur., Eisenbahn-Bundesamt, Bonn
Hermanns, Caspar David	Osnabrück
Herschel, Hans	Bauoberrat, Dipl.-Ing., Eisenbahn-Bundesamt - Außenstelle Karlsruhe
Hien, Eckart	Vorsitzender Richter am Bundesverwaltungsgericht, Berlin
Hinrichs, Frank Christian	Planungsgesellschaft Bahnbau Deutsche Einheit, Berlin
Prof. Dr. Hoppe, Werner	Universitätsprofessor, Universität Münster
Horn, Peter	VAng, Dipl.-Jurist, Eisenbahn-Bundesamt - Außenstelle Dresden
Hubich, Horst	Rechtsanwalt, Kanzlei Rae Oberndörfer, Hubich, Häusele & Kollegen, Nürnberg
Jasper, Petra	Regierungsrätin z.A., Assessorin jur., Eisenbahn-Bundesamt, Bonn
Kirchberg, Josef-Walter	Rechtsanwalt, Kanzlei Kasper Knacke Schäuble Wintterlin & Partner, Stuttgart
Knoppe, Claudia	Planungsgesellschaft Bahnbau Deutsche Einheit, Berlin
Dr. jur. Kochenburger, Christoph	Rechtsanwalt, Kanzlei Conrad & Kollegen, Frankfurt a.M.

König, Rüdiger	Oberregierungsrat, Assessor jur., Eisenbahn-Bundesamt - Außenstelle Hannover
Körber, Joachim	Verband der Deutschen Bahnindustrie e.V. (VdB), Frankfurt a.M.
Krampitz, Thomas	Regierungsdirektor, Assessor jur., Eisenbahn-Bundesamt - Außenstelle Berlin
Krekeler, Bernd	Magnetschwebebahn-Planungs-Gesellschaft mbH Berlin-Hamburg, Berlin
Prof. Dr. Kühlwetter, Hans-Jürgen	Leitender Regierungsdirektor a.D., Köln
Kunkel, Elke	Oberregierungsrätin, Assessorin jur., Eisenbahn-Bundesamt - Außenstelle Berlin
Lang, Gerhard	UNISPED, Saarbrücken
Lohrum, Eleonore	Magnetschwebebahn-Planungs-Gesellschaft mbH Berlin-Hamburg, Berlin
Losch, Michael	Senatsrat, Senatsverwaltung für Bauen, Wohnen und Verkehr, Berlin
Lothert, Ralf	DaimlerChrysler Rail System (Deutschland) GmbH, Hennigsdorf,

Teilnehmerverzeichnis

Mahr, Ingrid	Magnetschnellbahn-Fahrweggesellschaft mbH Büro Berlin
Martz, Hans-Werner	Oberregierungsrat, Assessor jur., Eisenbahn-Bundesamt - Außenstelle Essen
Meißner, Burkhard	Oberregierungsrat, Assessor jur., Eisenbahn-Bundesamt - Außenstelle Schwerin
Müller, Marcus	DB Cargo AG, Mainz
Müller, Frank	Oberregierungsrat, Assessor jur., Eisenbahn-Bundesamt - Außenstelle Halle
Dr. phil. Niederich, Nikolaus	DB-Projekt GmbH Stuttgart 21, Stuttgart
Niehoff, Ralf-Jörg	DB Netz Deustche Bahn, Gruppe Netz Projekt- und Realisierungszentrum Nord, Hannover
Pätzold, Cornelia	Regierungsdirektorin, Assessorin jur., Eisenbahn-Bundesamt - Außenstelle Hamburg
Pöhle, Astrid	Regierungsrätin z.A., Assossorin jur., Eisenbahn-Bundesamt, Bonn
Rasper, Rudolf	VAng, Dipl.-Jurist, Eisenbahn-Bundesamt - Außenstelle Erfurt

Teilnehmerverzeichnis

Raupach, Sabine	Oberregierungsrätin, Assessorin jur., Eisenbahn-Bundesamt - Außenstelle Karlsruhe
Rebentisch, Michael	Baudirektor, Dipl.-Ing., Eisenbahn-Bundesamt, Bonn
Dr. jur. Repkewitz, Ulrich	Johannes-Gutenberg-Universität, Mainz
Rieger, Bernhard	Oberregierungsrat, Assessor jur., Eisenbahn-Bundesamt - Außenstelle Berlin
Rippel, Jovita	Oberregierungsrätin, Assessorin jur., Eisenbahn-Bundesamt - Außenstelle Schwerin
Ripke, Stephan	VAng, Assessor jur, Eisenbahn-Bundesamt, Bonn
Dr. jur. Roer, Friederike	Deutsche Bahn AG, Berlin
Prof. Dr. Ronellenfitsch, Michael	Universitätsprofessor, Eberhard-Karls-Universität, Tübingen
Rott, Ulrich	DB AG, Forschungs- und Technologie-Zentrum, München
Prof. Dr. Sandberger, Georg	Universitätsprofessor, Eberhard-Karls-Universität, Tübingen
Sattler, Axel	Oberregierungsrat, Ministerium für Wirtschaft, Verkehr, Landwirtschaft und Weinbau Rheinland-Pfalz, Mainz

Teilnehmerverzeichnis

Schilling, Karl-Heinz	Oberregierungsamtsrat, Dipl.-Verwaltungsbetriebswirt, Eisenbahn-Bundesamt, Bonn
Dr. jur. Schlarmann, Hans	Rechtsanwalt, Kanzlei Gleiss, Lutz, Hootz, Hirsch & Partner, Stuttgart
Schmid, Ulf	Max-Planck-Institut, Heidelberg
Schmidt, Jörg	Deutsche Bahn AG, Berlin
Schmidt, Volker	VAng, Dipl.-Jurist, Eisenbahn-Bundesamt - Außenstelle Erfurt
Schott, Jürgen	Oberregierungsrat, Assessor jur., Eisenbahn-Bundesamt - Außenstelle Köln
Schreppel, Ralf	DB Station&Service AG, Frankfurt a.M.
Schröder, Michael	Oberregierungsrat, Assessor jur., Eisenbahn-Bundesamt - Außenstelle Hannover
Schütz, Peter	Rechtsanwalt, Kanzlei Kasper Knacke Schäuble Wintterlin & Partner, Stuttgart
Schweinsberg, Ralf	Vizepräsident, Assessor jur., Eisenbahn-Bundesamt, Bonn
Seegmüller, Thomas	Oberregierungsrat, Assessor jur., Eisenbahn-Bundesamt - Außenstelle Stuttgart

Teilnehmerverzeichnis

Seeliger, Stefan	Regierungsrat z.A., Assessor jur., Eisenbahn-Bundesamt, Bonn
Dr. Siegel, Roland	Planungsgesellschaft Bahnbau Deutsche Einheit, Berlin
Prof. Dr. Spannowsky, Willy	Universitätsprofessor, Kaiserslautern
Dr. jur. Spoerr, Wolfgang	Rechtsanwalt, Kanzlei Gleiss, Lutz, Hootz, Hirsch und Partner, Berlin
Staub, Josef	UNISPED, Saarbrücken
Steingroß, Volker	Planungsgesellschaft Bahnbau Deutsche Einheit mbH Projektzentrum Dresden, Dresden
Stuchly, Horst	Präsident, Dipl.-Ing., Eisenbahn-Bundesamt, Bonn
Prof. Dr. Stüer, Bernhard	Universitätsprofessor, Universität Münster
Suckale, Margret	Deutsche Bahn AG, Berlin
Traumann, Hans	Rechtsanwalt, Vereinigung der Privatwagen Interessenten, Hamburg
Dr. jur. Volkens, Bettina	Deutsche Bahn AG, Berlin
von Eicken, Barbara	Regierungsrätin z.A., Assessorin jur., Eisenbahn-Bundesamt - Außenstelle Stuttgart

Teilnehmerverzeichnis

Walter, Bertram	Regierungsrat, Assessor jur., Eisenbahn-Bundesamt - Außenstelle Halle
Wambach, Martin	Oberregierungsrat, Assessor jur., Eisenbahn-Bundesamt - Außenstelle Nürnberg
Wedzinga, Andres	Railned, Utrecht (NL)
Weiss, Berthold	DaimlerChrysler Rail System (Deutschland) GmbH, Hennigsdorf
Westphal, Klaus-Georg	VAng, Dipl.-Jurist, Eisenbahn-Bundesamt - Außenstelle Berlin
Wilke, Jens-Jörg	Regierungsrat, Dipl.-Jurist, Eisenbahn-Bundesamt - Außenstelle Berlin
Dr. jur. Wilting, Frank	DB Cargo AG, Mainz
Wittenberg, Klaus-Dieter	DB Netz AG, Frankfurt a.M.

Aus unserem Verlagsprogramm:

Studien zur Rechtswissenschaft

Michael Terwiesche
Die Begrenzung der Grundrechte durch objektives Verfassungsrecht
Hamburg 1999 / 261 Seiten / ISBN 3-86064-920-5

Silke Wittkopp
Sachverhaltsermittlung im Gemeinschaftsverwaltungsrecht
Eine Untersuchung zu den Einflüssen des europäischen Gemeinschaftsrechts auf die Sachverhaltsermittlung im deutschen Verwaltungsverfahren – zugleich ein Beitrag zur Dogmatik des Gemeinschaftsverwaltungsrechts
Hamburg 1999 / 285 Seiten / ISBN 3-86064-951-5

Pia Settergren
Das „Behindertentestament" im Spannungsfeld zwischen Privatautonomie und sozialhilferechtlichem Nachrangprinzip
Hamburg 1999 / 241 Seiten / ISBN 3-86064-781-4

Jan-Holger Arndt
Die Privatfinanzierung von Bundesfernstraßen
Staatsaufgabenrechtliche und haushaltsverfassungsrechtliche Probleme unter besonderer Berücksichtigung des Konzessionsmodells
Hamburg 1998 / 280 Seiten / ISBN 3-86064-791-1

Jürgen Löbbe
Sozialistische Rechtsanwendung
Dargestellt an der Rechtstheorie und der Rechtsprechung des OG der DDR zum ZGB
Hamburg 1998 / 248 Seiten / ISBN 3-86064-708-3

Verlag Dr. Kovač - Postfach 50 08 47 - 22708 Hamburg - Fax: 040 - 39 88 80-55

Einfach Wohlfahrtsmarken helfen!